盾构无障碍始发与接收理论及实践

刘 军 郑仔弟 周 政 贺美德 著

中国建筑工业出版社

图书在版编目（CIP）数据

盾构无障碍始发与接收理论及实践 / 刘军等著. —
北京：中国建筑工业出版社，2022.12
ISBN 978-7-112-28195-4

Ⅰ．①盾⋯　Ⅱ．①刘⋯　Ⅲ．①隧道施工-盾构法-研
究　Ⅳ．①U455.43

中国版本图书馆 CIP 数据核字（2022）第 222816 号

　　盾构无障碍始发与接收和常规的始发与接收差别极为显著，盾构无障碍始发与接收施工工
艺简单、经济与社会效益显著，适用于各种地质条件。
　　本书结合工程实践，采用室内力学性能试验、三维数值模拟、三维地质力学模型试验、室
内1：1足尺试验方法系统研究了基坑开挖、盾构掘进对地表沉降和 GFRP 筋混凝土桩体的影
响，重构了 GFRP 筋混凝土桩体的截面承载力的计算公式，构建了 GFRP 筋混凝土桩体设计-基
坑开挖-盾构掘进施工的基本理论体系，并在工程实践中得到验证、完善。
　　本书按照 6m 土压盾构建立的基本理论也适用于泥水平衡盾构、双模盾构及异形盾构、大直
径盾构；此外，为深层地下空间的开发提供了一条思路。
　　本书可供从事盾构工程的科研人员和技术人员参考，也可作为高等院校相关专业师生的参
考书。

责任编辑：杨　允
责任校对：姜小莲

盾构无障碍始发与接收理论及实践

刘　军　郑仔弟　周　政　贺美德　著

*

中国建筑工业出版社 出版、发行（北京海淀三里河路9号）

各地新华书店、建筑书店经销

北京科地亚盟排版公司制版

北京建筑工业印刷厂印刷

*

开本：787 毫米×1092 毫米　1/16　印张：10　字数：243 千字

2023 年 2 月第一版　　2023 年 2 月第一次印刷

定价：**50.00** 元

ISBN 978-7-112-28195-4
（40080）

版权所有　翻印必究

如有印装质量问题，可寄本社图书出版中心退换

（邮政编码 100037）

前　　言

盾构法是我国隧道工程最常用的施工方法之一，盾构始发与接收是盾构法施工的关键环节。常规盾构始发与接收时需要人工凿除洞门处的挡土结构，人工凿除中由于直接暴露了地层，极易造成地面坍塌、涌水等工程事故；盾构始发与接收是各方关注的焦点问题，也是风险管控的重点。作者尝试将洞门处的钢筋混凝土置换成易于切割的 GFRP 筋混凝土，以解决盾构始发与接收中出现的工程事故；2012 年、2015 年、2018 年作者先后主持北京市科学技术委员会下达的应急启动项目、北京市自然科学基金项目-北京市教育委员会科技计划重点项目（2 项），系统研究 GFRP 筋物理力学性能、GFRP 筋混凝土桩体变形破坏规律等一系列问题，在北京市市政四建设工程有限责任公司进一步资助下研发了模拟盾构机，提出了盾构无障碍始发与接收概念，构建了盾构无障碍始发与接收的基本理论。

本书总共 5 章：第 1 章绪论，介绍了盾构施工的基本原理，重点阐述了盾构始发和接收方法，提出无障碍始发与接收的基本概念；第 2 章盾构无障碍始发与接收基本理论，阐述了盾构无障碍始发与接收的施工力学行为，进而采用足尺试验研究了 GFRP 筋混凝土桩体的变形破坏规律，发现 GFRP 筋混凝土桩体具有剪切破坏的特点，成为该类桩体设计的重大理论支撑；第 3 章盾构无障碍接收三维地质力学模型试验，构建了盾构-地层动态相似系统，进行了盾构无障碍接收三维地质力学模型试验；第 4 章工程实践，阐述了盾构无障碍始发与接收工艺过程，提出了无障碍始发快速建立土仓压力的方法，研究了盾构无障碍接收中盾构掘进参数的设定方法；第 5 章结语，总结了盾构无障碍始发与接收施工的关键问题。

盾构无障碍始发与接收施工工艺简单、经济与社会效益显著：（1）安全性高：盾构连续作业，避免了人工凿桩带来的工程事故；（2）工艺简单：减少了搭设脚手架、人工凿桩、运输渣土等环节；（3）工期短：每次始发或接收由原来的 7～10d，减少到目前的4～6h。北京市住房和城乡建设委员会出台文件（京建发【2015】423）要求在北京全面推进技术成果的应用；课题组已编制北京市地方标准《盾构始发与接收切割玻璃纤维筋混凝土围护结构技术规程》DB11/T 1506—2017，北京盾构工程协会团体标准《盾构始发、接收及空推施工技术标准》T/DGGC 016—2020 和正在编制的北京市地方标准《城市轨道交通工程盾构法施工技术规程》均采纳了本书成果。

本书撰写时，力求做到重点突出、语言简练、条理清晰。本书第 1 章、第 2 章、第 5章由刘军撰写，第 3 章由刘军、郑仔弟、周政、贺美德撰写，第 4 章由郑仔弟、周政、贺美德、刘军撰写；最后由刘军统稿。

本书获北京市自然科学基金项目-北京市教育委员会科技计划重点项目（KZ201810016021）资助。

本书撰写过程中，研究生周洪、宋旱云、金鑫、马烁、南志领、刘礼杨、袁潇、ALJELIDI MOUSA MOHAMEDA 做了大量工作，没有他们的辛勤工作是无法完成本书的，在此一并致谢！感谢北京地铁 12 号线中铁一局项目部在课题组现场测试中给予的帮助！

由于著者水平有限，书中定有不足之处，敬请读者批评指正。

目　　录

第1章　绪论 …………………………………………………………… 1

　1.1　盾构法隧道施工概述 ………………………………………… 1

　1.2　盾构始发与接收 ……………………………………………… 2

　　1.2.1　盾构常规始发与接收 ……………………………… 2

　　1.2.2　盾构无障碍始发与接收方法 ……………………… 3

　　1.2.3　盾构钢套筒始发与接收方法 ……………………… 4

　1.3　GFRP 筋物理力学性能 ……………………………………… 4

　　1.3.1　GFRP 筋基本物理力学性能 ……………………… 5

　　1.3.2　GFRP 筋与混凝土的粘结性能 …………………… 8

　　1.3.3　GFRP 筋与钢筋搭接拉伸性能 …………………… 13

　　1.3.4　小结 ………………………………………………… 14

第2章　盾构无障碍始发与接收基本理论 …………………………… 15

　2.1　前言 …………………………………………………………… 15

　2.2　盾构无障碍始发施工力学行为研究 ………………………… 16

　　2.2.1　始发井基坑开挖中 GFRP 筋混凝土桩体变形和地表变形分析 … 16

　　2.2.2　盾构无障碍始发掘进对 GFRP 筋混凝土桩体和地表变形影响 … 23

　　2.2.3　盾构无障碍始发掘进推力分析 …………………… 31

　　2.2.4　小结 ………………………………………………… 32

　2.3　盾构无障碍接收施工力学行为 ……………………………… 33

　　2.3.1　三维有限差分软件 FLAC^{3D} 模型建立 ……………… 33

　　2.3.2　接收井基坑开挖中地表变形和 GFRP 筋混凝土桩体变形分析 … 34

　　2.3.3　盾构无障碍接收掘进对地表变形和 GFRP 筋混凝土桩体影响 … 36

　　2.3.4　盾构切割 GFRP 筋混凝土桩体机理 ……………… 54

　　2.3.5　小结 ………………………………………………… 64

　2.4　GFRP 筋混凝土桩体设计原理 ……………………………… 64

　　2.4.1　概述 ………………………………………………… 64

　　2.4.2　设计的依据与原则 ………………………………… 65

　　2.4.3　圆形截面 GFRP 筋混凝土梁变形破坏足尺试验 …… 67

　　2.4.4　正截面受弯承载力分析 …………………………… 72

　　2.4.5　斜截面受剪承载力分析 …………………………… 78

　　2.4.6　桩体构造规定 ……………………………………… 83

　2.5　结论 …………………………………………………………… 84

第3章　盾构无障碍接收三维地质力学模型试验 ························· 85

3.1　前言 ··· 85
3.2　盾构-地层动态相似系统的建立 ································ 86
3.2.1　相似基本原理 ·· 86
3.2.2　模型材料相似 ·· 92
3.2.3　模拟盾构机相似 ······································ 93
3.2.4　盾构掘进过程相似 ···································· 95
3.3　三维地质力学模型试验设计 ································· 101
3.3.1　土箱 ·· 101
3.3.2　模型材料配置 ·· 101
3.3.3　模型 GFRP 筋混凝土桩体 ···························· 104
3.3.4　模拟盾构机 ·· 106
3.3.5　量测系统与数据采集 ·································· 108
3.4　模型试验总体思路 ··· 110
3.4.1　模型试验布置 ·· 110
3.4.2　模拟盾构机掘进 ······································ 110
3.5　模型材料填筑与传感器埋设 ································· 112
3.5.1　模型材料夯实遍数的确定 ······························ 112
3.5.2　模型材料填筑过程 ···································· 112
3.6　试验数据分析 ··· 115
3.6.1　有限土体内地表沉降变化规律 ·························· 115
3.6.2　有限土体内深层土体位移变化规律 ···················· 118
3.6.3　模型 GFRP 筋混凝土桩体变形、受力变化规律 ·········· 120

第4章　工程实践 ·· 126

4.1　前言 ··· 126
4.2　盾构无障碍始发工程实践 ··································· 126
4.2.1　工程背景 ·· 126
4.2.2　盾构无障碍始发工艺 ·································· 128
4.2.3　现场监测 ·· 134
4.3　盾构无障碍接收工程实践 ··································· 135
4.3.1　工程背景 ·· 135
4.3.2　盾构无障碍接收工艺 ·································· 137
4.3.3　现场监测 ·· 146

第5章　结语 ·· 149

5.1　盾构无障碍始发 ··· 149
5.2　盾构无障碍接收 ··· 149

参考文献 ·· 151

第1章 绪 论

盾构法施工由于安全、高效,已广泛应用于城市轨道交通工程和其他领域地下空间建设,也是深层地下空间开发首选的方法。盾构法问世至今已有100多年,其始于英国,发展于日本、德国,壮大于我国。当今中国已是世界上隧道及地下工程规模最大、数量最多、地质条件最复杂、修建技术发展速度最快的国家,积累了很多在复杂地质环境、建(构)筑物密集和穿越大江大河等各种风险条件下的施工经验,并取得了大量创新型的成果,其中很多成果已经达到世界领先水平。

截至目前,我国共有40余个城市的轨道交通建设规划获得批复,规划总里程达8600km,此外城市地下空间(尤其是大深度地下空间)的开发建设规模也将逐年增加。就北京而言,根据《北京城市总体规划(2016—2035年)》,轨道交通里程在2035年底将达到2500km;财政部、住房和城乡建设部联合下发的《关于开展中央财政支持地下综合管廊试点工作的通知》等文件已掀起地下综合管廊建设的高潮。可见,未来盾构法的应用必将持续快速发展。

1.1 盾构法隧道施工概述

盾构法是在地面以下暗挖隧道的一种施工方法,其施工过程如图1.1-1所示。

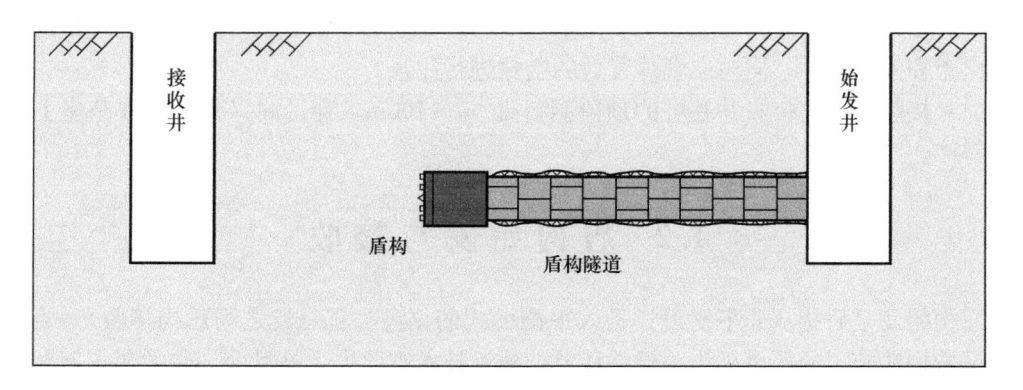

图1.1-1 盾构法施工概况

首先在拟建隧道的两端修建盾构始发和接收井,盾构在始发井里组装、就位、调试;然后,盾构从始发井出发,在地层中沿着设计轴线,向接收井推进;盾构推进过程中不断切削土体并排出,每推进一环(管片宽度)距离,在盾尾里拼装一环管片,并及时向紧靠盾尾后面的衬砌环与土体之间的空隙中压注足够的浆液,保证围岩压力能施加在管片上,以防止围岩松弛。盾构是一种既能支承地层荷载,又能在地层中推进的钢制筒状结构(图1.1-2)。

盾构无障碍始发与接收理论及实践

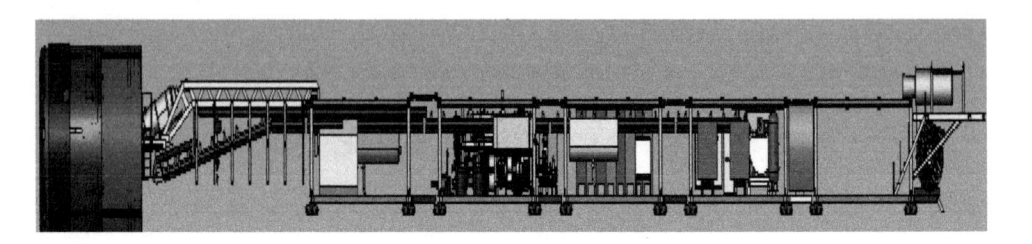

图 1.1-2　盾构主机及后配套

　　始发和接收井是为盾构组装、解体、掉头、运输管片及出渣等而使用的基坑,目的是在地下给盾构掘进开辟开挖面,开始掘进的竖井基坑称为始发井基坑,为隧道贯通而设置的竖井基坑称为接收井基坑(图 1.1-1)。始发井基坑和接收井基坑一般设置在车站的两端,与车站共建,也可独立设置。基坑的围护结构多采用钢筋混凝土灌注桩和地下连续墙,该围护结构一方面阻挡着其背后的水土压力,另一方面在预留洞口处构成了一道钢筋混凝土屏障,也阻挡着盾构的掘进(图 1.1-3)。

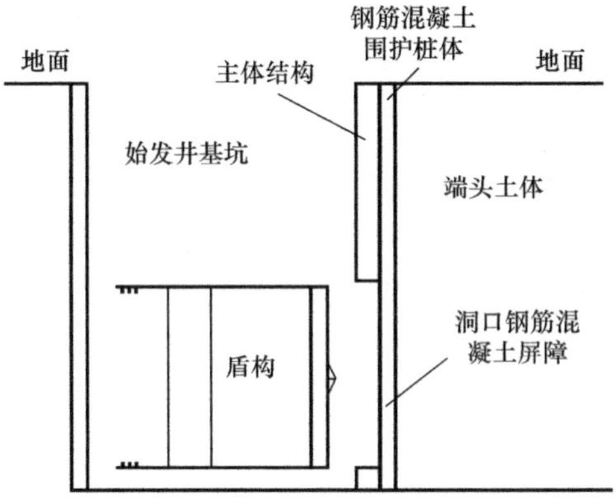

图 1.1-3　盾构始发示意图

　　盾构法施工工艺过程可分为:

　　(1)施工准备:竖井基坑端头土体加固、始发及接收托架安装、洞口密封、反力架安装、盾构机吊装下井并组装调试。

　　(2)始发:依靠盾构千斤顶推力将盾构从始发井基坑的预留洞口处推出,同时拼装负环管片及管片。

　　(3)正常掘进:盾构建立起土(泥水)压后,在地层中沿着设计轴线推进,在推进中不断出土和安装管片,同时向管片背后的空隙进行注浆。

　　(4)接收:距离接收井基坑的预留洞口处 50~100m,穿过洞口到达接收基座上,吊出并解体。

1.2　盾构始发与接收

　　盾构始发是盾构从非平衡模式进入平衡模式的掘进过程(反之为盾构接收)。始发与接收是盾构法施工的两个极为关键的环节,施工技术难度大,是目前关注的焦点问题。盾构始发与接收可分为常规始发与接收、无障碍始发与接收、钢套筒始发与接收等。

1.2.1　盾构常规始发与接收

1.2.1.1　盾构常规始发

　　盾构常规始发施工是指盾构组装调试完成后,利用反力架提供反作用力,在推进油缸的推动下沿始发基座将盾构推进到距离预留洞口约 2m 处并停机,人工破除洞口处的钢筋混凝土围护结构后,盾构继续前移进入土体,同时切削土体,并在土仓或泥水仓建立土压和泥水压的过程,最后过渡到正常掘进阶段。

第1章 绪论

1.2.1.2 盾构常规接收

盾构常规接收是指利用已拼装管片提供反作用力，在盾构正常掘进阶段结束后继续掘进，直至掘进到预留洞口处，然后人工破除洞口处的钢筋混凝土围护结构，在推进油缸的推动下将盾构推进至接收井内的接收基座上。

常规的盾构始发与接收中，必须人工凿除洞口处的钢筋混凝土屏障——钢筋混凝土围护结构。在凿除过程中存在较大的施工安全风险且工期较长：洞口处由于有围护结构支挡着其后的水、土体，达到一种平衡状态，一旦凿除围护结构，水、土体则暴露，洞口处原有的平衡状态被打破，洞口处土体易出现坍塌现象，从而引起地表塌陷、地下管线破裂等工程事故，安全问题极为突出（图1.2-1）；此外，破除洞口处的钢筋混凝土围护结构需要搭设脚手架，完成该项工作需要7~10d的时间。

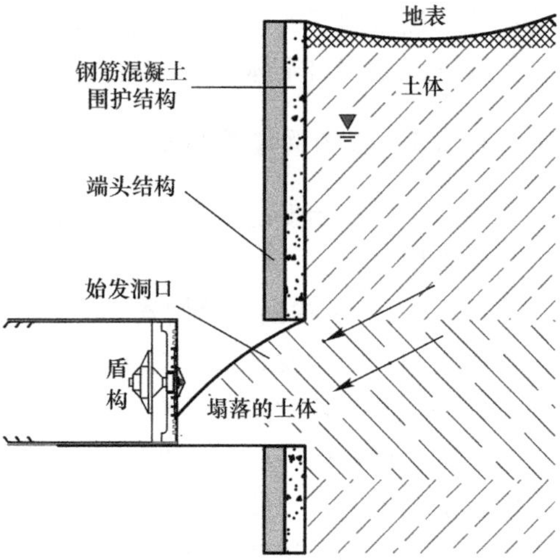

由破除洞口处的钢筋混凝土围护结构而引发的工程事故国内外均有发生，如南京地铁某

图 1.2-1 洞口坍塌示意图

站，工人在割除洞口处支护结构钢筋时，土体突然坍塌，发生涌水涌砂现象，造成地面严重变形塌陷，塌陷长度达150m；广州地铁某站，始发端头加固采用C15素混凝土地下连续墙，在凿除洞口处灌注桩时发生涌水涌砂，洞口土体坍塌，水与砂涌入盾构端头井，水位达到齐腰，所幸无人员伤亡；北京地铁某站，盾构端头井未加固，在盾构到达洞口前，土体突然从桩间喷涌而出，造成地表塌陷，并使端头处污水管线爆裂，造成很大损失。

1.2.2 盾构无障碍始发与接收方法

1.2.2.1 盾构无障碍始发

盾构无障碍始发施工是指盾构组装调试完成后，利用反力架提供反作用力，在推进油缸的推动下沿始发基座将盾构推进到预留洞口处，使盾构刀盘密贴GFRP筋混凝土围护结构并进行切割，边切割边掘进同时在土仓或泥水仓里快速建立土压和泥水压，直至盾尾脱离GFRP围护结构区（图1.2-2），最后过渡到正常掘进阶段。

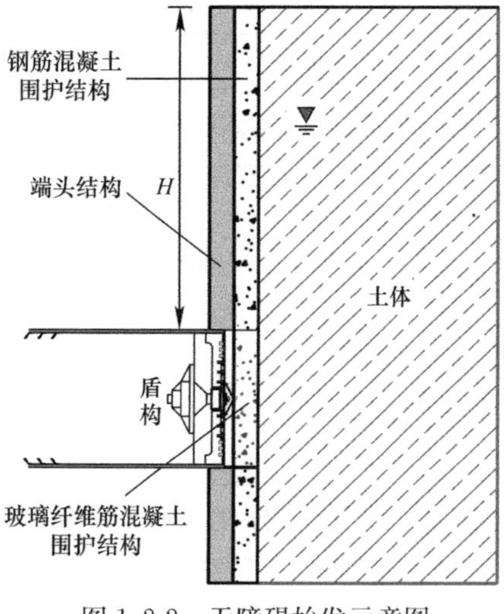

1.2.2.2 盾构无障碍接收

盾构无障碍接收施工是指盾构利用已拼装管片提供的反作用力，在盾构正常掘进阶段结束后继续在有限土体内掘进直至到达接收预留洞口处，盾构刀盘密贴GFRP筋混凝土围护结构并进行切割，在推进油缸的推动下将盾构推进至接收井内的接收基座上。

图 1.2-2 无障碍始发示意图

盾构无障碍始发是从始发井基坑进入土体的进

洞过程；盾构无障碍接收则相反，是从土体进入接收井基坑的出洞过程。盾构无障碍始发与接收方法，其特征在于竖井基坑预留洞口处 GFRP 筋混凝土围护结构替代钢筋混凝土围护结构，盾构刀具能够直接切割、破碎 GFRP 筋混凝土围护结构；相对于盾构刀具而言，GFRP 筋混凝土构不成障碍。盾构无障碍始发与接收过程中盾构不停机，能够连续掘进；该方法适用于各种地层条件，在洞口密封良好的情况下可适用于各种地下水环境，且可大幅度减小洞口土体加固范围，甚至可取消加固。

1.2.3　盾构钢套筒始发与接收方法

盾构钢套筒始发是为了在高水压地层确保洞门密封不漏水的一种措施，一般不需要进行端头地层加固。

1.2.3.1　盾构钢套筒始发

盾构钢套筒始发是指利用反力架提供反作用力，在钢套筒内将盾构沿始发基座推进到洞口处的同时，切割支挡结构、土体，边切割边掘进并在土仓或泥水仓里建立土压和泥水压的过程。钢套筒一般采用 20mm 厚的钢板制作，长度根据需要确定，分为若干段，每段分成上下两半圆，每段筒体的端头和上下两半圆接合面均采用圆法兰焊接；筒体内径大于盾构直径。盾构的组装调试、负环拼装等工作均在钢套筒内进行。

1.2.3.2　盾构钢套筒接收

钢套筒接收（图 1.2-3）是指在钢套筒内将盾构推进到洞门处连续作业，切削土体、支挡结构，在盾构的推力作用下进入钢套筒内的接收基座上。钢套筒内填筑土料并与洞门预埋钢环焊接形成一个密封的整合体，盾构切割完支挡结构后在钢套筒内的填土里掘进，直至整个主机落在接收基座上。由于接收端为临空侧，为了防止钢套筒发生位移，需要在钢套筒外增设受力架在钢套筒端部安装受力架，保证接收过程的安全。

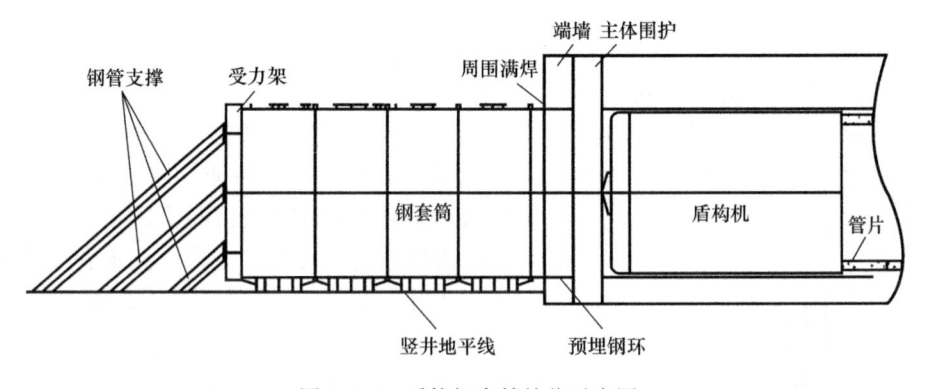

图 1.2-3　盾构钢套筒接收示意图

1.3　GFRP 筋物理力学性能

盾构无障碍始发与接收的一个关键问题是洞口处采用 GFRP 筋替代了钢筋，因此 GFRP 筋的物理力学性能、与混凝土的粘结性能、与钢筋的搭接等问题至关重要，这些是洞口处 GFRP 筋混凝土围护结构设计的基础。

第1章 绪论

GFRP筋的全称为玻璃纤维增强复合材料筋，是由高性能的含碱量小于0.8%的无碱玻璃纤维无捻粗纱或者高强玻璃纤维无捻粗纱和树脂基体（环氧树脂、乙烯基树脂、不饱和聚酯树脂）、固化剂，采用成型固化工艺复合而成表面形状为全螺纹式的杆体。

玻璃纤维是纤维增强复合材料（Fiber Reinforced Polymer，简称FRP）的一种，纤维增强复合材料是由多股高性能连续纤维与合成树脂基体、固化剂经过特制的模具挤压、拉拢等成型工艺所形成的材料；高性能纤维为主要受力材料即增强材料，合成树脂主要为纤维的合成提供基体，即为基体材料。纤维具有很高的抗拉强度，纤维是纤维增强复合材料强度的主要提供者，主要起承受荷载作用，主要分为碳纤维、芳纶纤维、玄武纤维、玻璃纤维等。纤维增强复合材料中常用的基底材料包括不饱和聚酯树脂、乙烯基酯树脂、环氧树脂、聚酰胺树脂等。树脂基体材料的主要作用是将纤维束粘结在一起，使其具有固定的形状并起着传递剪力的作用，同时保护纤维免受周围环境的物理和化学腐蚀，其物理性质可以影响纤维增强材料的物理性质。

1.3.1　GFRP筋基本物理力学性能

1.3.1.1　GFRP筋物理性能

（1）密度小：GFRP筋的密度一般为1.9～2.1g/cm³，约为钢筋的1/5～1/4；

（2）耐腐蚀；

（3）易于切割。

1.3.1.2　GFRP筋普通单向拉伸试验

GFRP筋普通单向拉伸试验主要测试其在室温下的极限抗拉强度、抗拉弹性模量、抗拉极限延伸率等力学性能指标，从而获得其最基本力学性能规律。试验参照美国相关规范 *Guide Test Methods for Fiber Reinforced Polymer（FRPs）for Reinforcing or Strength Concrete Structures* 进行。试验所用GFRP筋的公称直径20mm、22mm、25mm、28mm、32mm，为工程常用的尺寸。试件设计和照片见图1.3-1、图1.3-2，GFRP筋杆体端头用钢套管保护，钢套管长度L_1，杆体有效长度L_0，杆体总长度为L_0+2L_1。

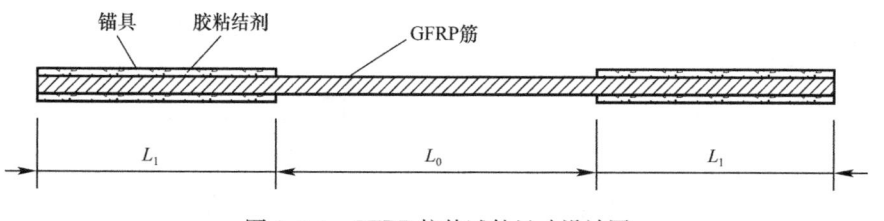

图1.3-1　GFRP拉伸试件尺寸设计图

图1.3-2　GFRP拉伸试件图

5

盾构无障碍始发与接收理论及实践

试件在万能试验机上加载。加载过程中，当荷载平稳加载到一定值时，试件杆体外表面纤维丝因被拉断损伤而发出清脆声，当加载值接近极限荷载时，响声越来越大，此时，试件表面沿杆体方向出现裂痕，之后突然散开，杆体破坏范围集中在GFRP筋杆体中部位置，最后发出很大的断裂声，呈散体丝状破坏（图1.3-3）。

图1.3-3　GFRP拉伸破坏形态

图1.3-4为GFRP筋杆体拉伸过程中荷载与变形的关系图，由图可得：GFRP筋荷载-位移曲线没有明显的屈服点，整个试验表现为弹性变形，试件表现为脆性破坏，此特性与钢筋的拉伸试验有明显区别（图1.3-5）。

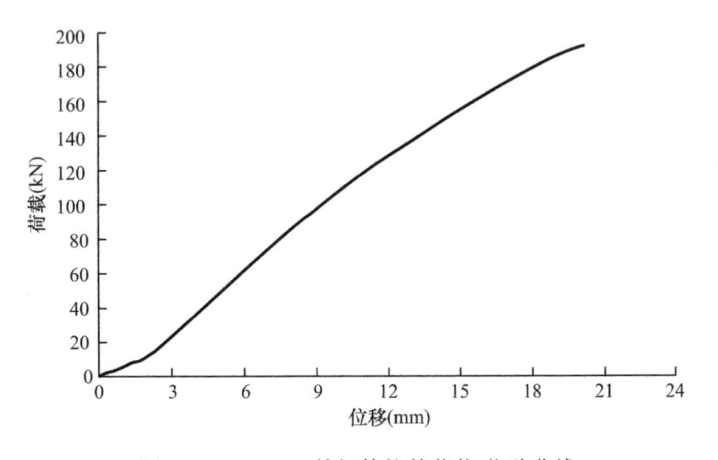

图1.3-4　GFRP筋杆体拉伸荷载-位移曲线

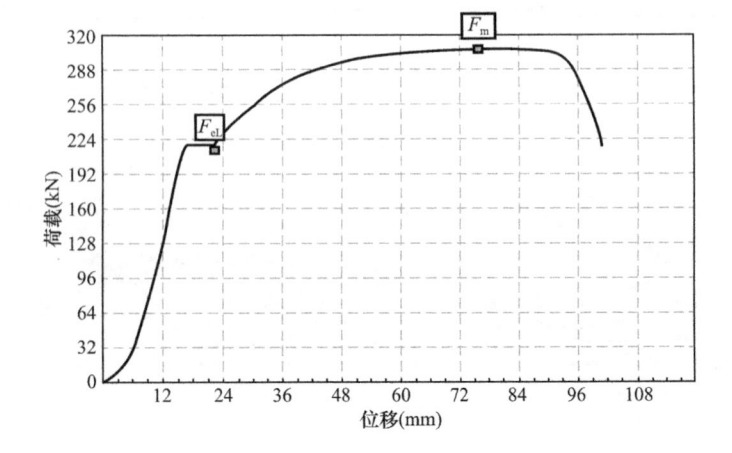

图1.3-5　钢筋拉伸荷载-位移曲线

6

对每个规格的 GFRP 筋拉伸试验结果进行处理，计算求得极限抗拉强度值、弹性模量的平均值与标准差（表 1.3-1）。

GFRP 筋拉伸试验结果统计 表 1.3-1

直径 （mm）	极限抗拉强度（MPa）		弹性模量（GPa）	
	平均值	标准差	平均值	标准差
20	760	99.3	48	2.37
22	730	69.3	47	1.46
25	725	47	48	1.88
28	750	30	48	1.73

由试验结果可知，GFRP 筋的拉伸破坏具有以下特点：

（1）与钢筋相对比，GFRP 筋的抗拉强度一般高于普通热轧钢筋，钢筋在屈服之后进入塑性强化阶段，而 GFRP 筋在达到抗拉强度前没有屈服阶段，GFRP 筋的破坏为脆性破坏。

（2）在其他制作材料因素相同的条件下，GFRP 筋极限抗拉强度与杆体截面尺寸相对应；弹性模量与杆体的截面尺寸大小变化不大，主要与玻璃纤维含量有关。

（3）试验结果表明，GFRP 筋的弹性模量低，约为钢筋弹性模量的 24%，这与国内外对 GFRP 筋弹性模量的研究基本一致。

1.3.1.3 GFRP 筋横向剪切试验

剪切试验试件的样本在一批成品中随机抽取，所用的规格 GFRP 筋拉伸试验一致，公称直径分别为 20mm、22mm、25mm、28mm。每个规格的 GFRP 筋试验试件数为 6 根，长度都取 300mm。通过剪切模具进行剪切试验，均匀加载直至试件发生剪切破坏，记录试验破坏后的最大荷载和破坏形式。

加载过程中不断出现纤维丝崩断的声响，其后，响声越来越大，当试件破坏时，发出巨大的声音。GFRP 筋试件的剪切破坏表现为杆体整体切断，剪切切口整齐，见图 1.3-6。整个试验过程中，试件的破坏都是挤压变形，没有发生突然的剪断性破坏，这说明纵向纤维对横向剪切具有一定的作用。

图 1.3-6 GFRP 筋剪切试验结果图

从试验结果（表 1.3-2）可以得到，GFRP 筋的剪切强度在 117～149MPa 之间，其变化范围不大。由上述的 GFRP 筋抗拉强度结果可得，GFRP 筋的剪切强度约为其抗拉强度的 20%。

盾构无障碍始发与接收理论及实践

GFRP 筋剪切试验结果统计表   表 1.3-2

试件规格	P(kN)	φ20	φ22		φ25		φ28	
		τ_u(MPa)	P(kN)	τ_u(MPa)	P(kN)	τ_u(MPa)	P(kN)	τ_u(MPa)
1	79.79	127.0	100.2	131.8	131.85	134.3	175.01	142.1
2	88.92	141.5	89.23	117.4	145.04	147.7	160.72	130.5
3	84.26	134.1	100.42	132.1	140.45	143.1	164.36	133.5
4	87.45	139.2	105.82	139.6	142.52	145.2	155.56	126.3
5	93.62	149.0	107.4	141.5	131.2	133.6	174.56	141.8
平均值	86.8	138.2	100.6	132.4	138.2	140.8	166.0	134.8
标准差	5.17	8.23	7.12	9.40	6.32	6.45	8.57	6.96

由试验结果可知，GFRP 筋的剪切破坏具有以下特点：

（1）与轴向的抗拉强度相比，GFRP 筋的横向抗剪强度要小得多，这是因为在纤维之间没有横向的加强，横向的抗剪强度仅与基体的抗剪性能有关。轴向方向的纤维对于横向的纤维抗剪性能有一定的影响作用。

（2）随着杆体的直径大小的变化（20～28mm），GFRP 筋的横向抗剪强度的变化不大。

（3）由试验可得，GFRP 筋材料表现出各向异性性能，所以 GFRP 筋混凝土构件的受剪承载力的计算并不完全等同于传统的钢筋混凝土结构抗剪理论。

（4）GFRP 筋沿纤维轴向方向和垂直纤维方向上剪切强度有较大差异，GFRP 筋的抗剪强度较低，通常不超过其抗拉强度的百分之一。

GFRP 筋与钢筋相比，GFRP 筋具有抗拉强度高、重量轻、可切割性好、抗腐蚀性能好等优点，在很多情况下可以用来代替普通钢筋。GFRP 筋作为一种新型的建筑材料能适应现代工程结构向大跨、高耸、重载、高强和轻质发展以及承受恶劣条件的需要，符合现代施工技术的工业化要求，且价格相对比较便宜，因而在用于替代钢筋混凝土结构中的钢筋研究中备受关注，正被广泛应用在各类工程结构中。

1.3.2 GFRP 筋与混凝土的粘结性能

GFRP 筋与混凝土的粘结性能是 GFRP 筋混凝土结构中最基本的力学行为，GFRP 筋与混凝土之间良好的粘结性能是两者协同工作的基础，是 GFRP 筋代替传统钢筋应用于混凝土结构的关键因素。

1.3.2.1 试验方法

粘结应力是 GFRP 筋与混凝土的界面上平行于纤维聚合物作用的剪切应力。由于粘结应力的作用，GFRP 筋的应力沿着其长度而变化。通过检测纤维聚合物筋或钢筋的应力得到粘结应力，实际应用中大都通过测量拔出荷载得到的平均粘结强度。常用的粘结试验方法有拉拔试验、梁式试验，本研究采用拉拔试验的方法研究 GFRP 筋混凝土粘结性能。目前，最常用的拉拔试件形式有两种：Losberg（1963）和 RILEM/CEB/FIP（1978），如图 1.3-7 所示。我国《混凝土结构试验方法标准》GB/T 50152—2012 采用的是后一种试件形式，如图 1.3-7(b) 所示。

第1章 绪论

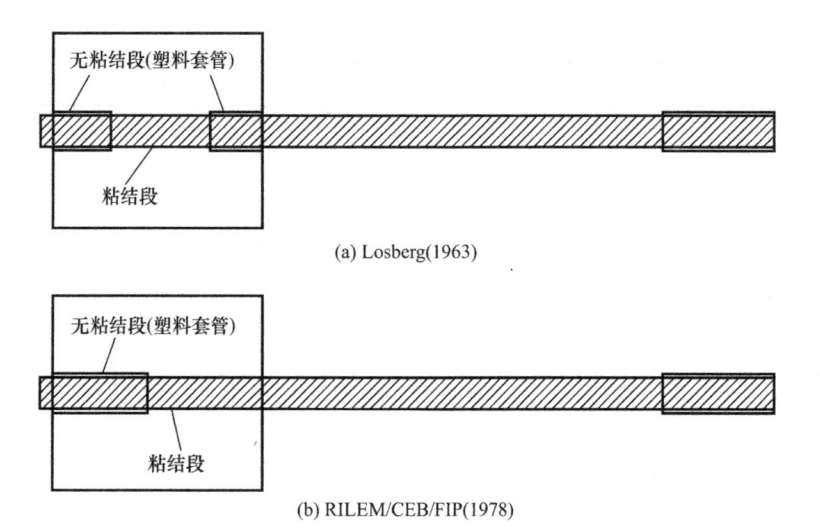

(a) Losberg(1963)

(b) RILEM/CEB/FIP(1978)

图 1.3-7　GFRP 筋拉拔试验试件形式

1.3.2.2　试件制作及试验过程

试件中采用的筋材为普通钢筋和螺纹状 GFRP 筋，混凝土强度等级为 C30，直接用于拉拔试验的试件为 150mm×150mm×150mm 的混凝土立方体试块，筋材埋置于混凝土立方体的中部。GFRP 筋和钢筋的有效锚固长度均为 5d，d 为 GFRP 筋或钢筋的直径，在靠近自由端长度为 5d 的部分用塑料套管把 GFRP 筋和混凝土隔开来设置无粘结段。为避免试件的加载过程中，加载段的 GFRP 筋强度较弱被试验机夹具夹碎而滑动，在试件的加载段粘结钢套筒，试件具体设计如图 1.3-8 所示。在筋材的自由端采用千分表测量滑移，试验采用液压系统加载。在试验过程中，采用荷载控制，其频率保持恒定，即按照 0.05kN/s 的加载速度进行加载，试件的拉力通过拉力传感器得到，试件的滑移位移通过千分表测量得到。粘结应力由拉力传感器测得拉力得到，进而得到 GFRP 筋混凝土的粘结应力与滑移位移的关系。

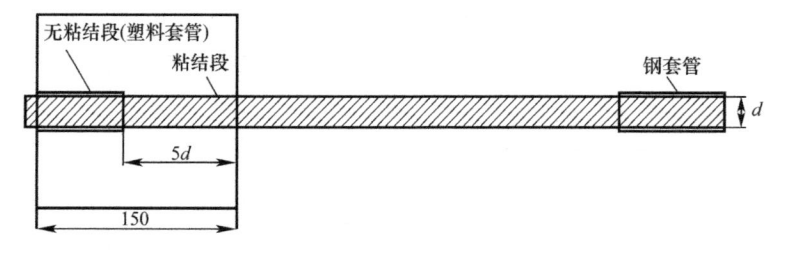

图 1.3-8　拉拔试验试件尺寸设计

本试验基于 4 组共 18 个试件研究筋的种类（GFRP 筋和钢筋）、GFRP 筋直径、混凝土保护层厚度对粘结强度的影响，试件明细如表 1.3-3 所示。

				试件明细		表 1.3-3

组号	试件编号	筋的种类	直径 d(mm)	保护层厚度 c/d
Ⅰ	Ⅰ-30-f-1	GFRP 筋	18	3.67
	Ⅰ-30-f-2			
	Ⅰ-30-f-3			

9

盾构无障碍始发与接收理论及实践

续表

组号	试件编号	筋的种类	直径 d(mm)	保护层厚度 c/d
Ⅱ	Ⅱ-30-f-1	GFRP 筋	20	3.25
	Ⅱ-30-f-2			
	Ⅱ-30-f-3			
	Ⅱ-30-f-4			
	Ⅱ-30-f-5			
	Ⅱ-30-f-6			
Ⅲ	Ⅲ-30-s-1	钢筋	25	2.50
	Ⅲ-30-s-2			
	Ⅲ-30-s-3			
Ⅳ	Ⅳ-30-f-1	GFRP 筋	25	2.50
	Ⅳ-30-f-2			
	Ⅳ-30-f-3			
	Ⅳ-30-f-4			
	Ⅳ-30-f-5			
	Ⅳ-30-f-6			

注：试件编号中，30 表示混凝土强度等级，s 表示钢筋，f 代表 GFRP 筋。

1.3.2.3 试验结果及分析

拉拔试验主要试验结果如表 1.3-4 所示。

试验结果一览表　　　　　　　　　　　　　　　　表 1.3-4

组号	试件编号	滑移荷载值（kN）	破坏荷载值（kN）	破坏粘结应力（MPa）	破坏滑移位移（mm）	滑移荷载平均值（kN）	破坏粘结应力平均值（MPa）	破坏滑移位移平均值（mm）
Ⅰ	Ⅰ-30-f-1	19	59	11.59	0.211	19.67	11.00	0.218
	Ⅰ-30-f-2	22	48	9.43	0.127			
	Ⅰ-30-f-3	18	61	11.99	0.315			
Ⅱ	Ⅱ-30-f-1	23	66	10.50	0.281	21.67	9.73	0.264
	Ⅱ-30-f-2	22	64	10.19	0.235			
	Ⅱ-30-f-3	23	54	8.59	0.243			
	Ⅱ-30-f-4	21	67	10.66	0.308			
	Ⅱ-30-f-5	20	68	10.82	0.316			
	Ⅱ-30-f-6	21	48	7.63	0.204			
Ⅲ	Ⅲ-30-s-1	27	112	11.41	0.180	29.67	12.05	0.149
	Ⅲ-30-s-2	33	114	11.61	0.128			
	Ⅲ-30-s-3	29	129	13.14	0.139			
Ⅳ	Ⅳ-30-f-1	18	73	7.44	0.490	20.67	7.79	0.345
	Ⅳ-30-f-2	19	76	7.74	0.258			
	Ⅳ-30-f-3	20	74	7.54	0.270			
	Ⅳ-30-f-4	22	82	8.35	0.300			
	Ⅳ-30-f-5	24	83	8.45	0.345			
	Ⅳ-30-f-6	21	71	7.23	0.405			

注：试件编号中，30 表示混凝土强度等级，s 表示钢筋，f 代表 GFRP 筋。

第1章　绪论

18个试件拉拔试验的最终破坏形式均为劈裂破坏，混凝土破裂，GFRP筋均未屈服。在GFRP筋拉力增加的过程中，混凝土内的拉应力将达到其抗拉强度，使混凝土出现裂缝甚至碎裂，胶结力和机械咬合力基本破坏，摩擦力也大幅度降低。所以，试件GFRP筋表面的磨损较轻，或者只有轻微的划痕，破坏形式如图1.3-9所示。

图1.3-9　试件最终的破坏形式

当拉拔力较小时，粘结锚固力主要由GFRP筋和混凝土之间的胶结力提供，自由端滑移位移为零。当拉拔力逐渐增大进入滑移阶段，胶结力破坏，自由端开始滑移，且自由端滑移随拉拔力的增大逐渐加快，这一阶段胶结力丧失，摩阻力和机械咬合力起主要作用。GFRP筋与混凝土之间的胶结力，取决于GFRP筋的质量和混凝土性能；GFRP筋与界面的化学摩阻力，取决于温度变化和水分吸收引起混凝土收缩或GFRP筋膨胀而产生的握裹粘结，阻止滑移的摩擦；GFRP筋与界面的机械咬合力，取决于GFRP筋表面变形（螺纹）对混凝土的挤压和力学咬合。

由表1.3-4可以看出，GFRP筋混凝土试件拉拔试验产生初始滑移的荷载大小为20kN左右，钢筋混凝土产生初始滑移的荷载大约为30kN，明显要大于GFRP筋。与普通钢筋相比，由于GFRP筋体表面的横肋较弱，同时自身剪切强度较低，不能和周围混凝土充分地机械咬合而产生较大的粘结强度，因此初始滑动荷载明显低于普通钢筋。

1.3.2.4　粘结性能的主要影响因素

（1）筋的种类对粘结强度的影响

表1.3-4中第Ⅲ组和第Ⅳ组试件（部分）的粘结-滑移曲线如图1.3-10所示。

从图1.3-10结合表1.3-4的试验结果，直径25mm的GFRP筋和钢筋与混凝土之间的粘结强度分别为7.79MPa和12.05MPa，GFRP筋与混凝土之间的粘结强度只有钢筋与混凝土粘结强度的65%左右；GFRP筋和混凝土刚产生滑动位移后，粘结强度随着粘结应力的增加而显著增加，而钢筋则增加缓慢。GFRP筋与混凝土粘结强度峰值对应的自由端滑移位移明显大于钢筋，钢筋的自由端滑移位移只有0.149mm，而GFRP筋达到0.345mm。造成这种现象的主要原因是两种筋在材料上的差异，由纤维和树脂组成的GFRP筋强度较弱，其表面横肋较浅，横肋的抗剪能力较差，和混凝土之间的滑动摩擦力小，往往先于肋间混凝土破坏并引起粘结失效，从而无法提供足够的机械咬合力进而提高粘结强度；而且GFRP筋的弹性模量较低，只有钢筋的1/5左右，试件中GFRP筋埋入部分的变形和钢筋相比较大，致使GFRP筋的加载端滑移较大。因此，对于GFRP筋，应采用较长的锚固长度或较有效的机械锚固措施来减小粘结滑移。

11

盾构无障碍始发与接收理论及实践

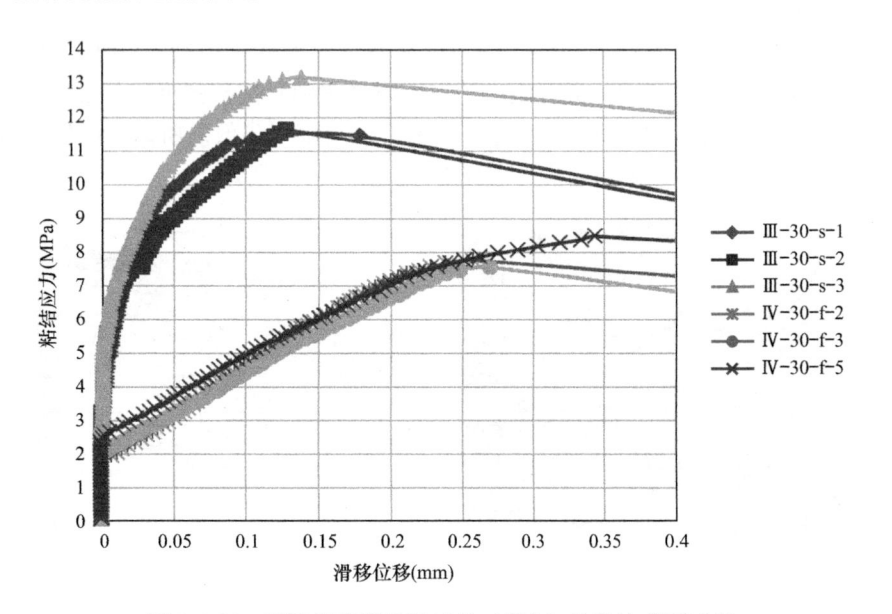

图 1.3-10　第Ⅲ组和第Ⅳ组试件（部分）的粘结-滑移曲线

（2）GFRP 筋直径对粘结强度的影响

表 1.3-4 中的试件Ⅰ-30-f-1、Ⅱ-30-f-1 和Ⅳ-30-f-2 的粘结-滑移曲线如图 1.3-11 所示。从表 1.3-4 的结果可见，直径 18mm 的 GFRP 筋与混凝土的粘结强度为 11.00MPa，破坏时滑移量为 0.218mm；直径 20mm 的 GFRP 筋与混凝土的粘结强度为 9.73MPa，破坏时滑移量为 0.264mm；直径 25mm 的 GFRP 筋与混凝土的粘结强度为 7.79MPa，破坏时滑移量为 0.345mm。随着直径的增大，GFRP 筋与混凝土的粘结强度降低，而且粘结强度峰值对应的自由端滑移增大，两者之间的粘结性能越来越差。因为 GFRP 筋与混凝土的粘结强度与两者之间的相对粘结面积成正比，相对粘结面积为 GFRP 筋周长与其截面面积比值，即 $4/d$。一方面，直径较大的 GFRP 筋的相对粘结面积减小，不利于极限粘结强度的提高。

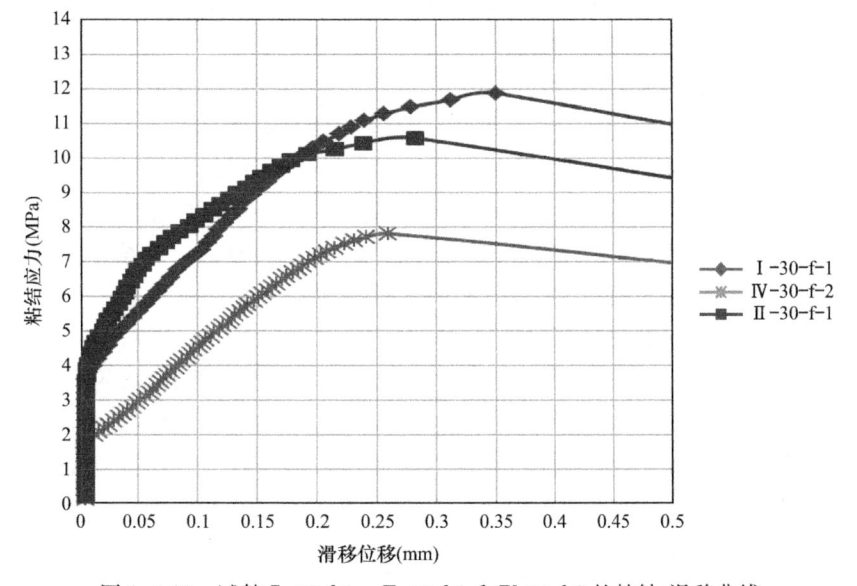

图 1.3-11　试件Ⅰ-30-f-1、Ⅱ-30-f-1 和Ⅳ-30-f-2 的粘结-滑移曲线

第1章 绪论

图1.3-11体现了GFRP筋混凝土和GFRP筋直径的关系，当粘结长度一定时，GFRP筋直径越大，相对粘结面积越小，粘结强度就越低，这是GFRP筋直径越大，二者粘结强度越低的主要原因。另一方面，在振捣混凝土时内部的气泡或细小杂物上浮，会在筋体的下方形成空隙层，GFRP筋直径越大，气泡越多，空隙就越大，水泥凝固中二者界面会产生自由水，从而使GFRP筋与混凝土接触面积减小，使粘结强度降低，也使加载端的滑移增大。

（3）保护层厚度对粘结强度的影响

表1.3-4中的试件Ⅰ-30-f-3、Ⅱ-30-f-4和Ⅳ-30-f-6的粘结-滑移曲线如图1.3-12所示。

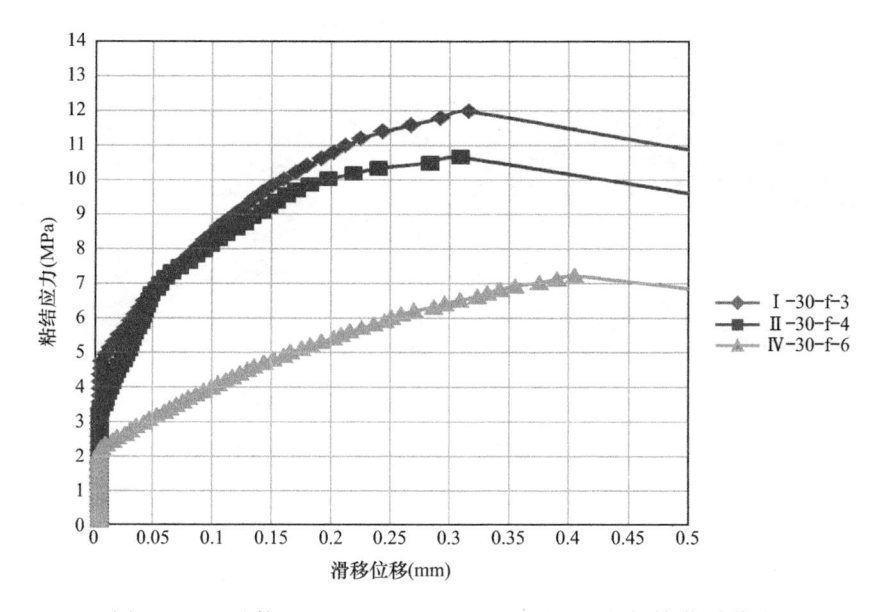

图1.3-12 试件Ⅰ-30-f-3、Ⅱ-30-f-4和Ⅳ-30-f-6的粘结-滑移曲线

GFRP筋的混凝土保护层厚度是指GFRP筋外表面至构件表面的最小距离。为消除直径对粘结强度的影响，采用保护层厚度与直径的比值c/d来表示保护层厚度，粘结强度随随保护层厚度的变化如图1.3-12所示，试验表明，粘结强度随保护层厚度的增大而增大。因为增大了保护层厚度，就加强了外围混凝土的抗劈裂能力，提高了试件的劈裂应力和极限粘结强度。因此，厚的混凝土保护层会延缓混凝土的劈裂破坏从而提高粘结性能。但是，当混凝土保护层厚度较大时，试件不再是劈裂破坏，而是GFRP筋沿横肋外围切断混凝土或者是GFRP筋的横肋被剪断而拔出。

1.3.3 GFRP筋与钢筋搭接拉伸性能

由于GFRP筋不同于钢筋的特性，二者的连接不能采用传统钢筋的焊接等连接方式，只能采用机械连接方式，试验采用钢制U形卡扣进行连接，试件的设计、照片见图1.3-13、图1.3-14。

试件在万能试验拉伸机上进行加载试验，加载过程与单向拉伸试验一致，试验过程中，随着拉力的增加，GFRP筋与钢筋之间开始产生相对滑移，继续加载至构件最大承载力结束，记录最大抗拉力。

13

盾构无障碍始发与接收理论及实践

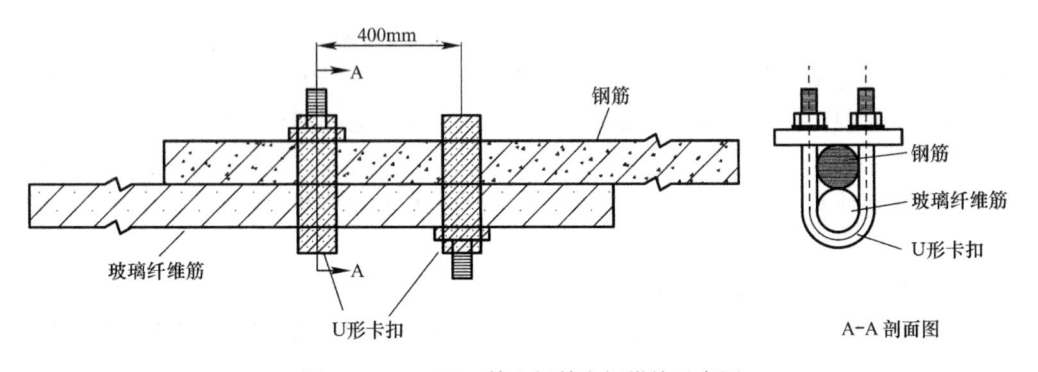

图 1.3-13　GFRP 筋和钢筋之间搭接示意图

图 1.3-14　GFRP 筋与钢筋的 2 个 U 形卡扣连接

试验结果表明，GFRP 筋和普通钢筋之间使用双 U 形卡扣连接承受单向拉力的效果明显好于单个 U 形卡扣连接，双 U 形卡扣连接方式承受的抗滑力高出同规格的单个 U 形卡扣 80％左右。采用双 U 形卡扣连接，承受拉力达到 30kN 左右时 GFRP 筋与普通钢筋出现相互滑动，说明双 U 形卡扣的机械连接完全可以承受单根 GFRP 筋和钢筋的自重，能够满足工程中 GFRP 筋笼吊装等要求。

GFRP 筋、钢筋表面的破损、油污等可造成与 U 形卡扣及钢筋之间的摩擦力降低，连接前要保证筋材表面清洁。

1.3.4　小结

与钢筋相类似，GFRP 筋与混凝土的粘结性能的影响因素很多，主要与 GFRP 筋表面形式、GFRP 筋直径、混凝土强度、锚固长度、GFRP 筋埋置长度、保护层厚度等。由于 GFRP 的弹性模量远比钢筋弹性模量低，这就造成 GFRP 筋与混凝土之间的粘结性不如钢筋混凝土。根据试验结果：

（1）GFRP 筋与混凝土之间的粘结强度只有钢筋与混凝土粘结强度的 65％左右；

（2）GFRP 筋的粘结强度随粘结长度的增加而降低，也随着 GFRP 筋直径的增大而降低；

（3）GFRP 筋和混凝土刚产生滑动位移后，粘结强度随着粘结应力的增加而显著增加，而钢筋则增加缓慢，GFRP 筋与混凝土粘结强度峰值对应的自由端滑移位移明显大于钢筋；

（4）GFRP 筋和普通钢筋之间使用双 U 形卡扣连接能满足工程中 GFRP 筋笼吊装等要求。

第2章 盾构无障碍始发与接收基本理论

2.1 前 言

前已述及，盾构无障碍始发与接收施工是在预留洞口处采用 GFRP 筋代替钢筋混凝土围护结构中的钢筋后，盾构刀盘可直接切割 GFRP 筋围护结构，从而实现盾构始发与接收中的连续掘进。

国外将盾构工程预留洞口处 GFRP 筋混凝土围护结构称为 "soft eye"，该方法在美国、日本、加拿大、荷兰等国家已获得了广泛应用，认为盾构直接切割 GFRP 筋围护结构安全、经济且高效，并建议取消端头土体的加固。GFRP 筋在国内盾构工程中的应用，虽起步较晚，但也得到了大量应用，如在北京、成都、长沙、东莞、广州、深圳、合肥等城市。目前该方法在国内外盾构工程已经形成了一种发展趋势，传统的人工凿桩方法逐渐被摒弃。

但在应用中发现，盾构无障碍接收掘进时，洞口处 GFRP 筋混凝土围护桩体出现指向接收井基坑临空面的倒塌现象（图 2.1-1），表明存在一定的安全隐患。

在盾构工程方面，GFRP 筋混凝土围护结构将受到竖井基坑开挖、盾构掘进的双重影响（图 2.1-2），在基坑开挖阶段该围护结构均产生朝向基坑内的变形；盾构无障碍始发时盾构推力方向与该围护结构的变形方向相反，刀盘密贴该围护结构后对其有支撑作用；但盾构无障碍接收中该围护结构的变形与始发截然不同，盾构无障碍接收是从半无限土体的正常掘进阶段进入有限土体内的掘进过程，随着盾构

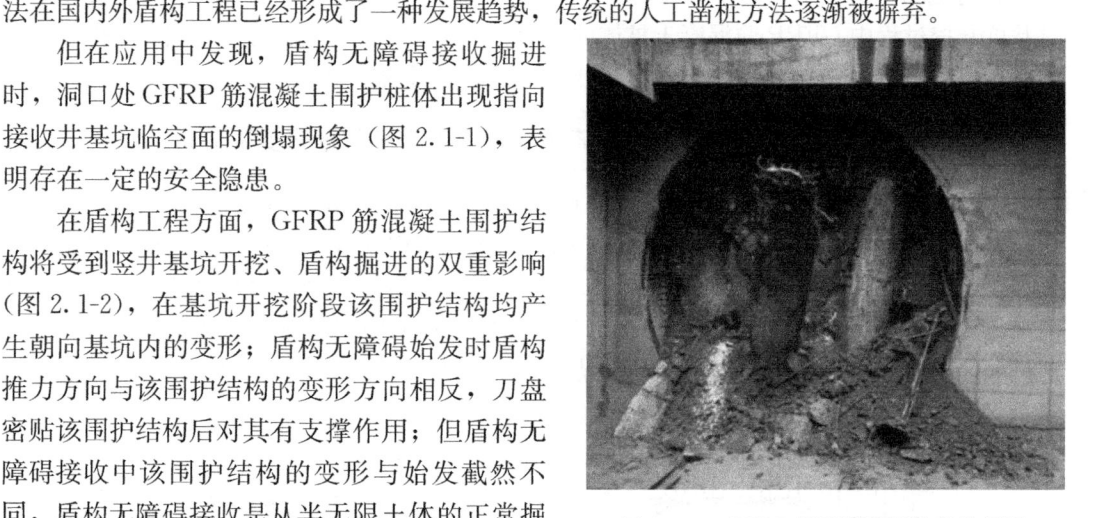

图 2.1-1 GFRP 筋混凝土围护桩体倒塌

接近该围护结构，盾构土仓压力、推力将对其产生不良影响，且其方向与该围护结构变形一致，这种不利组合将会影响到该围护结构的安全，有可能盾构尚未到达洞口，该围护结构就已发生破坏。

与常规盾构始发与接收相比，盾构无障碍始发与接收具有鲜明特点。本章以常用的围护结构类型中的 GFRP 筋混凝土桩体为研究对象，采用土压平衡盾构，从盾构无障碍始发与接收施工力学行为出发，阐述基坑开挖和盾构掘进引起的地表沉降、GFRP 筋混凝土桩体变化规律；重点阐述无障碍接收中有限土体内的盾构掘进引起的地表沉降、GFRP 筋混凝土桩体变化规律和盾构切割 GFRP 筋混凝土桩体机理；采用 GFRP 筋混凝土桩体的 1∶1 的足尺试验进行变形、破坏规律的研究，提出该类桩体的正截面、斜截面承载力计算方法，并进行构造规定，提出并构建盾构无障碍始发与接收设计与施工基本理论体系。

15

盾构无障碍始发与接收理论及实践

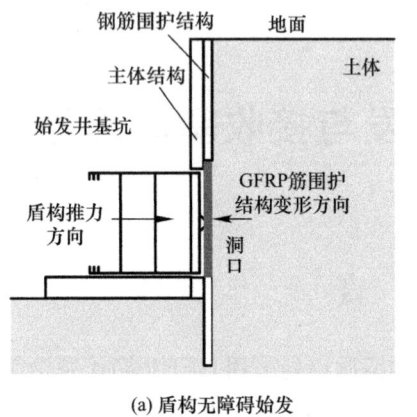
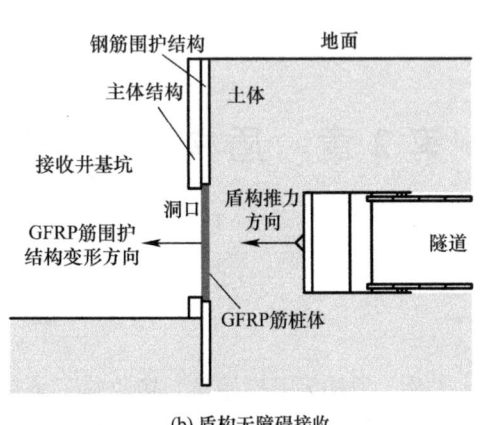

(a) 盾构无障碍始发   (b) 盾构无障碍接收

图 2.1-2 盾构无障碍始发与接收 GFRP 筋围护结构受力特点

2.2 盾构无障碍始发施工力学行为研究

盾构无障碍始发施工力学行为研究首先运用三维有限差分软件 FLAC³D 结合实际工程对基坑开挖过程中 GFRP 筋混凝土桩体的变形、地表沉降规律进行分析；然后分析始发掘进对 GFRP 筋混凝土桩体的变形和内力变化、地表变形的影响。

2.2.1 始发井基坑开挖中 GFRP 筋混凝土桩体变形和地表变形分析

原型为北京地铁 15 号线某车站的盾构始发井基坑，开挖深度为 19.0m，深度为 20.0m，长度为 58.7m，宽度为 43.8m；围护结构采用钢筋混凝土钻孔灌注桩+锚索，桩长为 23.95m、桩径为 800mm、间距为 1500mm，锚索共设 5 道，始发井基坑平面图、剖面图见图 2.2-1(a)、(b)。在盾构始发洞口处布置 5 根 GFRP 筋混凝土桩体，GFRP 筋与洞口外的钢筋进行搭接固定，GFRP 筋混凝土桩体的配筋图见图 2.2-1(c)。

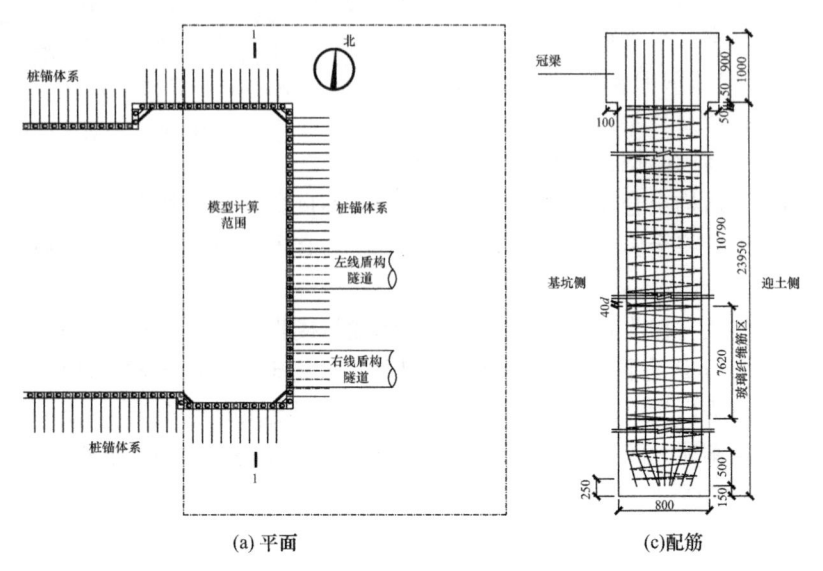

(a) 平面   (c) 配筋

图 2.2-1 始发井基坑平面图、剖面图、GFRP 筋混凝土桩体配筋图（一）

16

第 2 章　盾构无障碍始发与接收基本理论

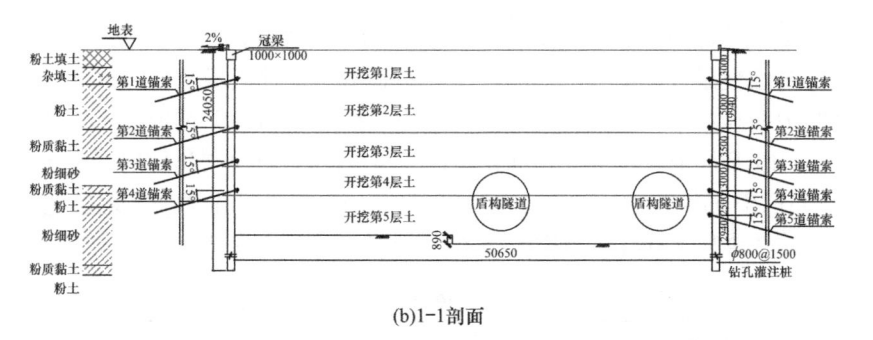

(b)1-1 剖面

图 2.2-1　始发井基坑平面图、剖面图、GFRP 筋混凝土桩体配筋图（二）

2.2.1.1　模型建立与参数取值

1. 模型建立

模型采用 FLAC³ᴰ 有限差分软件进行计算。周边土体采用实体 zone 单元模拟，使用摩尔-库仑模型；GFRP 筋混凝土桩体采用 zone 单元模拟，冠梁结构采用 zone 单元模拟，锚索结构采用 cable 单元模拟，管片采用 shell 单元模拟。所建立的模型见图 2.2-2 和图 2.2-3，共计 113300 个网格点、107190 个实体单元。

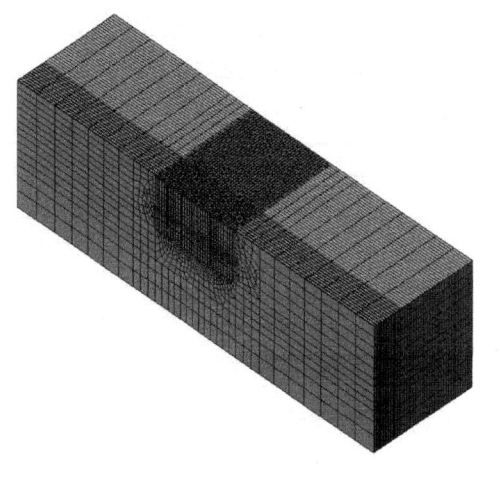

图 2.2-2　三维模型

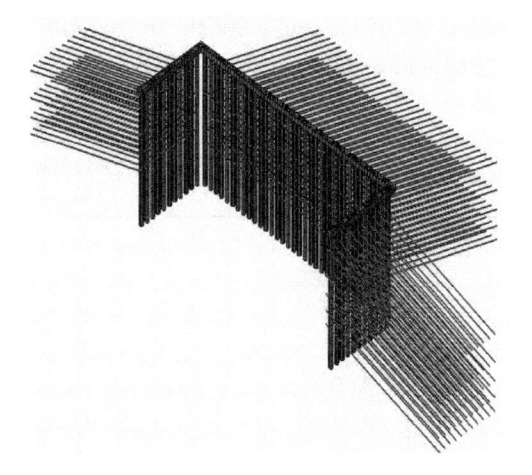

图 2.2-3　GFRP 筋混凝土桩体和锚索

2. 参数取值

结构物理力学参数如表 2.2-1 所示。

结构物理力学参数　　　　　　　　　　　　　　　　　　　　　表 2.2-1

名称	密度（kg/m³）	弹性模量（GPa）	泊松比
钢筋混凝土桩	2600	28.0	0.20
冠梁	2500	28.0	0.20
GFRP 筋混凝土桩体	2370	22.0	0.20
锚索	7800	210.0	0.20
管片	2500	34.5	0.20
加固	2300	0.1	0.25

17

盾构无障碍始发与接收理论及实践

根据 GFRP 筋力学性能试验，其弹性模量为 48.0GPa，按照等效刚度原则，GFRP 筋混凝土桩体的弹性模量计算值为 28.6GPa、开裂荷载为钢筋混凝土桩的 80%；GFRP 筋与混凝土的粘结力明显小于钢筋与混凝土的粘结力，因此取 GFRP 筋混凝土桩体的弹性模量为 22.0GPa。GFRP 筋的密度约为钢筋密度的 1/5～1/4，计算得出钢筋混凝土桩的密度为 2600kg/m³，GFRP 筋混凝土桩体的密度为 2370kg/m³。锚索注浆根据地层选择水泥浆或水泥砂浆，注浆体强度不小于 20MPa。锚索设计参数如表 2.2-2 所示。

锚索设计参数 　　　　　　　　表 2.2-2

参数	第 1 道锚索	第 2 道锚索	第 3 道锚索	第 4 道锚索	第 5 道锚索
自由段（m）	13.5	10.5	8.5	6.5	6.0
锚固段（m）	18.0	22.0	23.5	24.5	23.0
水平倾角（°）	15	15	15	15	15
锚固体直径（mm）	200	200	200	200	200
锚筋	4 根 ϕ^s15.2 钢绞线	5 根 ϕ^s15.2 钢绞线	6 根 ϕ^s15.2 钢绞线	6 根 ϕ^s15.2 钢绞线	5 根 ϕ^s15.2 钢绞线
设计轴力（kN）	540	745	903	899	852
轴力锁定值（kN）	410	560	680	680	640

根据勘察报告，模型范围内自上而下为基坑边坡土层，依次为①层粉土填土、①₁ 层杂填土、③层粉土、③₁ 层粉质黏土、④层粉质黏土、④₂ 层粉土、⑥₃ 层细中砂，局部为③₃ 层粉细砂、⑥层粉质黏土、⑥₂ 层粉土。各土层的物理力学参数见表 2.2-3。

土层物理力学参数 　　　　　　　　表 2.2-3

土层编号	土层名称	厚度（m）	弹性模量（MPa）	泊松比	密度（kg/m³）	摩擦角（°）	黏聚力（kPa）
①	粉土填土	1.0	8.0	0.34	1600	10	5
①₁	杂填土	1.5	5.0	0.35	1800	8	0
③	粉土	3.5	10.1	0.30	2000	28	20
③₁	粉质黏土	4.0	11.2	0.31	2000	18	29
③₃	粉细砂	4.0	20.0	0.27	2050	28	0
④	粉质黏土	1.0	13.8	0.30	2000	21	28
④₂	粉土	2.0	17.7	0.28	2040	28	24
④₃	粉细砂	3.0	35.0	0.27	2070	32	0
⑥	粉质黏土	3.0	13.8	0.3	2000	20	39
⑥₂	粉土	3.0	17.7	0.29	2070	30	23
⑥₃	细中砂	5.5	38.0	0.26	2100	35	0

3. 初始应力场形成

在基坑开挖之前以及隧道盾构推进之前，土体为原始应力状态。FLAC³ᴰ 中，通过设置初始条件来模拟这种原始状态。地表下均匀的土层垂直应力等于 $g\rho z$（g 为重力加速度，ρ 为土的密度，z 为地表以下的深度），模拟时在网格上设置系列应力，然后运行，直到获得平衡为止。

2.2.1.2 基坑开挖过程中引起的 GFRP 筋混凝土桩体的变形规律

1. 模拟步序

模拟步序按照基坑开挖过程：

1）第 1 步开挖至地表下 3.5m，设置第 1 道锚索；

2）第 2 步开挖至地表下 8.5m，设置第 2 道锚索；

3）第 3 步开挖至地表下 12.0m，设置第 3 道锚索；

4）第 4 步开挖至地表下 15.0m，设置第 4 道锚索；

5）第 5 步开挖至设计基坑底，部分桩体设置第 5 道锚索。

为了分析 GFRP 筋混凝土桩体与钢筋混凝土桩在基坑开挖过程中的区别，选取 GFRP 筋混凝土桩体和钢筋混凝土桩进行对比，主要分析基坑开挖过程中 GFRP 筋混凝土桩体和钢筋混凝土桩的水平位移、桩顶位移，以及对地表沉降的影响。数值计算选取范围内桩的测点布置如图 2.2-4 所示，数值计算分析 1～6 号桩，地表沉降测点为基坑外侧 3.5m 处 DB-1～DB-7。4 号桩和 5 号桩为 GFRP 筋混凝土桩体，其余为钢筋混凝土桩。

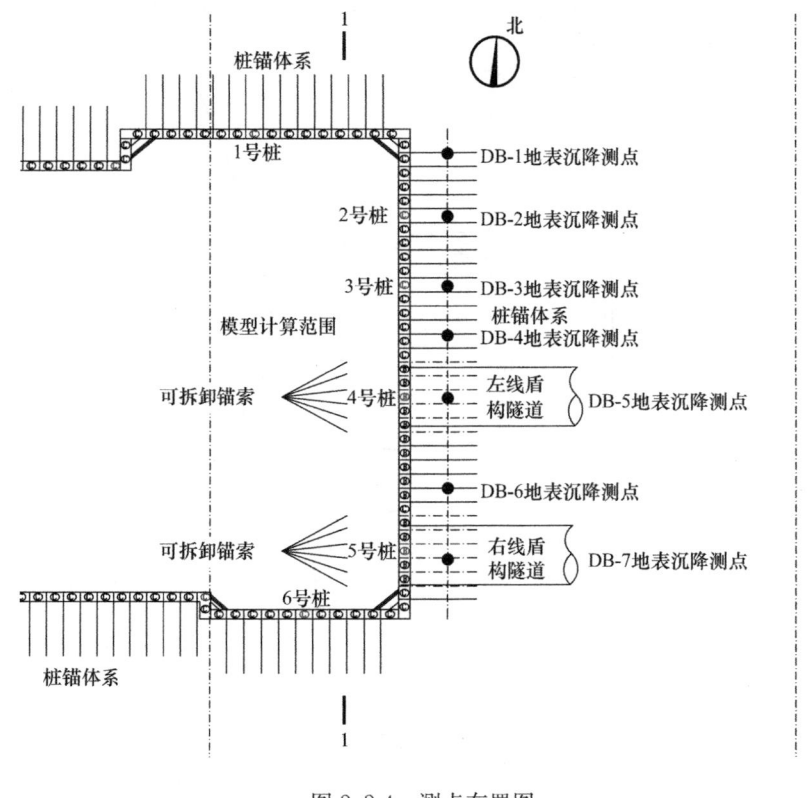

图 2.2-4　测点布置图

2.GFRP 筋混凝土桩体水平位移分析

图 2.2-5 为基坑开挖过程中桩体水平位移，图中横坐标负值表示桩体朝向基坑内位移，纵坐标负值表示桩体埋深。由图 2.2-5 可知，随着基坑的开挖，1 号桩的桩体最大水平位移从−2.70mm 逐渐增加至−16.80mm，与之位置相对应的 6 号桩的桩体最大水平位移从−2.77mm 逐渐增加至−14.84mm。在基坑开挖的第 1～4 步，二者的位移变化基本相同；基坑开挖第 5 步，1 号桩的桩体水平位移增量明显大于 6 号桩，这是由于基坑北侧（1 号桩所处位置）锚索为 4 道，基坑南侧（6 号桩所处位置）锚索为 5 道，受此影响，6 号桩的桩体水平位移相对较小。基坑开挖过程中，1～6 号桩的桩体最大水平位移都出现在桩体埋深−15.0m，即 GFRP 筋区，可见在一定程度上受到了 GFRP 筋混凝土桩体的影响。

盾构无障碍始发与接收理论及实践

2号桩的桩体水平位移趋势与3号桩基本相同，由于2号桩比3号桩更靠近基坑边缘，且距离GFRP筋混凝土桩体较远，受基坑开挖以及GFRP筋混凝土桩体的影响相对较小。2号桩的最大水平位移从-2.25mm增加至-15.11mm，3号桩的最大水平位移从-3.64mm增加至-18.89mm，都出现在桩体埋深-15.0m处，表明二者的受力和变形规律相同。不同之是3号桩的上部水平位移幅度比2号桩要大，原因是3号桩靠近GFRP筋混凝土桩体，相比2号桩而言受到的影响程度稍大，尤其是开挖至第4步和第5步，3号桩上部的水平位移明显比2号桩的增幅大。

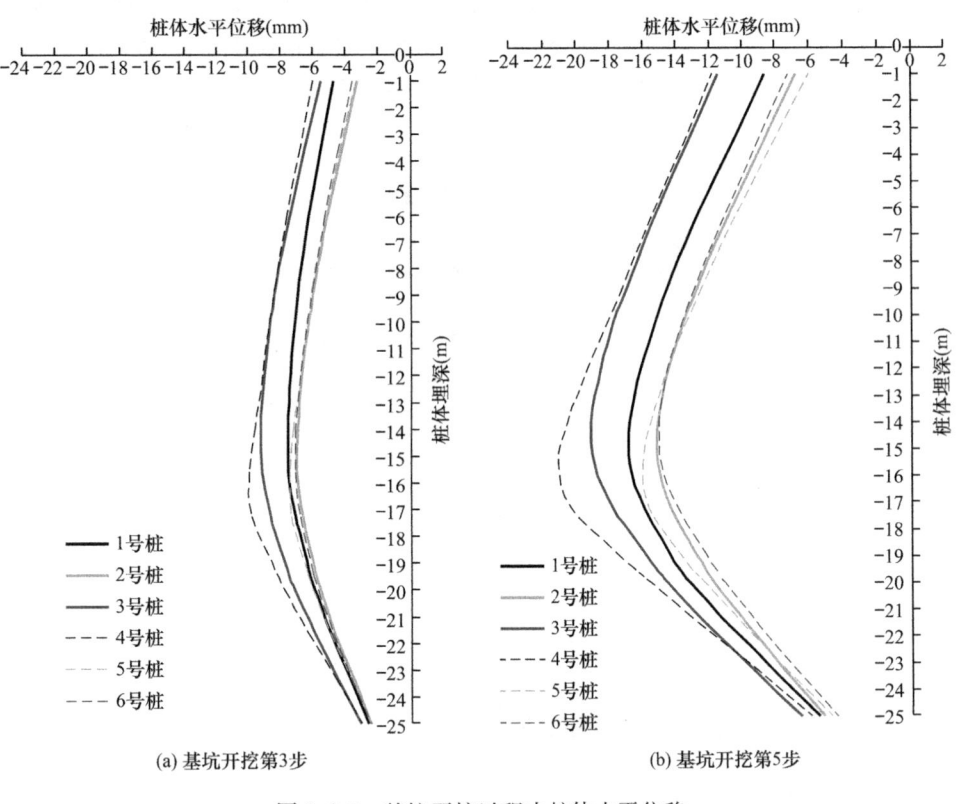

(a) 基坑开挖第3步　　　　　　　　　(b) 基坑开挖第5步

图 2.2-5　基坑开挖过程中桩体水平位移

随着基坑的开挖，4号桩的最大水平位移从-4.03mm增加至-20.99mm，5号桩的最大水平位移从-2.39mm增加至-15.95mm。从空间位置关系对比3号桩和4号桩，由于4号桩为GFRP筋混凝土桩体，受桩体材质的影响，强度较3号钢筋混凝土桩稍弱，其水平位移有明显增大的现象，并且随基坑开挖增幅加大。对比2号钢筋混凝土桩和5号GFRP筋混凝土桩体，也有类似现象，由于靠近基坑边缘，桩体水平位移和增幅都较3号桩和4号桩稍小。

3. GFRP筋混凝土桩体桩顶位移分析

图 2.2-6 为基坑开挖过程中，1~6号桩的桩顶水平位移，图中横坐标表示基坑开挖步，纵坐标负值表示桩顶朝向基坑内位移。从图中可知，靠近基坑中间的桩，其桩顶水平位移较大；基坑开挖第1步，由于开挖深度较小，桩水平位移均为正值，即受到锚索拉力的影响，都朝向基坑外侧位移；随着开挖深度的加大，桩顶逐渐朝向基坑内侧位移，

20

4 号桩的桩顶水平位移最大，其次为 3 号桩，这是由于 4 号桩是 GFRP 筋混凝土桩体，强度较 3 号钢筋混凝土桩稍弱。各个桩的桩顶水平位移均小于桩长的 1.5‰。

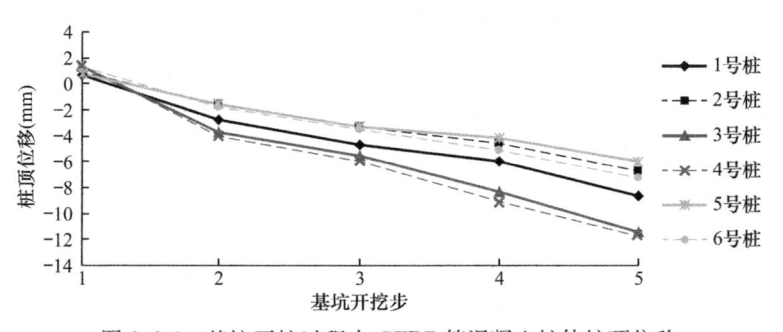

图 2.2-6　基坑开挖过程中 GFRP 筋混凝土桩体桩顶位移

4. 地表沉降分析

图 2.2-7 为基坑开挖过程中，距基坑外侧 3.5m 处地表沉降曲线和相应的地表沉降值，图中横坐标表示测点标号，纵坐标负值表示地表沉降。可以看出，基坑开挖第 1 步沉降值较小，基坑开挖第 2 步沉降值增幅较大，随后沉降值增加较小。靠近基坑中间的地表沉降值比靠近基坑边缘的地表沉降值增大。受 GFRP 筋混凝土桩体的影响，其上方地表沉降值略大；但基坑开挖第 5 步，基坑北侧比南侧少一道锚索，引起靠近北侧的测点沉降值比南侧的相对位置处测点的沉降值稍大。

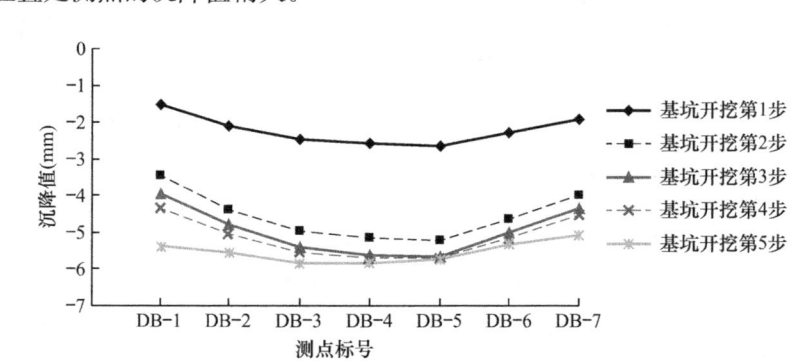

图 2.2-7　基坑开挖过程中地表沉降曲线

2.2.1.3　数值模拟计算与监测数据的对比分析

1. 监测概况

数值模拟为扩大段基坑，故与扩大段的基坑开挖过程中的监测数据进行对比分析。地表沉降的现场监测点为 DB-1～DB-4、DB-6，位于基坑东侧外边缘 3.5m 处。

2. 桩体水平位移对比分析

图 2.2-8 为 4 号和 5 号桩的桩体水平位移数值模拟计算值与监测值的对比，横坐标负值表示朝向基坑内侧位移，纵坐标表示桩体的埋深；图中虚线表示基坑开挖完成时，桩体水平位移数值计算值。由于 2013 年 2 月 3 日车站扩大段基坑底板混凝土全部浇筑完成，因此，监测数据采集到 2 月 3 日。监测数据显示，随着基坑开挖桩体逐渐朝向基坑内侧位移，4 号和 5 号桩的桩体最大水平位移分别为 $-18.0mm$ 和 $-15.0mm$，出现在桩体埋深约 $-12.0m \sim -16.0m$。

盾构无障碍始发与接收理论及实践

4号和5号桩的桩体水平位移计算值与监测值较为接近，由于计算分析按照地层中每一层土都为均匀分布，与实际地层条件存在差异，加之实际施工中不确定性因素较多，因此理论分析结果与监测值略有差别，但变形规律相同，可以作为理论分析参考值。

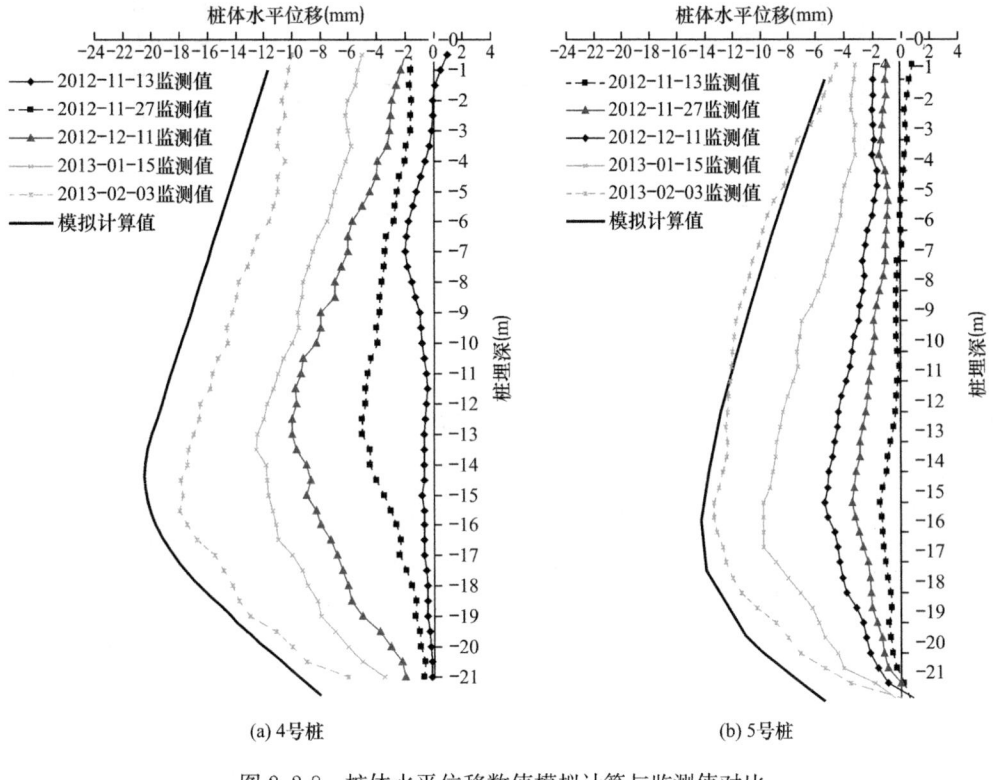

图 2.2-8　桩体水平位移数值模拟计算与监测值对比

3. 桩顶位移对比分析

图 2.2-9 为 4 号和 5 号桩的桩顶水平位移数值模拟计算值与监测值的对比，横坐标表示实际监测时间，纵坐标负值表示桩顶朝向基坑内位移；图中虚线表示基坑开挖完成时，桩顶位移数值计算值。从图中可以看出，桩顶实测位移随基坑开挖有逐渐增大（朝向基坑内位移）的趋势，4 号和 5 号 GFRP 筋混凝土桩体的最大桩顶位移分别为－9.98mm 和5.03mm。桩顶位移数值模拟计算值与监测值的位移趋势都是朝向基坑内侧，一定程度上可以反映桩顶位移的变化趋势。

4. 地表沉降对比分析

图 2.2-10 为距基坑东侧外缘 3.5m 处地表沉降数值模拟计算值与监测值的对比。现场监测的测点为 DB-1～DB-4、DB-6，为便于和数值模拟值进行对比，采用二次样条插值方法增加测点 DB-5 的值，得到一条连续的监测沉降曲线。

由于围护桩刚度大，基坑开挖过程对基坑外侧地表沉降影响较小，测点的最大沉降值为－4.16mm，部分测点有隆起现象，最大隆起值 1.17mm，随着施工的进行，测点有逐渐下沉的趋势。数值模拟计算的结果是地表产生沉降，最大沉降值－5.84mm，出现在中间位置，两侧沉降略小。由于现场施工和监测不确定性因素多，地表沉降数值模拟计算值与监测值有一定的差别。

22

第 2 章　盾构无障碍始发与接收基本理论

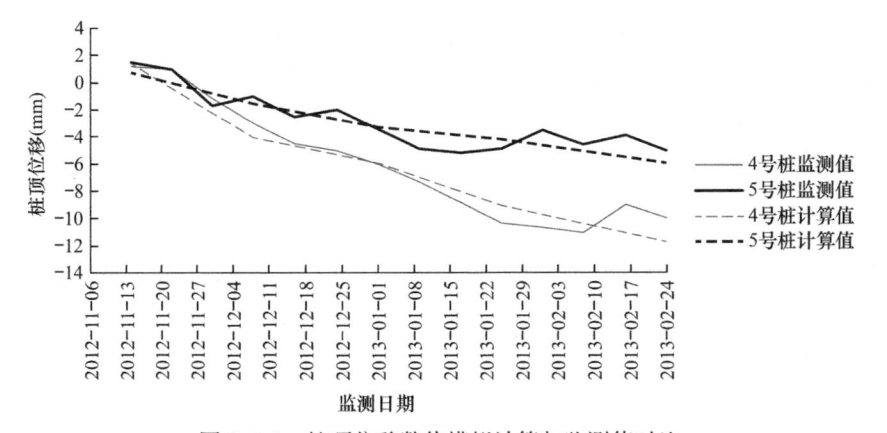

图 2.2-9　桩顶位移数值模拟计算与监测值对比

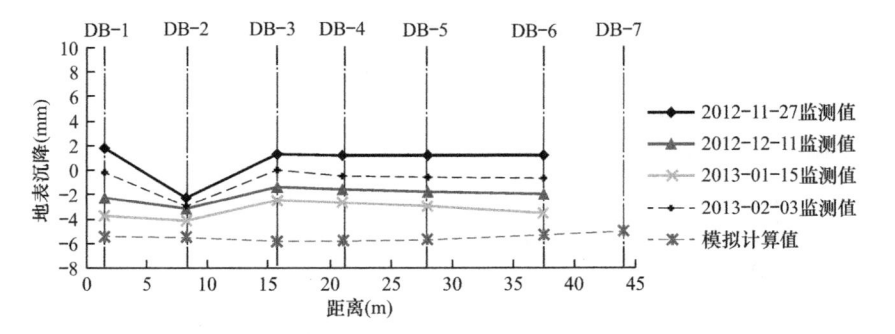

图 2.2-10　地表沉降数值模拟计算值与监测值对比

2.2.1.4　基坑稳定性分析

从以上理论计算分析和实际监控量测数据分析可以看出：

（1）基坑开挖过程中，围护结构有朝向基坑内侧位移的趋势；受桩体材质的影响，GFRP 筋混凝土桩体水平位移比钢筋混凝土桩的水平位移略大，且 GFRP 筋区的水平位移有明显增大的现象；靠近基坑中间的桩比靠近基坑边缘的桩的水平位移大；GFRP 筋混凝土桩体最大水平位移－20.99mm，钢筋混凝土桩的桩体最大水平位移－18.89mm。GFRP 筋混凝土桩体最大位移－11.47mm，钢筋混凝土桩的桩顶位移略小，但都小于桩长的 1.5‰。

（2）对于围护桩结构基坑开挖，对比数值模拟计算值和现场监测值，可以看出桩的位移计算值与监测值比较接近，变形规律基本相同；地表沉降计算值大于监测值。由于计算分析按照地层中每一层土都为均匀分布，与实际地层条件存在差异，加之实际施工中不确定性因素较多，因此理论分析结果与监测值有一定的差别。

盾构井的深度为 20m，按照国家标准，地表变形、围护结构桩（墙）体水平位移的控制值均为 30mm，从理论计算分析及监控量测数据分析，均未超出 30mm，另外地面巡视也未发现裂缝等异常现象，表明基坑是稳定的，换句话说：盾构洞口支护结构采用 GFRP 筋替代钢筋后，在满足二者之间搭接强度的情况下，基坑是安全稳定的。

2.2.2　盾构无障碍始发掘进对 GFRP 筋混凝土桩体和地表变形影响

2.2.2.1　盾构推力取值

无障碍始发过程中现场实测了盾构推力值，从盾构密贴、切割桩体、负环拼装和第 1～3

盾构无障碍始发与接收理论及实践

环管片拼装的全过程，在盾构推力从密贴 GFRP 筋混凝土桩体的 2000kN 随着切割而逐渐增加（图 2.2-11）；在桩体切割完成后应建立土仓压力；在拼装＋1 环管片时，盾尾进入洞口，可开始同步注浆。在 FLAC³ᴰ中采用现场实测推力值进行分析计算，施加的是单位面积盾构推力值（表 2.2-4），该推力值经过数值模拟分析验证，二者具有极高的吻合度。

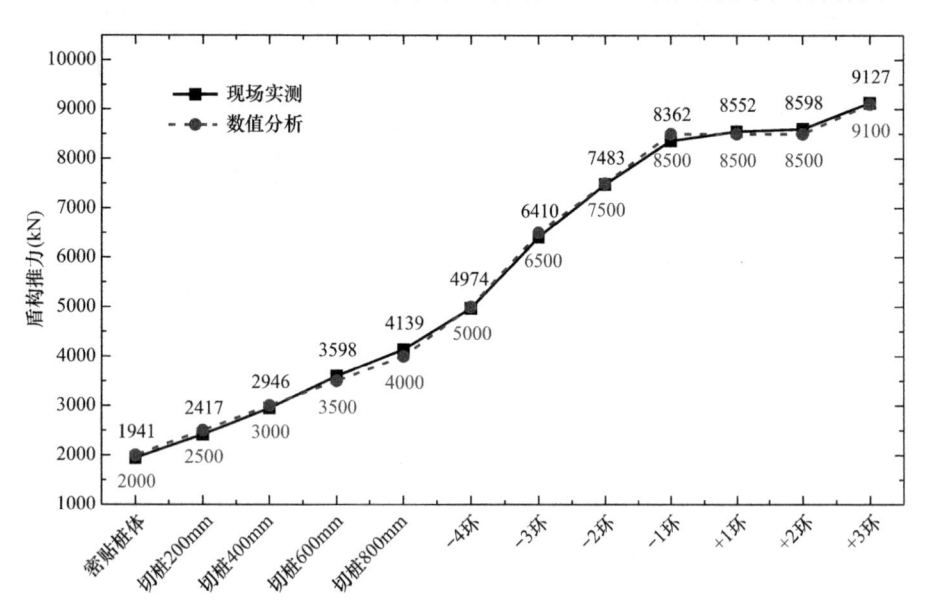

图 2.2-11　无障碍始发盾构推力

盾构无障碍始发单位面积盾构推力（单位：kN）　　　　　　　表 2.2-4

行程	密贴桩体	切桩 200mm	切桩 400mm	切桩 600mm
单位面积推力	70	90	110	120
行程	切桩 800mm	−4 环	−3 环	−2 环
单位面积推力	140	180	230	270
行程	−1 环	＋1 环	＋2 环	＋3 环
单位面积推力	300	300	300	320

2.2.2.2　对 GFRP 筋混凝土桩体的影响分析

考虑到桩体在洞口处布置的对称性，选取 1～3 号桩进行分析，在盾构轴线处选取 4

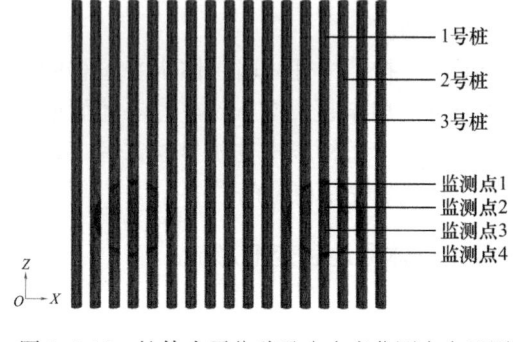

图 2.2-12　桩体水平位移及应力变化测点布置图

个监测点，其中监测点 1 和 4 为 GFRP 筋与钢筋搭接处（图 2.2-12），用于分析盾构密贴—切桩过程的桩体位移与应力变化规律。

1. 桩体位移变化规律

图 2.2-13 为 1 号、2 号、3 号桩的桩体水平位移，由图可知：

（1）基坑开挖完成时，GFRP 筋混凝土桩体朝向基坑内侧位移；在刀盘完全密贴并施加推力后，桩体朝反方向位移，即基坑外

24

第 2 章　盾构无障碍始发与接收基本理论

侧移动；随着推力的增加，桩体的水平位移变化为 0。

（2）随着盾构推力的进一步增加，3 根桩的水平位移均逐渐增大，在切桩到 1 半时，1 号桩最大水平位移增幅达到 125.71％，2 号桩达到 86.96％。

（3）切割完成前，3 根桩的水平位移均表现为"中间鼓起"的形状，即在盾构洞口处桩体水平位移较大，最大水平位移分别为 5.53mm、3.44mm、0.38mm；在相同的切桩时步下，1 号桩水平位移＞2 号桩水平位移＞3 号桩水平位移。

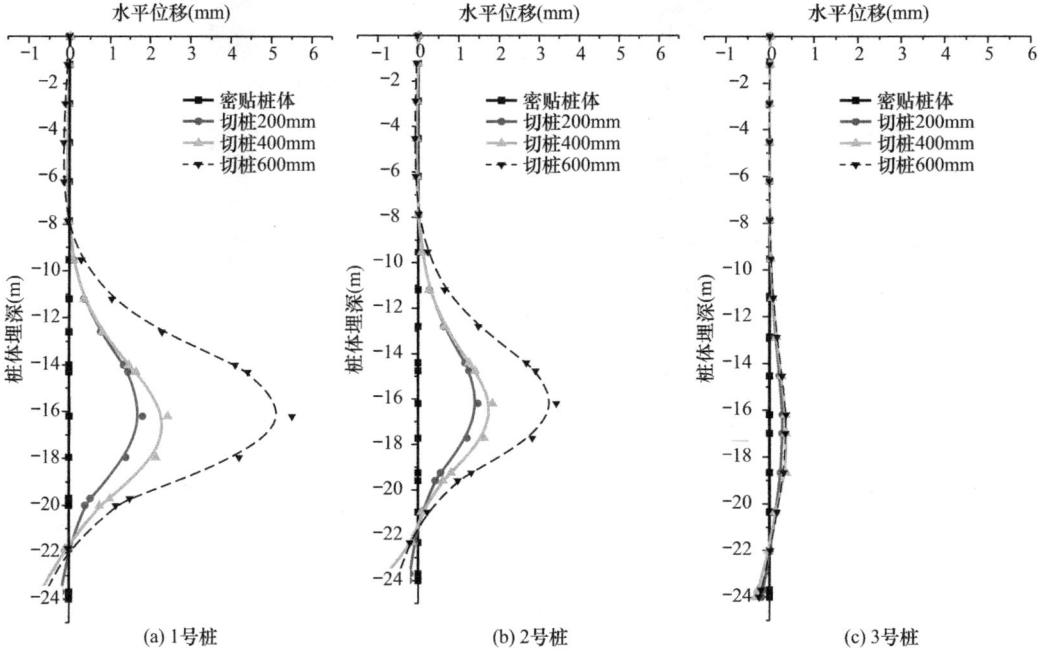

图 2.2-13　桩体水平位移

2. 桩体内力变化规律

通过 FLAC^{3D} 内置函数调取测点应力，采用材料力学计算公式得到 GFRP 筋混凝土桩体最大弯矩值（表 2.2-5），负值表示朝向基坑外侧。

桩体最大弯矩值（单位：kN·m）　　　　　　　　　　　　表 2.2-5

监测点	密贴桩体	切桩 200mm	切桩 400mm	切桩 600mm
1	−182	−578	−1101	1230
2	−307	−1104	−1336	−1886
3	−249	−1029	−1147	−2036
4	−208	−671	−1087	−1150

从表 2.2-5 可以看出：

（1）刀盘密贴 GFRP 筋混凝土桩体后，朝向基坑外侧的弯矩开始增加，在切割过程中弯矩大幅度增加。

（2）GFRP 筋混凝土桩体弯矩在洞口中间部位较大，洞口边缘较小，这可能与刀盘的中心刀先行切割有关。

25

盾构无障碍始发与接收理论及实践

2.2.2.3 洞口周围土体变形规律

盾构刀盘密贴 GFRP 筋混凝土桩体后，切桩过程中洞口处土体位移云图见图 2.2-14。

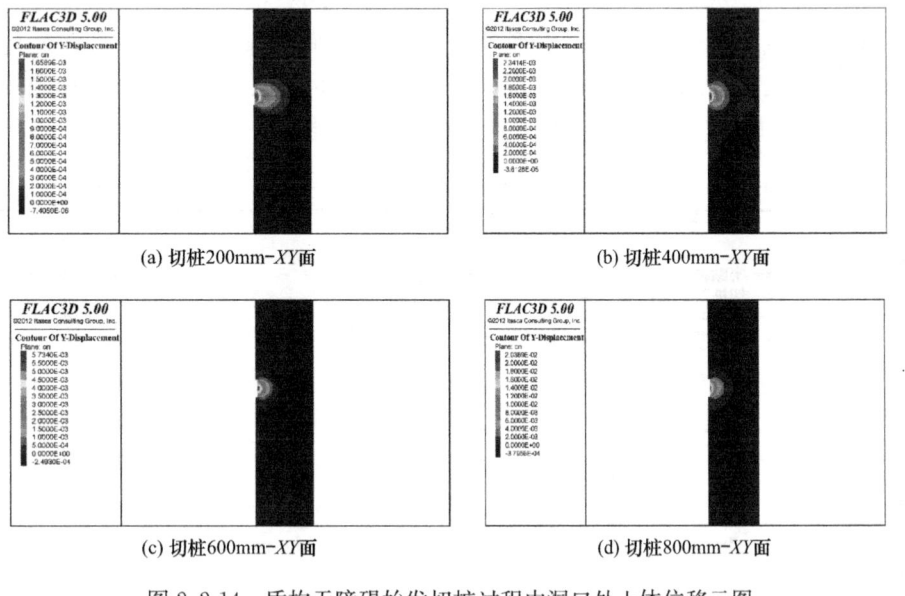

(a) 切桩200mm-XY面　　　　　　　(b) 切桩400mm-XY面

(c) 切桩600mm-XY面　　　　　　　(d) 切桩800mm-XY面

图 2.2-14　盾构无障碍始发切桩过程中洞口处土体位移云图

图 2.2-5 为盾构无障碍始发切桩过程中桩体背后土体 Y 向（即盾构前进方向）位移云图，由图可知：与常规的盾构始发（需预先进行人工凿桩）洞口处土体表现为主动土压力不同，盾构无障碍始发洞口处土体位移方向与盾构前进方向一致，即桩后土体表现为被动土压力，这表明洞口土体开始由 GFRP 筋混凝土桩体支挡转化为盾构刀盘支挡，因此避免了洞口处坍塌等工程事故的发生，极大提高了工程的安全性。

2.2.2.4 地表变形规律

盾构无障碍始发地表沉降监测点的编号为：距离始发井最近的监测断面为第 1 个监测断面（SF1），自左向右监测点编号分别为 SF1-1～SF1-9，第 2 个监测断面监测点编号分别为 SF2-1～SF2-9，依此类推；监测断面间距为 1.2m、2.4m、4.8m。

盾构无障碍始发地表沉降监测断面见图 2.2-15。

图 2.2-15　盾构无障碍始发地表沉降监测断面示意图

26

第 2 章　盾构无障碍始发与接收基本理论

从密贴桩体到正环管片拼装全过程的地表沉降曲线见图 2.2-16。

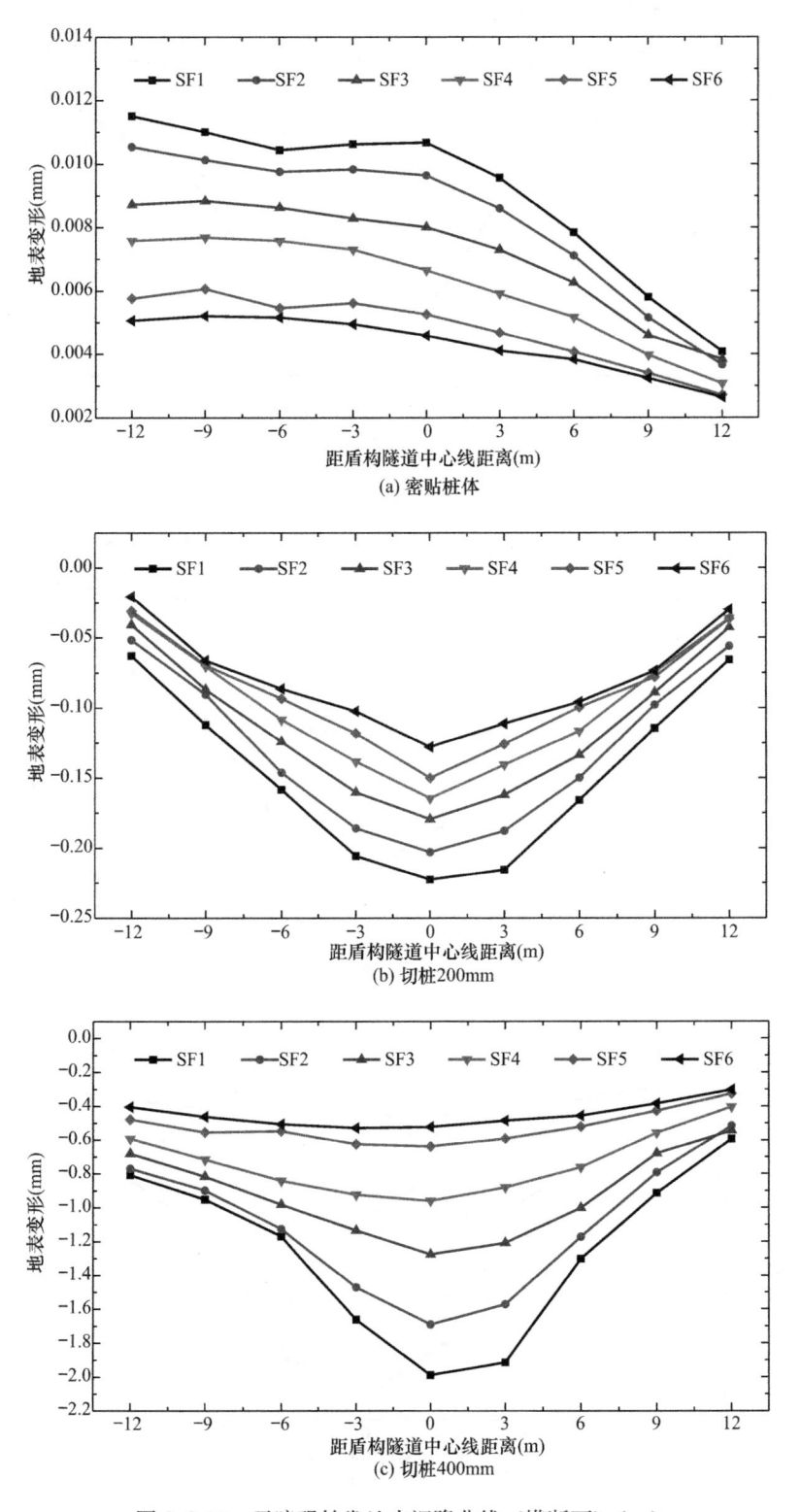

图 2.2-16　无障碍始发地表沉降曲线（横断面）（一）

27

盾构无障碍始发与接收理论及实践

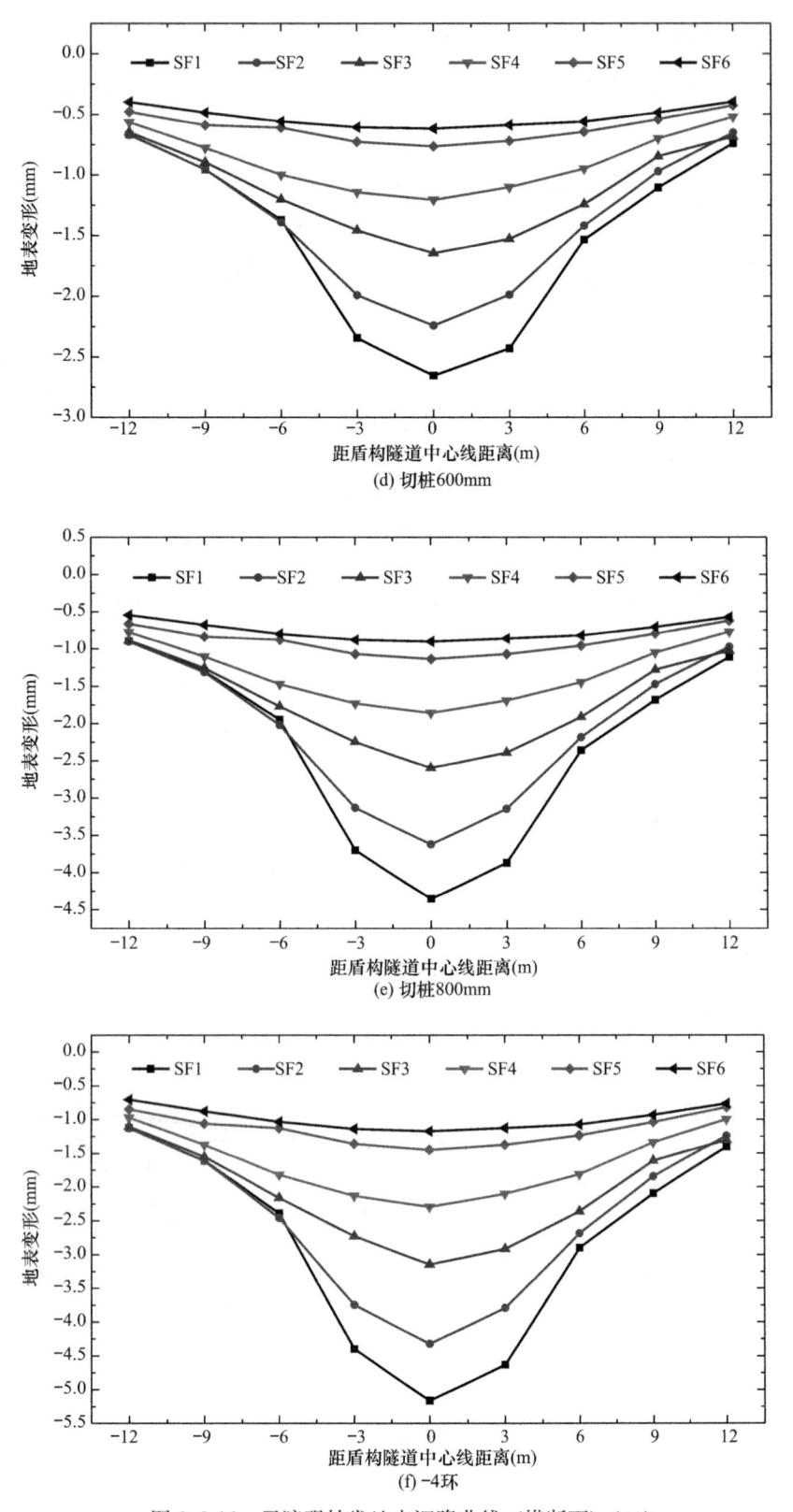

(d) 切桩600mm

(e) 切桩800mm

(f) -4环

图 2.2-16　无障碍始发地表沉降曲线（横断面）（二）

28

第 2 章 盾构无障碍始发与接收基本理论

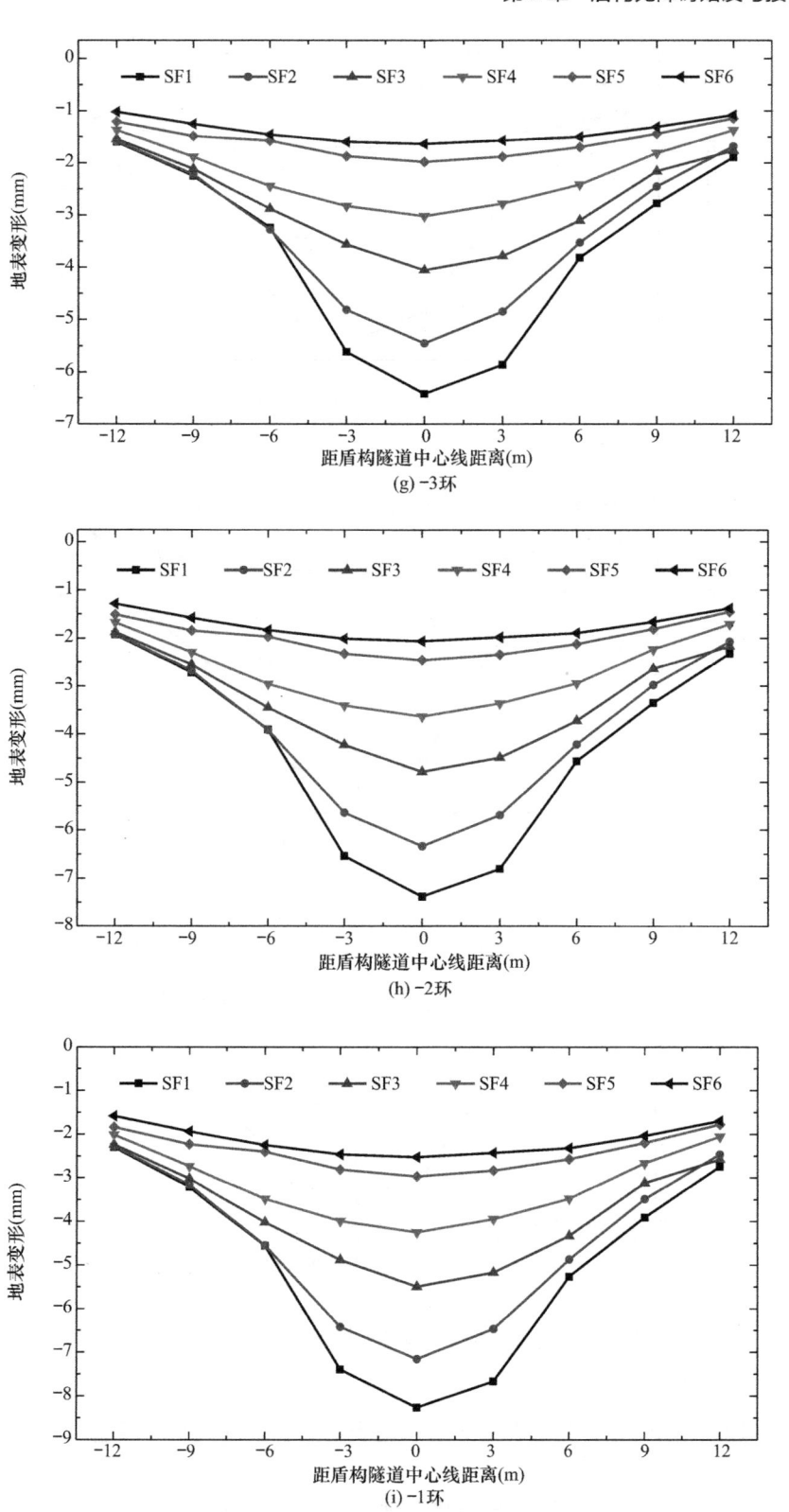

图 2.2-16 无障碍始发地表沉降曲线（横断面）（三）

29

盾构无障碍始发与接收理论及实践

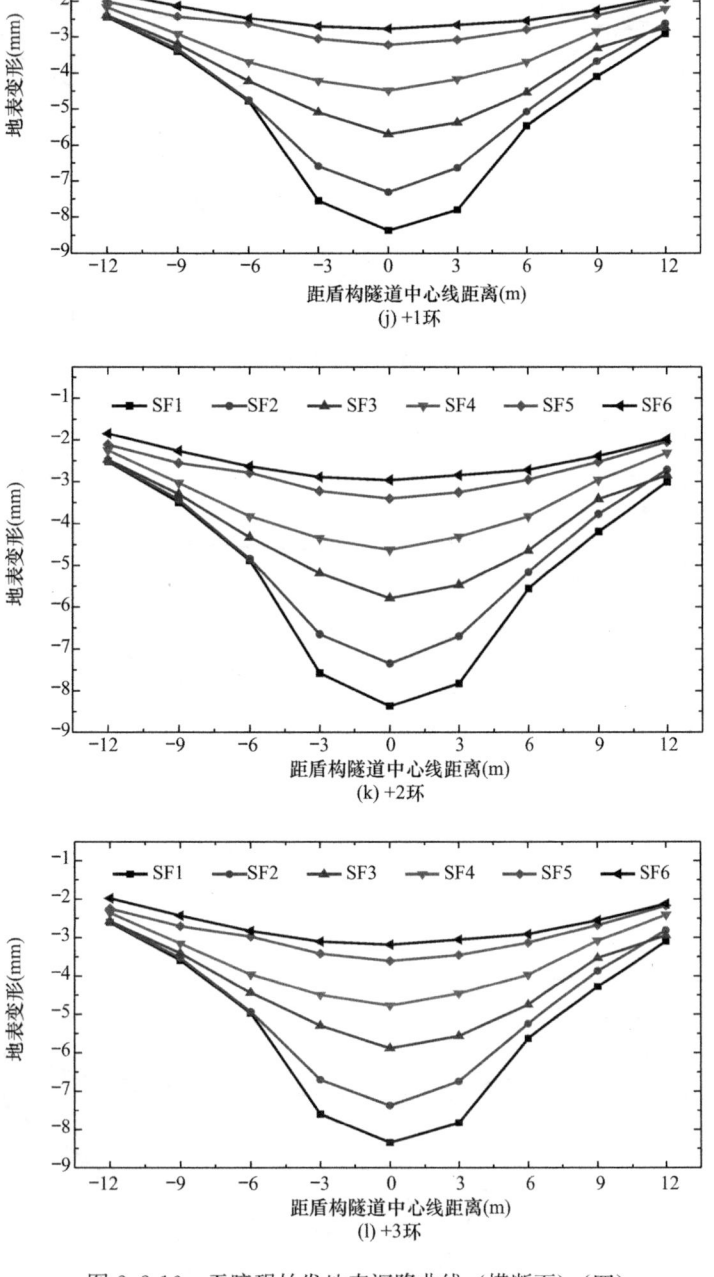

(j) +1环

(k) +2环

(l) +3环

图 2.2-16 无障碍始发地表沉降曲线（横断面）（四）

由图 2.2-16 可知：

（1）盾构密贴 GFRP 筋混凝土桩体时，地表产生了极其微小的隆起，曲线形状呈"类 Peck 曲线"形式。

（2）盾构开始切桩后，直至同步注浆，这一过程中地表变形形式为沉降，其曲线形状呈 Peck 曲线，符合高斯函数，各时步下最大沉降值均出现在盾构隧道中心线处，分别为

30

第 2 章　盾构无障碍始发与接收基本理论

−0.223mm、−1.99mm、−2.65mm、−4.35mm、−5.16mm、−6.42mm、−7.38mm、−8.26mm、−8.37mm、−8.36mm、−8.34mm。

（3）就同一时步（横断面）而言，监测断面距离始发井越近，地表沉降值越大；就不同时步（纵断面）而言，地表沉降速率基本呈逐渐降低的趋势；当开始同步注浆（+1环）后，地表沉降值基本保持稳定。

2.2.3　盾构无障碍始发掘进推力分析

从该实例分析，在 GFRP 筋混凝土桩体切割完成后，盾构推力值为 4000kN，此时土仓压力已建立，达到 0.1MPa 左右，地表沉降值为 4.5mm；在拼装正环管片时，由于同步注浆发挥了作用，使得地表沉降值稳定在 10mm 左右；地表沉降值虽然能满足有关标准要求，但仍然偏大，表明盾构掘进参数尚需要进一步分析。

在盾构刀盘密贴 GFRP 筋混凝土桩体后，盾构刀盘支撑着桩体，因此桩体的变形意义不大；以下内容采用不同推力对地表变形、桩体内力进行数值模拟分析，以确定推力大小；拟分别取 5000kN、8000kN、10000kN 和 12000kN 盾构推力进行分析。

2.2.3.1　地表变形

图 2.2-17 为不同盾构推力作用下洞口处土体位移和地表变形变化规律。

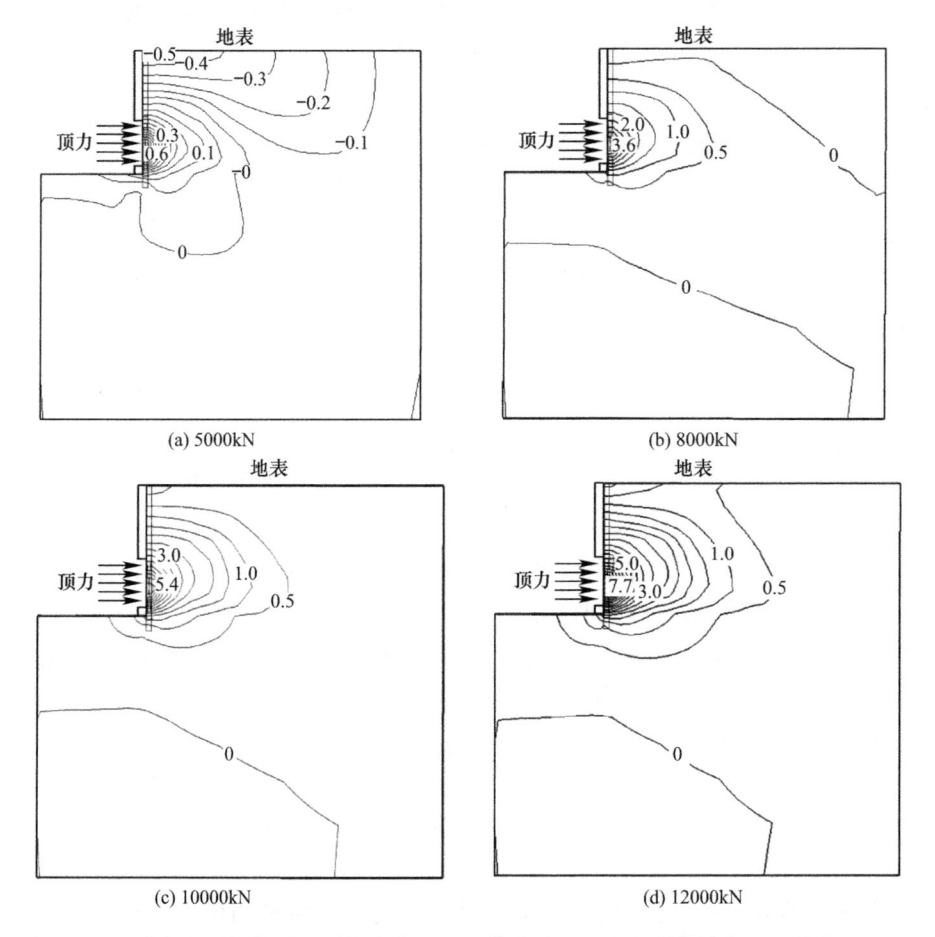

图 2.2-17　盾构密贴桩体时不同推力作用下土体位移和地表变形等值线图（单位：mm）

31

盾构无障碍始发与接收理论及实践

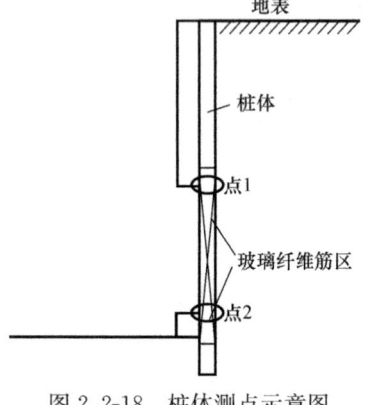

图 2.2-18　桩体测点示意图

从图 2.2-17 可以看出，洞口处土体位移随着盾构推力的增加而增加，均朝向基坑外侧；在推力为 5000kN 时，地表为沉降；而当推力为 10000kN 时，在接近地表及地表处出现微微隆起现象；而当推力为 12000kN 时，在接近地表及地表处有较明显的隆起趋势。

2.2.3.2　桩体内力

图 2.2-18 为 GFRP 筋混凝土桩体内力测点示意图，点 1 为洞口上方，点 2 为洞口下方。表 2.2-6 为不同推力作用下测点处的弯矩，正值表示桩体朝向基坑内侧，负值表示朝向基坑外侧。

盾构密贴桩体时不同推力作用下桩体弯矩（单位：kN·m）　　表 2.2-6

推力	基坑完成	5000	8000	10000	12000
点 1	490	−237	−492	−664	−836
中部	650	−331	−532	−912	−1163
点 2	519	−204	−377	−461	−546

从表 2.2-6 可以看出，盾构密贴桩体时在不同推力作用下桩体弯矩仍然是洞口中间的弯矩大于洞口边缘的，随着推力增加桩体弯矩逐渐增加，当推力大于 10000kN 时，桩体有可能发生破坏。

2.2.3.3　盾构无障碍始发掘进参数确定

在盾构推力为 10000kN 时，地表沉降较小且 GFRP 筋混凝土桩体临近破坏。综合考虑不同推力作用下 GFRP 筋混凝土桩体受力与洞口土体位移状态和地表变形规律，确定盾构无障碍始发推力取 8000～10000kN 为宜。

2.2.4　小结

盾构无障碍始发能实现盾构的连续掘进，这一过程是十分直观的。通过上述分析，盾构无障碍始发施工的关键工序为切割 GFRP 筋混凝土桩体和土仓压力的快速建立。盾构刀盘密贴 GFRP 筋混凝土桩体后，土仓压力尚未建立（快速建立土仓压力方法详见第 4 章）；此时，盾构推力对 GFRP 筋混凝土桩体及其背后土体产生一定影响，引起地表沉降或隆起。盾构刀盘切割完 GFRP 筋混凝土桩体后，土仓压力对地表变形的控制具有重要的意义。

（1）盾构刀盘密贴桩体前，洞口处土体由 GFRP 筋混凝土桩体支挡；盾构刀盘密贴 GFRP 筋混凝土桩体后，随着盾构推力的增加，桩体的变形方向由朝向基坑变化为朝向基坑外侧；在切割桩体过程中，桩体已发生破坏，此时由刀盘支挡着土体；因此在盾构无障碍始发中 GFRP 筋混凝土桩体的变形、受力变化意义不大，只需要满足基坑稳定条件。

（2）从盾构刀盘密贴桩体到切桩完毕这一阶段，地表沉降变化幅度较小；在切桩完毕后，盾构刀盘连续切削土体，此时土仓压力还未建立完毕，在此阶段中地表沉降变化幅度较大，因此切桩过程中应快速建立土仓压力。

（3）在保证地表变形可控的前提下，盾构无障碍始发可适当增大盾构推力，使 GFRP 筋混凝土桩体更易产生裂缝，便于刀盘切削桩体。

2.3 盾构无障碍接收施工力学行为

盾构无障碍接收是从半限土体进入有限土体后在有限土体内进行掘进的过程，随着盾构接近 GFRP 筋混凝土桩体，盾构土仓压力、推力将对其产生影响，且盾构推力方向与GFRP 筋混凝土桩体已变形方向一致，均指向接收井基坑临空侧（图 2.1-2）。可见，盾构无障碍接收中 GFRP 筋混凝土桩体的变形与始发的变形截然不同。

盾构无障碍接收施工力学行为研究首先运用三维有限差分软件 FLAC³ᴰ 结合实际工程对接收井基坑开挖过程中 GFRP 筋混凝土桩体的变形、地表沉降规律进行模拟分析；然后分析有限土体的界限划分，进一步分析盾构在有限土体内掘进中掘进参数对地表变形和该类桩体的影响，揭示该类桩体的切割机理，最后探讨盾构掘进参数取值问题。

2.3.1 三维有限差分软件 FLAC³ᴰ 模型建立

以北京地铁 12 号线某实际盾构接收工程为例建立 FLAC³ᴰ 模型，该模型包括接收井基坑开挖和盾构接收掘进两个阶段（图 2.3-1）。

接收井基坑尺寸为 11.9m × 11.4m × 29.2m（长×宽×深），为支撑式支护结构；洞口处均匀分布 5 根 GFRP 筋混凝土桩体；模型尺寸为 $X×Y×Z=80m×65m×48m$，模型高（宽）均大于隧道覆土厚度的 3 倍，以减少模型边界对计算的影响。实际工程中一般认为在距洞口 100m 时开始准备进行盾构的接收，因此模型掘进距离取 102m，每环管片宽1.2m，共 85 环，X 方向为盾构掘进方向；模型中土体采用修正剑桥模型，盾构管片和围护

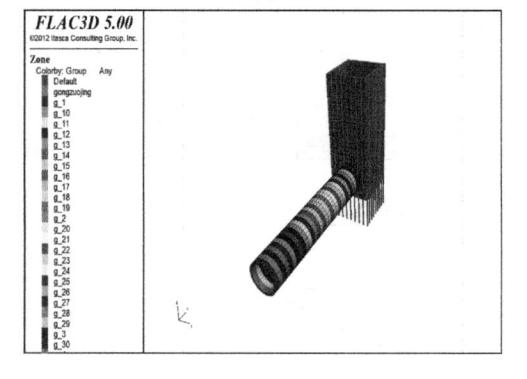

图 2.3-1　盾构无障碍接收 FLAC³ᴰ 模型

桩采用摩尔-库仑模型；模型边界约束为：顶部为自由边界，侧面及底面均采用固定支座。

2.3.1.1 地层与结构计算参数

模型用实体单元建立，根据地质条件，隧道所在地层卵石层，具体参数见表 2.3-1，结构计算参数见表 2.3-2。

地层物理力学参数表　　　　　　　　　　　　　　　　　　　　表 2.3-1

土层名称	天然重度（kN/m³）	黏聚力 c(kPa)	摩擦角 φ(°)	垂直基床系数 K_V(MPa/m)	水平基床系数 K_X(MPa/m)	静止侧压力系数 K_0	地基承载力特征值 f_{ak}(kPa)
杂填土	16	0	5	—	—	—	—
粉细砂	19.5	0	22	24	25	0.35	180
圆砾卵石	20.5	0	32	40	45	0.30	300
卵石	21	0	38	60	70	0.28	350
中粗砂	20.7	0	30	45	48	0.35	280
粉质黏土	19.8	26	13	35	38	0.40	210
粉土	18.7	18	20	35	40	0.33	230

盾构无障碍始发与接收理论及实践

结构物理力学参数 表 2.3-2

名称	密度（kg/m³）	弹性模量（GPa）	泊松比
钢筋混凝土桩	2600	28.0	0.20
GFRP 筋混凝土桩体	2370	22.0	0.20
钢支撑	7800	210.0	0.20
管片	2500	34.5	0.20
桩间喷射混凝土	2300	14.2	0.20

2.3.1.2 盾构开挖面荷载取值

盾构无障碍始发盾构推力均施加在 GFRP 筋混凝土桩体上，而盾构无障碍接收中盾构的掘进要克服开挖面前方阻力、侧方摩擦阻力、牵引阻力、纠偏阻力等；目前盾构掘进的数值模拟分析仅仅考虑了土仓压力的影响，不考虑盾构推力的影响。盾构无障碍接收与常规接收有着本质区别，其是在有限土体内的掘进，掘进中开挖面前方的阻力是动态变化的且会对 GFRP 筋混凝土桩体产生影响，因此假定除开挖面阻力外，其余阻力为恒定值。这样，在实际模拟中将开挖面阻力和土仓压力进行叠加施加在开挖面上，作为开挖面荷载。为了讨论的方便，以下的推力指的是总推力，盾构推力的计算分析详见第 3 章。

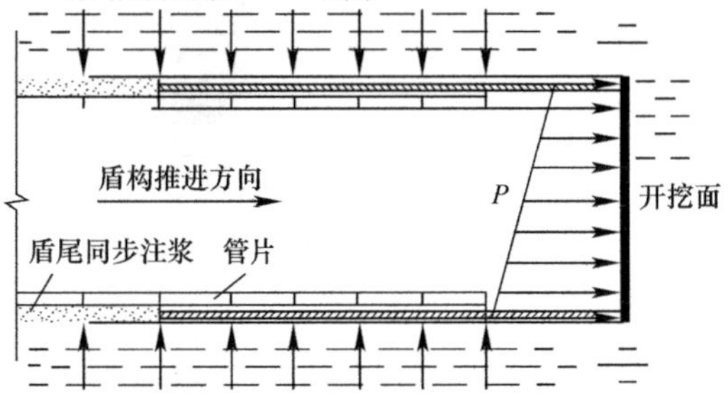

图 2.3-2 盾构掘进模拟示意图

2.3.1.3 数值模拟过程

采用地层应力释放率 LDF 的方法进行模拟（图 2.3-2）。

（1）开挖 1 环土体后，激活管片单元，施加开挖面荷载；计算一步产生地层不平衡力，在盾壳周围环向施加反向应力，即网格节点处地层应力＝应力释放率×开挖产生的不平衡力；在盾壳的支护作用下，LDF＝20％。

（2）管片脱离盾尾后，删去施加的反向应力，即地层应力完全释放，LDF＝100％，激活同步注浆层。同步注浆迅速填充建筑间隙，防止土体在管片脱离盾尾后产生较大变形，模型中同步注浆采用等效层来计算。

（3）依次循环进行，直至开挖完成。

2.3.2 接收井基坑开挖中地表变形和 GFRP 筋混凝土桩体变形分析

在该模拟中，采用与实际工况相同的开挖步骤，具体为：

（1）施作接收井基坑支护结构的钻孔灌注桩及桩顶冠梁；

（2）开挖到 2.4m 处，用衬砌单元模拟喷射混凝土，并采用梁单元作第 1 道钢支撑，如图 2.3-3（a）所示；

（3）开挖到 11.45m 处，用衬砌单元模拟喷射混凝土，并采用梁单元作第 2 道钢支撑，如图 2.3-3（b）所示；

（4）开挖到 19.55m 处，用衬砌单元模拟喷射混凝土，并采用梁单元作第 3 道钢支撑，如图 2.3-3（c）所示；

第 2 章 盾构无障碍始发与接收基本理论

（5）开挖到 24.55m 处，用衬砌单元模拟喷射混凝土，并采用梁单元作第 4 道钢支撑，如图 2.3-3(d) 所示。

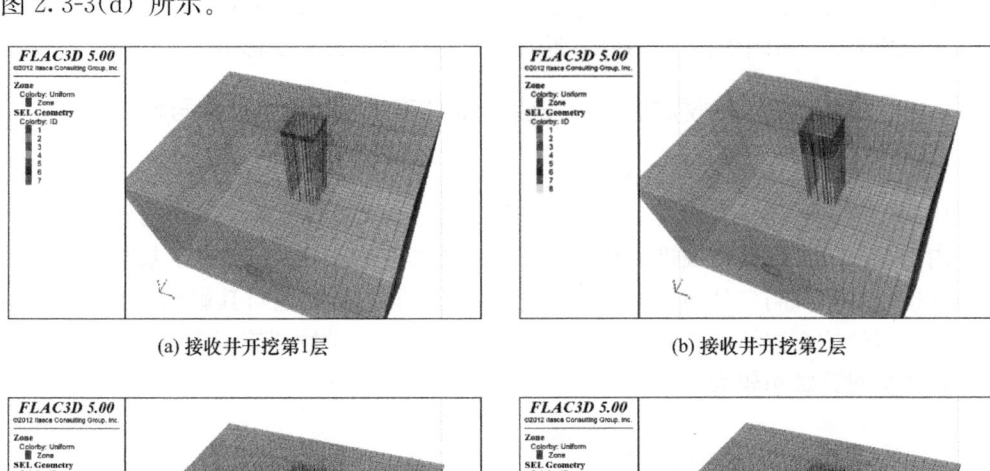

(a) 接收井开挖第1层　　　　　　　　　　　　　(b) 接收井开挖第2层

(c) 接收井开挖第3层　　　　　　　　　　　　　(d) 接收井开挖第4层

图 2.3-3　接收井开挖步骤模拟

图 2.3-4 为接收井基坑开挖引起的盾构轴线上方的地表沉降，图 2.3-5 为接收井基坑开挖引起的洞口 GFRP 筋混凝土桩体的变形曲线。

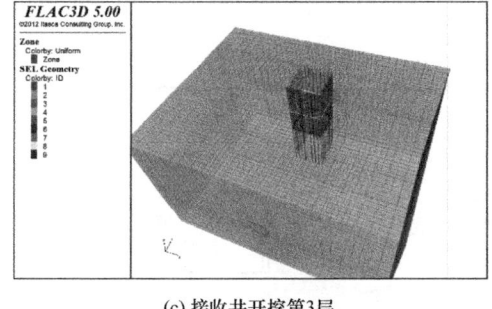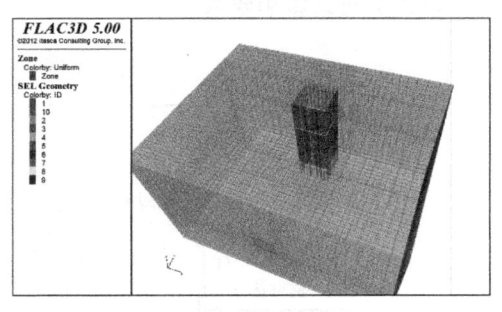

图 2.3-4　接收井基坑开挖盾构轴线处地表沉降　　图 2.3-5　接收井基坑开挖洞口中轴线处桩体变形

从图 2.3-4 可以看出，接收井基坑附近地表随着其开挖而产生沉降，在盾构隧道中轴线上方，距离出洞口 0m 处产生 −4.39mm 沉降、距离出洞口 0.5D 处产生 −3.73mm 的沉降（其中 D 为隧道直径）、距离出洞口 1D 处产生 −3.43mm 的沉降、距离出洞口 1.5D 处

35

盾构无障碍始发与接收理论及实践

产生－3.01mm 的沉降，距离出洞口 2D 处产生－2.93mm 沉降。

从图 2.3-5 可以看出，随着接收井基坑开挖，洞口 GFRP 筋混凝土桩体逐渐发生变形，开挖完成后，洞口中轴线处 GFRP 筋混凝土桩体产生最大变形值 15.13mm。

2.3.3　盾构无障碍接收掘进对地表变形和 GFRP 筋混凝土桩体影响

2.3.3.1　盾构无障碍接收界限划分

盾构的掘进一般划分为始发、正常掘进和接收三个大阶段，正常掘进可认为是在半无限土体内的掘进过程，接收掘进为在有限土体内的掘进过程（图 2.3-6）。盾构的常规接收中，由于接收井基坑洞口处为钢筋混凝土支护结构，盾构的掘进对其影响不大；而盾构无障碍接收洞口处的支护结构为 GFRP 筋混凝土桩体，其力学性能较钢筋混凝土的差，盾构的接收掘进会对其影响较大。

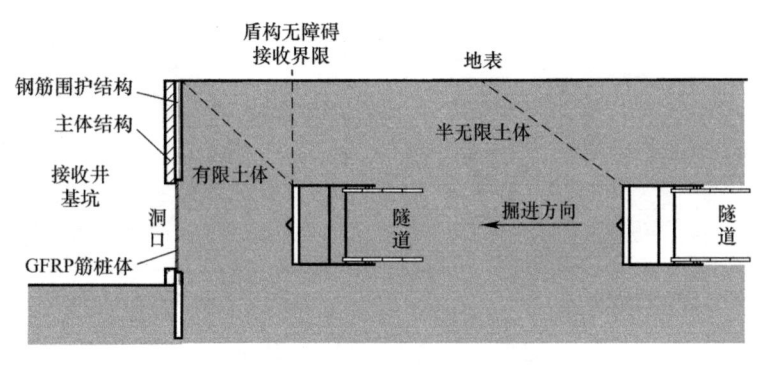

图 2.3-6　盾构掘进过程示意图

盾构无障碍接收掘进与正常掘进、常规接收掘进有着本质上的差异；因此，盾构无障碍接收掘进与正常掘进界限的划分至关重要，关系到 GFRP 筋混凝土桩体的稳定性问题。

以下内容从盾构接收掘进中刀盘前方应力场土体、位移场的影响来判定有限土体和半无限土体界限，进而划分出盾构无障碍接收界限。

1. 盾构掘进前方土体应力场

图 2.3-7 为盾构掘进前方土体应力场随接近接收井基坑洞口过程中的变化云图，距接收井基坑洞口的距离采用盾构直径 D 来表示，也可以用管片环数来表示。

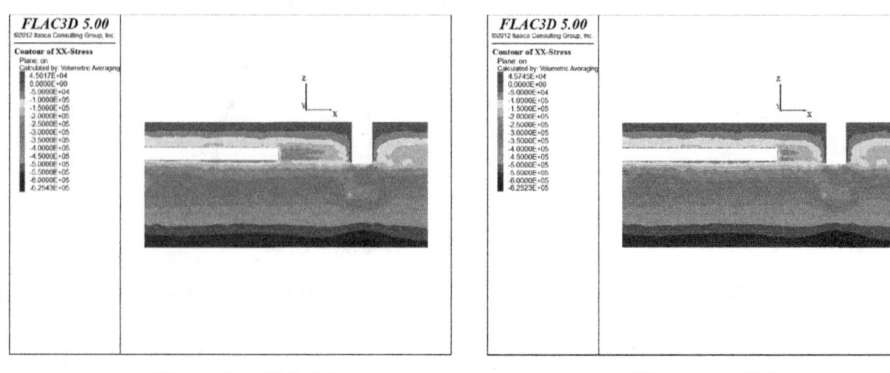

(a) 距洞口6D(30环管片宽度)　　　　　　(b) 距洞口4D(20环管片宽度)

图 2.3-7　盾构掘进前方土体应力变化云图（一）

36

第 2 章　盾构无障碍始发与接收基本理论

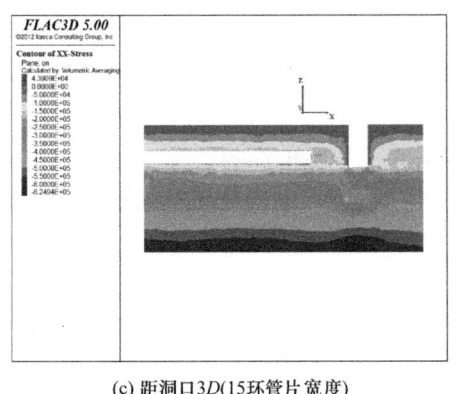 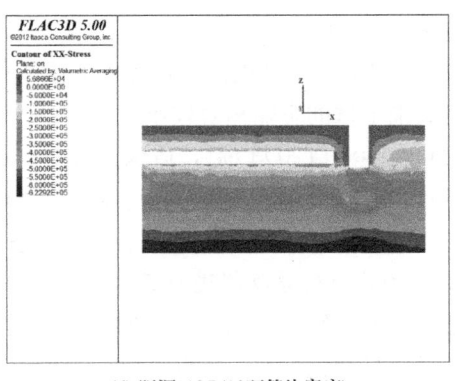

(c) 距洞口3D(15环管片宽度)　　　　　　(d) 距洞口2D(10环管片宽度)

图 2.3-7　盾构掘进前方土体应力变化云图（二）

由图图 2.3-7 可知：

（1）在距洞口 3D 以前，开挖面前方土体的应力状态与正常掘进阶段类似；

（2）在距洞口 3D 以后，盾构掘进对前方土体的影响逐渐增加；

（3）在距洞口 2D 以后，盾构掘进对前方土体产生较大的影响，同时与接收井基坑开挖的影响产生叠加效应。

2. 盾构掘进前方土体位移场

图 2.3-8 为盾构掘进前方土体变形场随接近接收井基坑洞口过程中的位移矢量图。

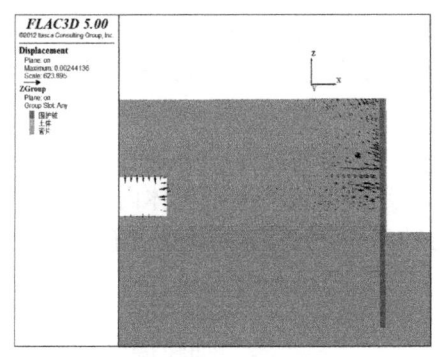 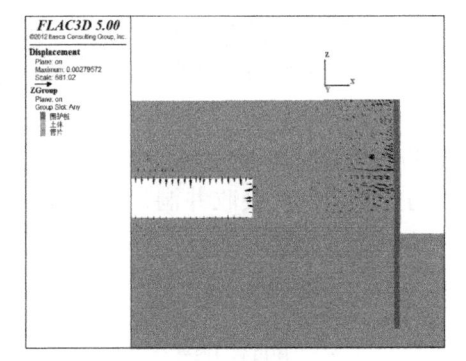

(a) 距洞口6D(30环管片宽度)　　　　　　(b) 距洞口4D(20环管片宽度)

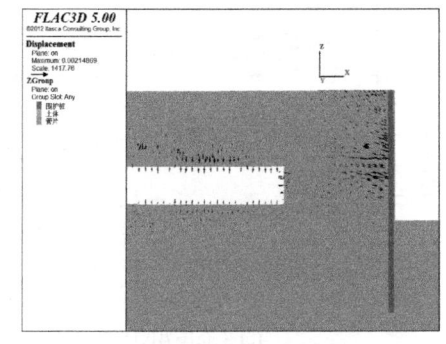 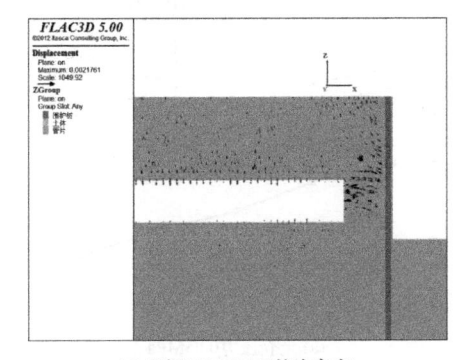

(c) 距洞口3D(15环管片宽度)　　　　　　(d) 距洞口2D(10环管片宽度)

图 2.3-8　盾构掘进前方土体位移矢量图

盾构无障碍始发与接收理论及实践

由图 2.3-8 可知：

（1）在距洞口 3D 以前，接收井周围土体受开挖影响产生朝向基坑方向的位移，盾构掘进对周围土体的影响相对较小；

（2）在距洞口 3D 以后，盾构掘进对土体位移产生一定的影响；

（3）在距洞口 2D 以后，盾构掘进对土体所产生的影响与接收井开挖所产生的影响开始叠加，同时位移矢量开始趋近于水平状态。

3. 盾构无障碍接收掘进与正常掘进的界限

通过以上的研究可知，在盾构掘进至距洞口 2D 附近，盾构前方土体的应力场与位移场发生了明显变化，与正常掘进中前方的土体的应力场与位移场有显著区别。

随着盾构掘进，距离洞口越来越近，而由于 GFRP 筋混凝土桩体的存在，使得在距洞口某一距离处盾构前方土体开始受到来自 GFRP 筋混凝土桩体的反作用力，致使前方土体的受力形式发生改变，此时可认为前方土体由半无限土体向有限土体过渡。因此，盾构掘进至距洞口 2D 左右时，盾构进入了有限土体，该位置可确定为盾构无障碍接收掘进与正常掘进的界限。

2.3.3.2 盾构无障碍接收掘进对有限土体内地表变形影响分析

在 FLAC³ᴰ模拟中，采用 15 种工况进行分析，即土仓压力设定为 0.05MPa、0.1MPa、0.15MPa，盾构在不同土仓压力下分别取 5 种推力值（5000kN、10000kN、15000kN、20000kN、30000kN）进行计算分析。研究每种工况下，盾构推力和土仓压力在距离洞口 2D、1.5D、1D、0.5D、0D 时对有限土体内地表变形的影响。

基坑开挖阶段地表已经产生了变形，盾构掘进中会对地表变形产生一定的影响。以下分析中考虑了已产生的地表变形，通过地表变形叠加的方式将其作为初始值进行 FLAC³ᴰ分析。

1. 盾构距离洞口 2D

当盾构掘进至距离接收井洞口 2D 时，也就是开始进入有限土体内时，盾构开挖面（2D 处）及前方 1.5D、1D、0.5D、0D 处的轴线上方地表沉降随土仓压力的变化见图 2.3-9。

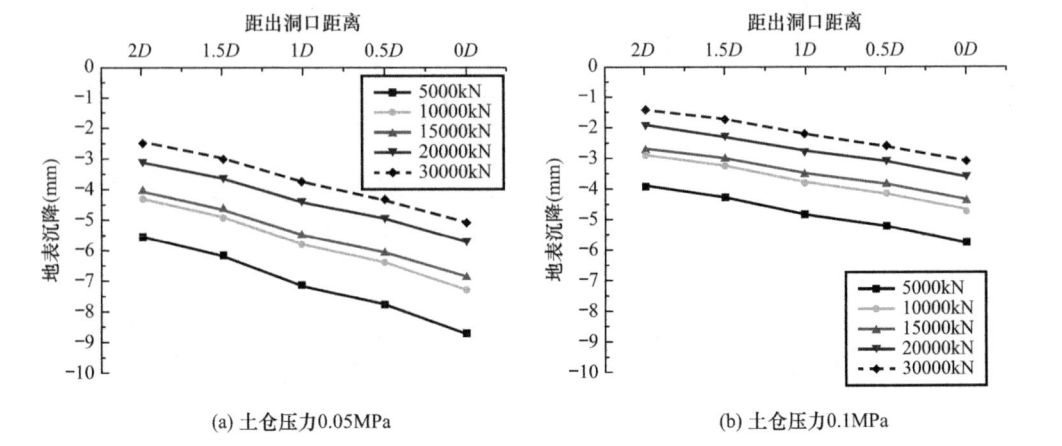

(a) 土仓压力0.05MPa   (b) 土仓压力0.1MPa

图 2.3-9 盾构距洞口 2D 时地表沉降（一）

38

第 2 章　盾构无障碍始发与接收基本理论

由图 2.3-9 可看出，盾构距离洞口 2D 的地表沉降变化规律与基坑开挖阶段的类似，在洞口处的地表沉降几乎没有受到盾构掘进的影响，在开挖面 2D、1.5D、1D 处地表沉降略有增加；不同土仓压力、盾构推力下地表沉降具有相同的变化规律，地表沉降随着土仓压力、盾构推力的增加有减小趋势。

2. 盾构距离洞口 1.5D

当盾构掘进至距离洞口 1.5D 时，盾构开挖面（1.5D 处）后方 2D 处及前方 1.0D、0.5D、0D 处的轴线上方地表沉降随土仓压力的变化见图 2.3-10。

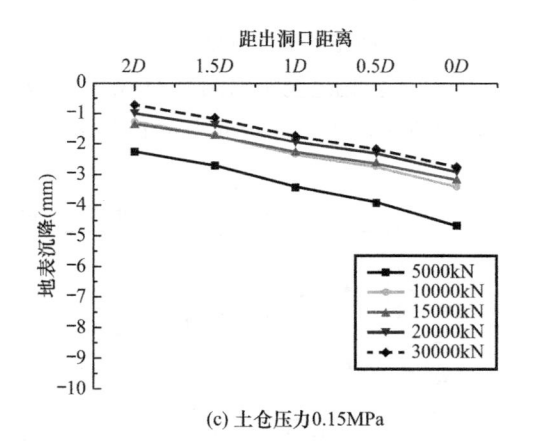

(c) 土仓压力0.15MPa

图 2.3-9　盾构距洞口 2D 时地表沉降（二）

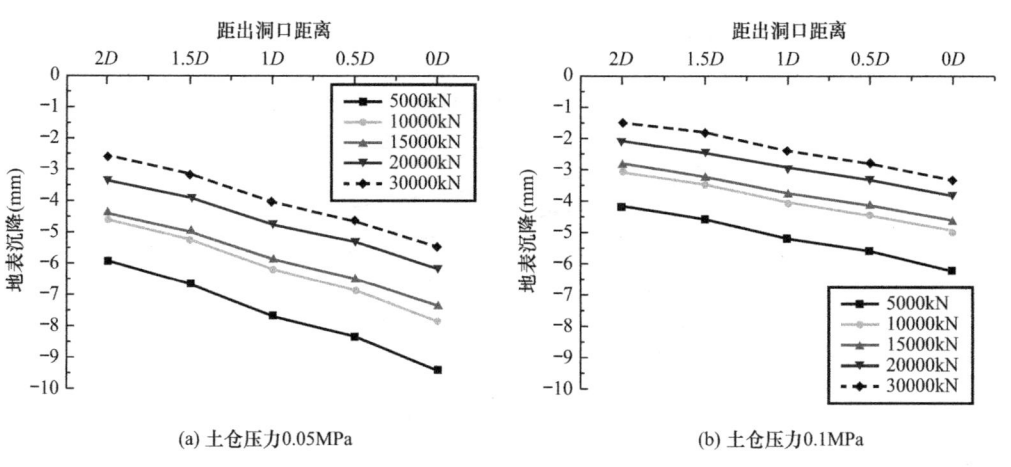

(a) 土仓压力0.05MPa　　　　(b) 土仓压力0.1MPa

(c) 土仓压力0.15MPa

图 2.3-10　盾构距洞口 1.5D 时地表沉降

由图 2.3-10 可看出，盾构开挖面（1.5D 处）后方 2D 处及前方 1.0D、0.5D、0D 处的轴线上方地表沉降持续增加，1.5D 处地表沉降随土仓压力和盾构推力的变化规律与 2D 处类似，地表沉降随着土仓压力、盾构推力的增加而持续增加。

39

盾构无障碍始发与接收理论及实践

3. 盾构距离洞口 1D

当盾构掘进至距离洞口 1D 时，盾构开挖面（1D 处）后方 2D、1.5D 处及前方 0.5D、0D 处的轴线上方地表沉降随土仓压力的变化见图 2.3-11。

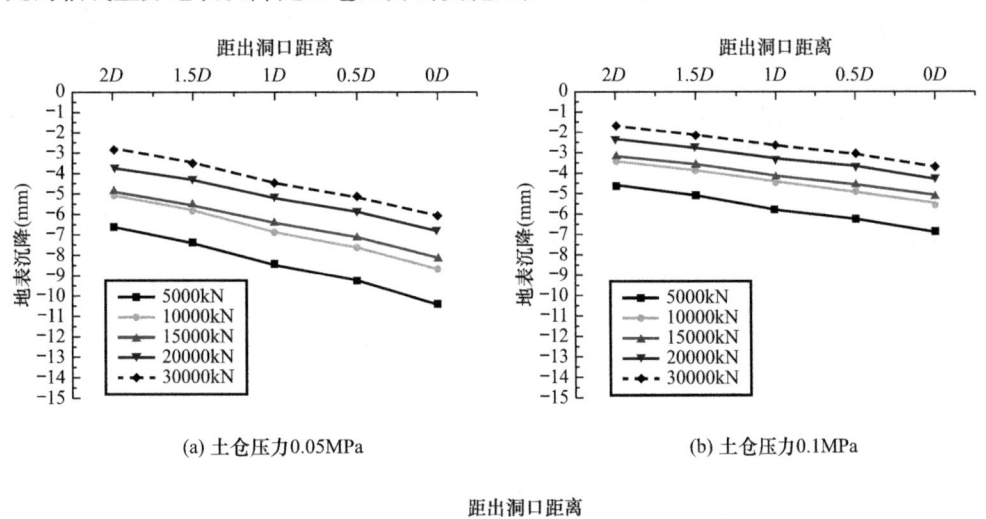

(a) 土仓压力 0.05MPa   (b) 土仓压力 0.1MPa

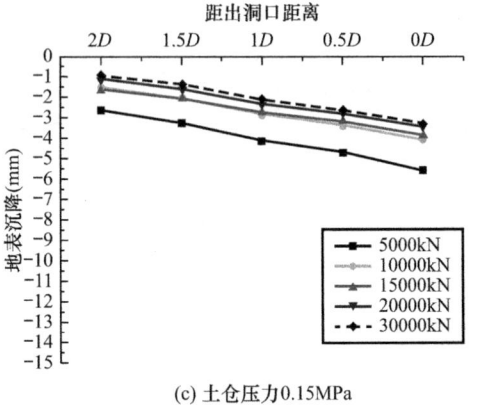

(c) 土仓压力 0.15MPa

图 2.3-11　盾构距洞口 1D 时地表沉降

由图 2.3-11 也可以看出，盾构开挖面后方 2D、1.5D 处的地表沉降持续加大，但有减缓趋势；开挖面前方 0.5D、0D 处的地表沉降受到盾构掘进的显著影响，地表沉降也持续增加；不同土仓压力、盾构推力下地表沉降变化规律与盾构距离洞口 1.5D 的类似，随着土仓压力、盾构推力增加，地表沉降有减小趋势。

4. 盾构距离洞口 0.5D

当盾构掘进至距离洞口 0.5D 时，盾构开挖面（0.5D 处）后方 2D、1.5D、1D 处及前方 0D 处的轴线上方地表沉降随土仓压力的变化见图 2.3-12。

由图 2.3-12 可看出，随着盾构接近洞口，盾构开挖面前方地表沉降变化较小，而开挖面后方，地表沉降仍然是持续增加。

5. 盾构距离洞口 0D

当盾构掘进至距离洞口 0D 时，此刻刀盘密贴 GFRP 筋混凝土桩体，地表沉降随土仓压力和盾构推力的变化规律见图 2.3-13，开挖面后方的地表沉降仍然是持续增加，但增加幅度明显减小，表明地表沉降开始趋于稳定。

40

第 2 章　盾构无障碍始发与接收基本理论

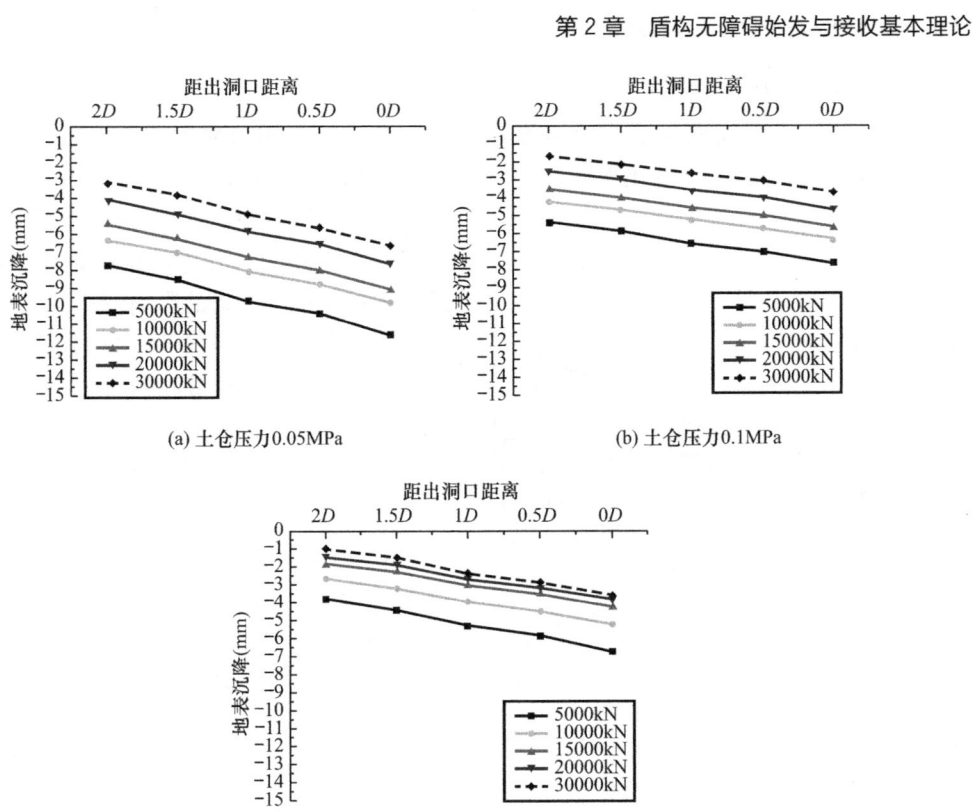

图 2.3-12　盾构距洞口 0.5D 时地表沉降

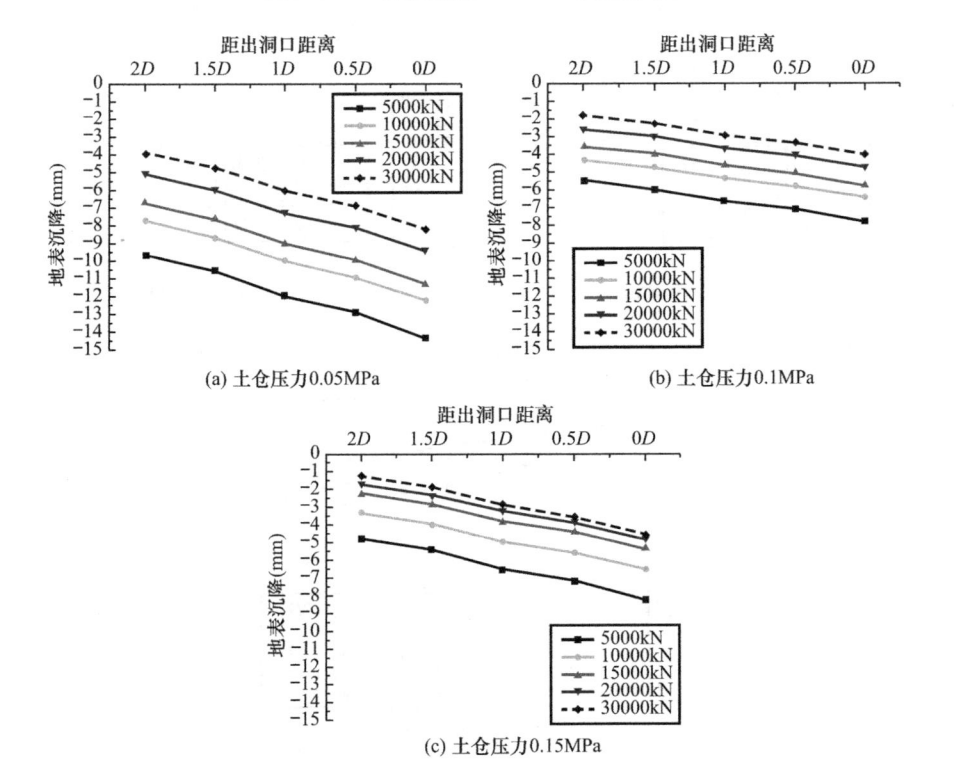

图 2.3-13　盾构距洞口 0D 时地表沉降

41

盾构无障碍始发与接收理论及实践

6. 地表沉降规律小结

以上用FLAC^{3D}分析了盾构掘进至有限土体内后距离洞口典型位置$2D$、$1.5D$、$1D$、$0.5D$、$0D$处的地表沉降变化规律，可得出有限土体内地表沉降具有如下变化规律：

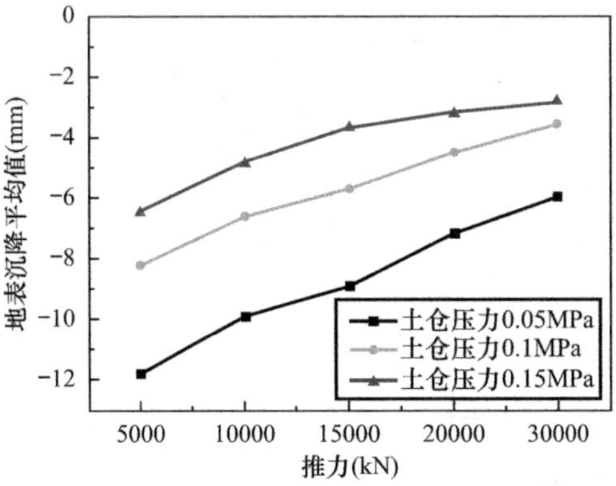

（1）当盾构距离接收井洞口$2D$时，地表沉降以接收井基坑开挖产生的地表沉降为主，盾构掘进对地表沉降的影响较小。

（2）在相同的土仓压力作用下，同一位置的地表沉降随着盾构推力的增大而减小（图2.3-14）。

（3）盾构推力相同，土仓压力增加则地表沉降减小。如图2.3-15所示，土仓压力由0.05MPa增长为0.1MPa时，地表沉降的减幅约为36%，土仓压力由0.1MPa增长为0.15MPa时，地表沉降的减幅约为17%，可

图2.3-14 盾构推力与地表沉降关系

知虽然随着土仓压力的增加能够减少地表沉降，但是由0.1MPa升至0.15MPa时，沉降减少程度不再明显。

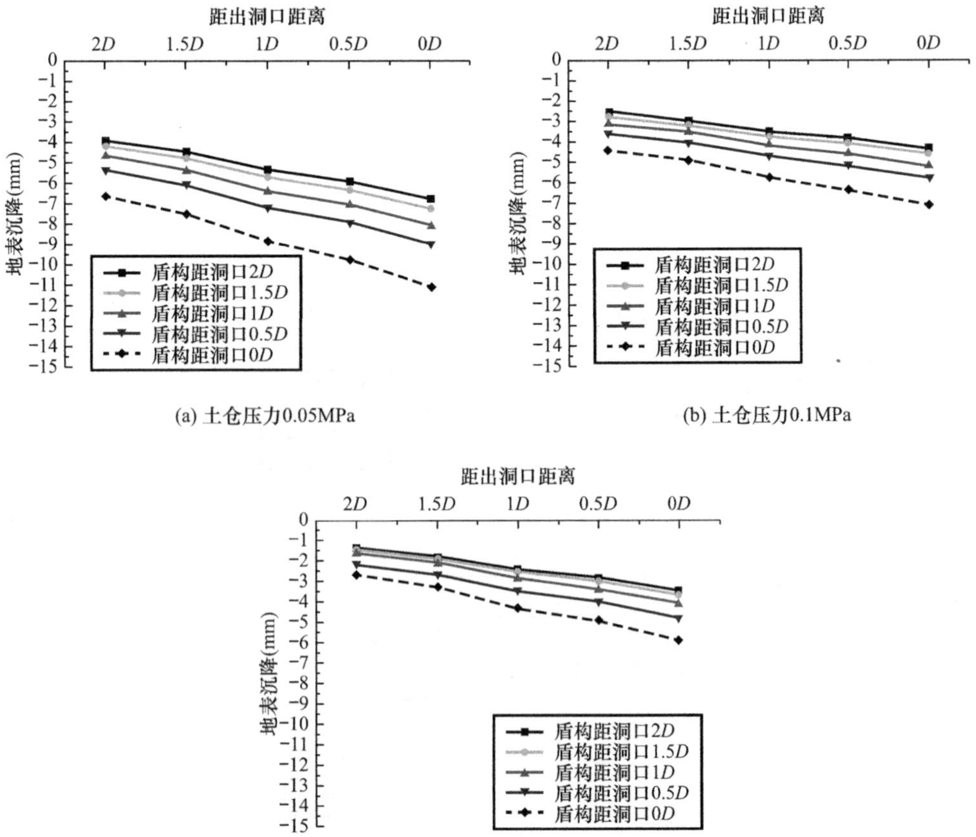

(a) 土仓压力0.05MPa

(b) 土仓压力0.1MPa

(c) 土仓压力0.15MPa

图2.3-15 土仓压力与地表沉降关系

42

第 2 章 盾构无障碍始发与接收基本理论

（4）不论盾构采用何种掘进参数，皆具有距离接收洞口越近，地表沉降值越大的特点，这可能是基坑开挖预先引起的地表沉降造成的。

2.3.3.3 盾构无障碍接收掘进对 GFRP 筋混凝土桩体影响分析

在 FLAC^{3D} 中通过编辑 Fish 语言设置不同的盾构推力和土仓压力值，推力值分别为 5000kN、10000kN、15000kN、20000kN、30000kN，土仓压力分别为 0.05MPa、0.1MPa、0.15MPa，刀盘距离接收井基坑洞口 2D、1.5D、1D、0.5D、0D，分析 15 种盾构工况下 GFRP 筋混凝土桩体变形和受力变化规律。

提取中间的 3 号 GFRP 筋混凝土桩体的位移、内力数据进行分析；测点位置分布如图 2.3-16 所示。

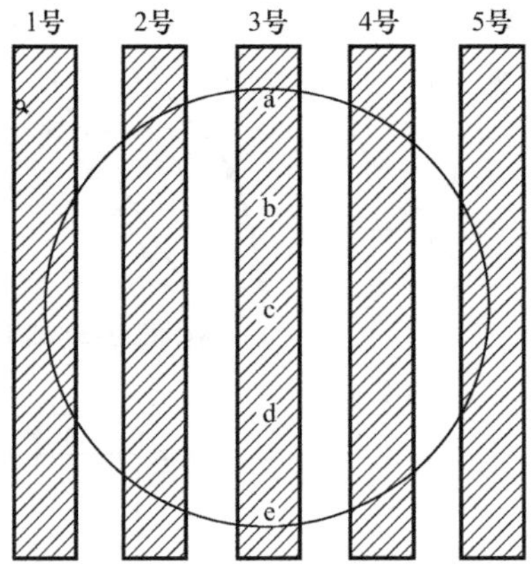

由于基坑开挖阶段桩体已经产生了约 15mm 的水平位移，盾构掘进中会对桩体产生附加变形，以下分析在不同土仓压力和不同推力情况下 GFRP 筋混凝土桩体的位移、内力变化规律。

图 2.3-16 监测点分布图

1. 洞口 GFRP 筋混凝土桩体位移变化规律

（1）土仓压力取 0.05MPa

图 2.3-17 为土仓压力取 0.05MPa 时，不同推力下 GFRP 筋混凝土桩体水平位移随着盾构掘进的变化规律。

从图 2.3-17 可以看出：刀盘距离洞口 2D 时，GFRP 筋混凝土桩体水平位移主要受到基坑开挖的影响，受盾构推力的影响较小；刀盘距离洞口 1.5D 时，桩体水平位移有增大趋势；刀盘距离洞口 1D～0.5D 时，桩体位移持续增大；刀盘距离洞口 0D 时，推力为 20000kN 时，GFRP 筋混凝土桩体位移达到 29.15mm，接近桩体的变形控制值；推力为 30000kN 时，超出了变形控制值，在 0.5D～0D 之间的掘进有可能使 GFRP 筋混凝土桩体发生破坏。

（2）土仓压力取 0.1MPa

图 2.3-18 为土仓压力取 0.1MPa 时，不同推力下 GFRP 筋混凝土桩体水平位移随着盾构掘进的变化规律。

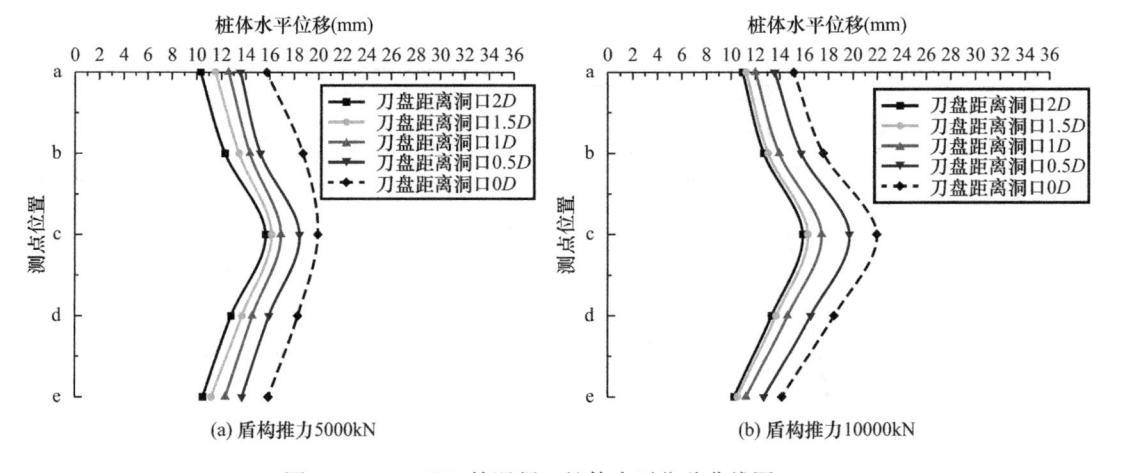

图 2.3-17 GFRP 筋混凝土桩体水平位移曲线图（一）

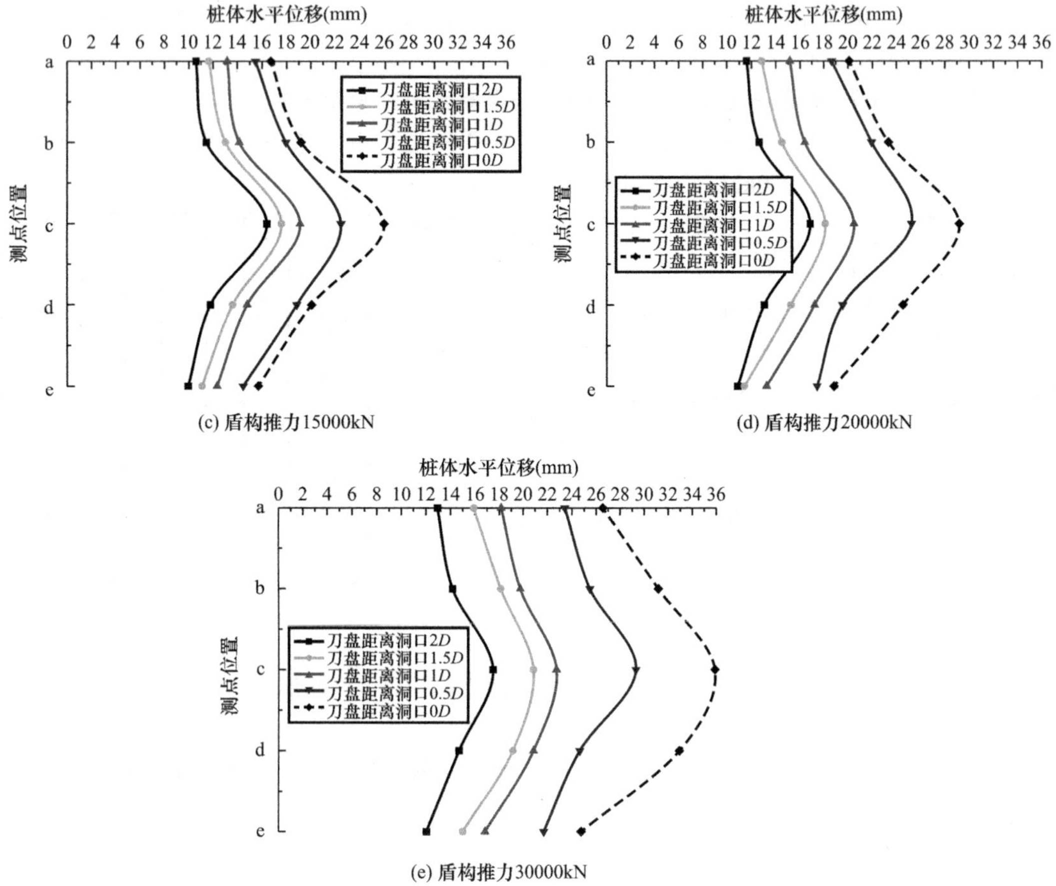

(c) 盾构推力15000kN

(d) 盾构推力20000kN

(e) 盾构推力30000kN

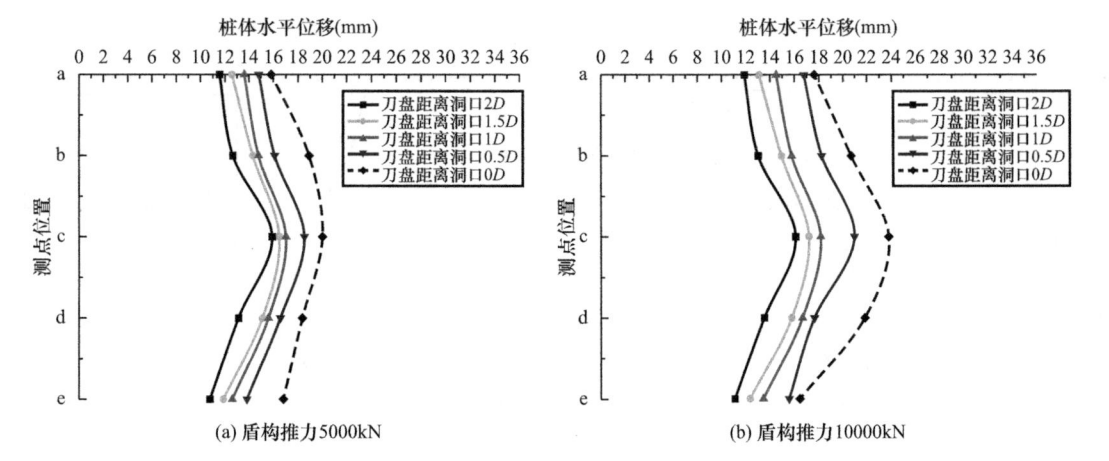

图 2.3-17　GFRP 筋混凝土桩体水平位移曲线图（二）

从图 2.3-18 可以看出，刀盘距离洞口 2*D* 时，GFRP 筋混凝土桩体水平位移仍然受盾构推力的影响较小；刀盘距离洞口 1.5*D* 时，桩体水平位移开始增大；刀盘距离洞口 1*D*～0.5*D*时，桩体水平位移持续增大；0.5*D*处盾构推力为30000kN时，桩体水平位移超出了桩体变形控制值 30mm；刀盘距离洞口 0*D* 时，推力为 20000kN 时，GFRP 筋混凝土桩

(a) 盾构推力5000kN

(b) 盾构推力10000kN

图 2.3-18　GFRP 筋混凝土桩体水平位移曲线图（一）

第 2 章　盾构无障碍始发与接收基本理论

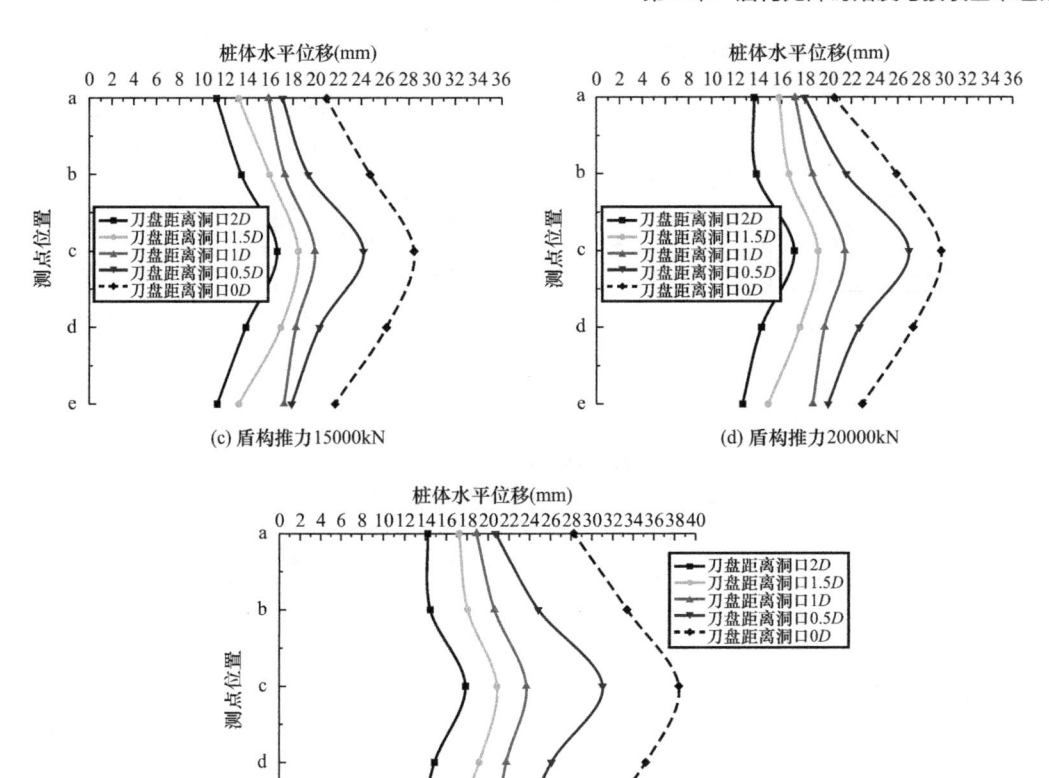

图 2.3-18　GFRP 筋混凝土桩体水平位移曲线图（二）

体位移达到 29.78mm，接近桩体的变形控制值；推力为 30000kN 时，超出了变形控制值，在 $0.5D\sim0D$ 之间的掘进有可能使 GFRP 筋混凝土桩体发生破坏。

（3）土仓压力取 0.15MPa

图 2.3-19 为土仓压力取 0.15MPa 时，不同推力下 GFRP 筋混凝土桩体水平位移随着盾构掘进的变化规律。

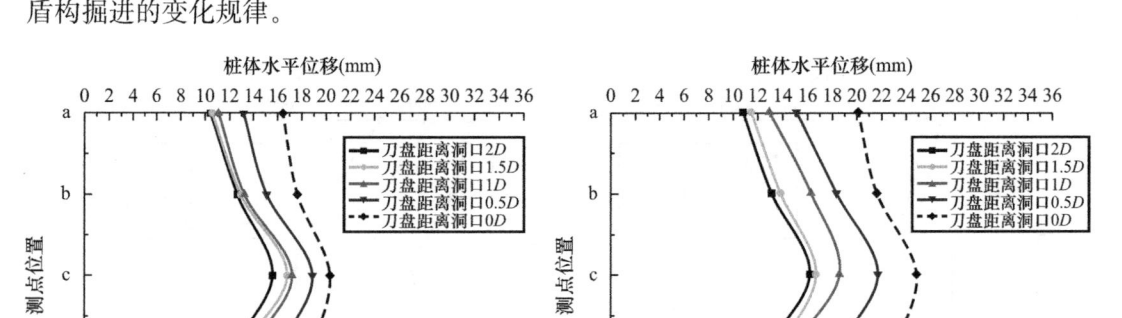

图 2.3-19　GFRP 筋混凝土桩体水平位移曲线图（一）

45

盾构无障碍始发与接收理论及实践

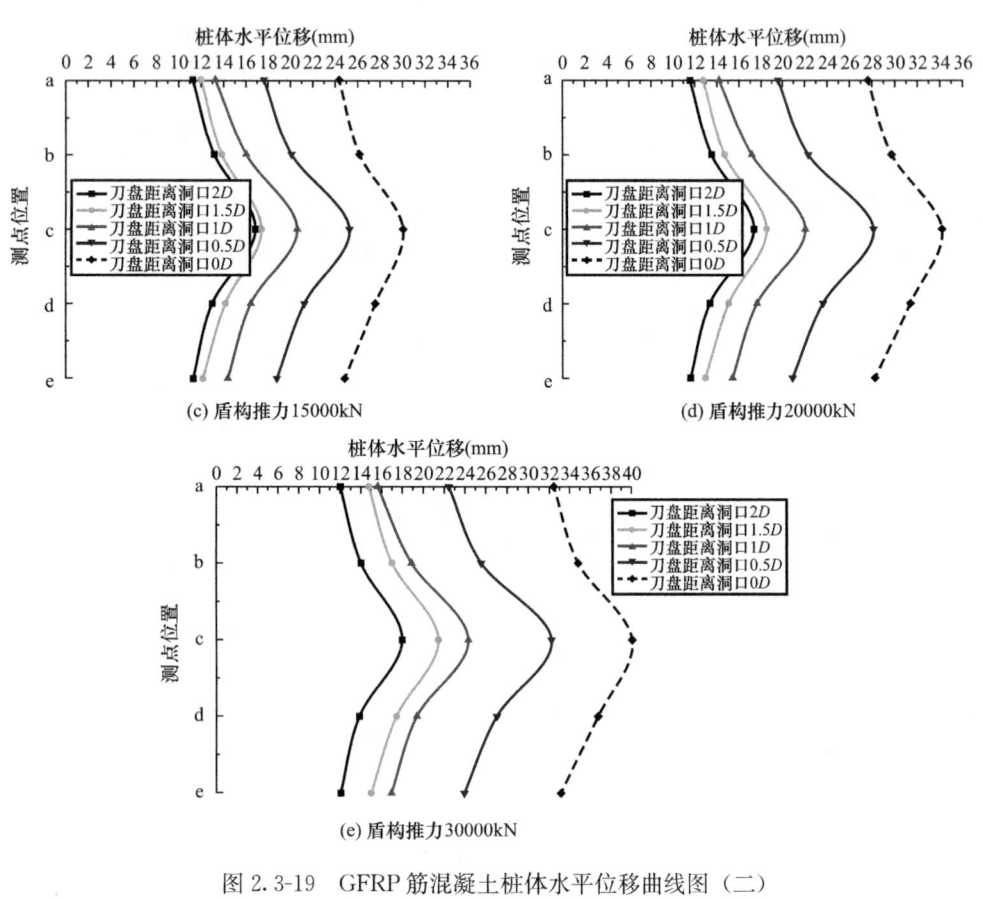

(c) 盾构推力15000kN
(d) 盾构推力20000kN

(e) 盾构推力30000kN

图 2.3-19　GFRP 筋混凝土桩体水平位移曲线图（二）

从图 2.3-19 可以看出，0.5D 处盾构推力为 30000kN 时，桩体水平位移为 32.17mm，超出了桩体变形控制值；在 0.5D～0D 之间的掘进有可能使 GFRP 筋混凝土桩体发生破坏。

2. 洞口 GFRP 筋混凝土桩体弯矩变化规律

（1）土仓压力取 0.05MPa

图 2.3-20 为土仓压力取 0.05MPa 时，不同推力下 GFRP 筋混凝土桩体弯矩随着盾构掘进的变化规律。

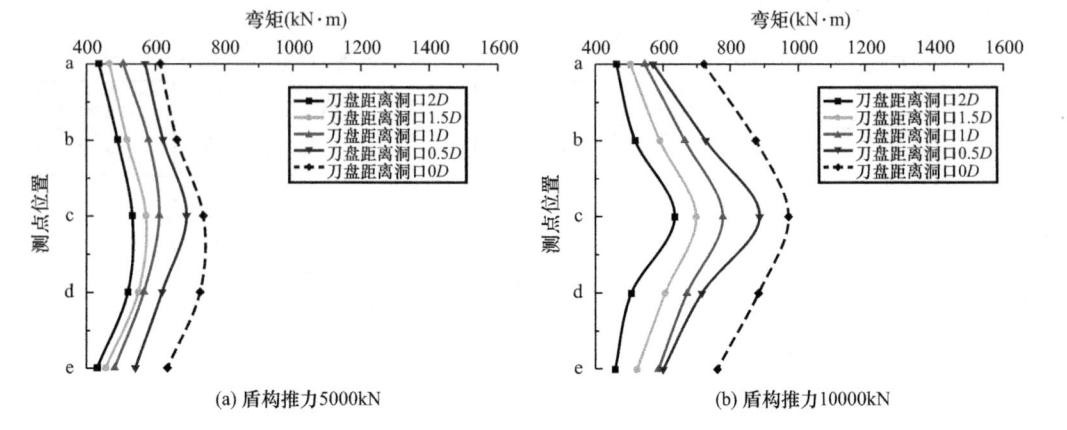

(a) 盾构推力5000kN
(b) 盾构推力10000kN

图 2.3-20　GFRP 筋混凝土桩体弯矩变化曲线（一）

46

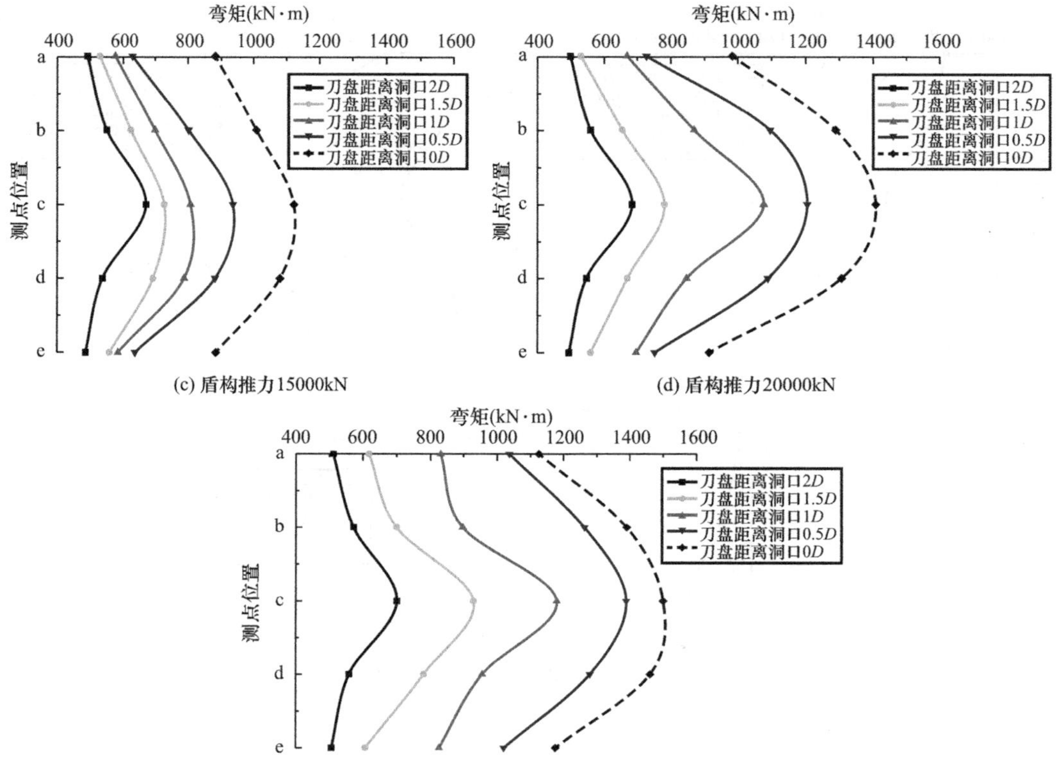

第 2 章　盾构无障碍始发与接收基本理论

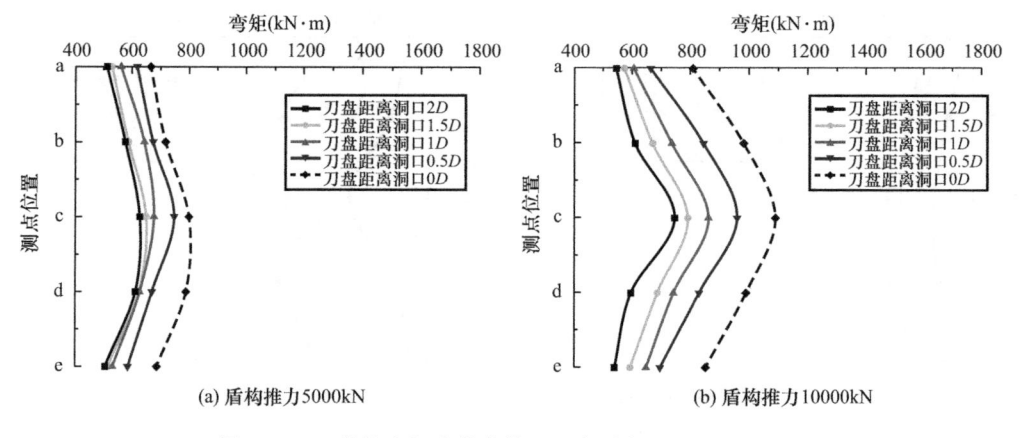

(c) 盾构推力 15000kN　　　　(d) 盾构推力 20000kN

(e) 盾构推力 30000kN

图 2.3-20　GFRP 筋混凝土桩体弯矩变化曲线（二）

从图 2.3-20 可以看出：刀盘距离洞口 2D 时，GFRP 筋混凝土桩体弯矩主要受到基坑开挖的影响，受盾构推力的影响较小；刀盘距离洞口 1.5D～0.5D 时，桩体弯矩增大；刀盘距离洞口 0D 时，在 30000kN 推力作用下，GFRP 筋混凝土桩体弯矩达到 1500.38kN·m，接近 GFRP 筋混凝土桩体受弯承载力值；在 0D 时掘进有可能使 GFRP 筋混凝土桩体发生破坏。

（2）土仓压力取 0.10MPa

图 2.3-21 为土仓压力取 0.1MPa 时，不同推力下 GFRP 筋混凝土桩体弯矩随着盾构掘进的变化规律。

(a) 盾构推力 5000kN　　　　(b) 盾构推力 10000kN

图 2.3-21　桩体弯矩变化曲线（土仓压力 0.1MPa）（一）

47

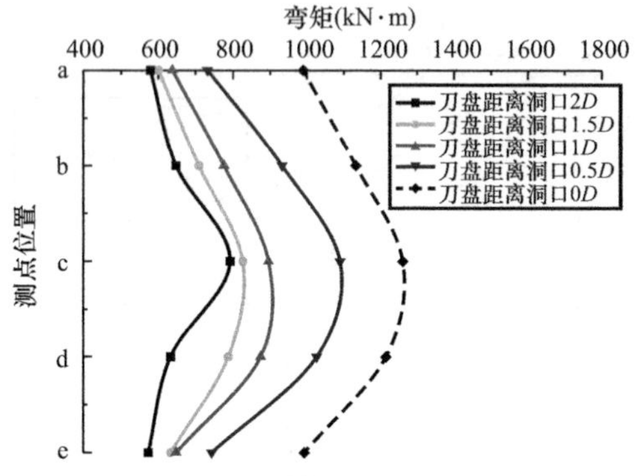

(c) 盾构推力15000kN

(d) 盾构推力20000kN

(e) 盾构推力30000kN

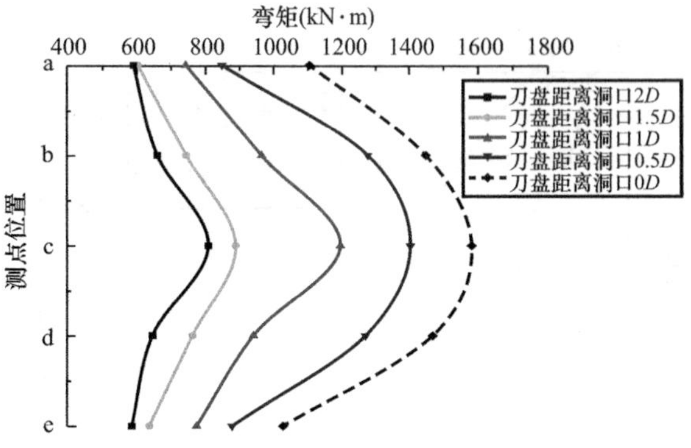

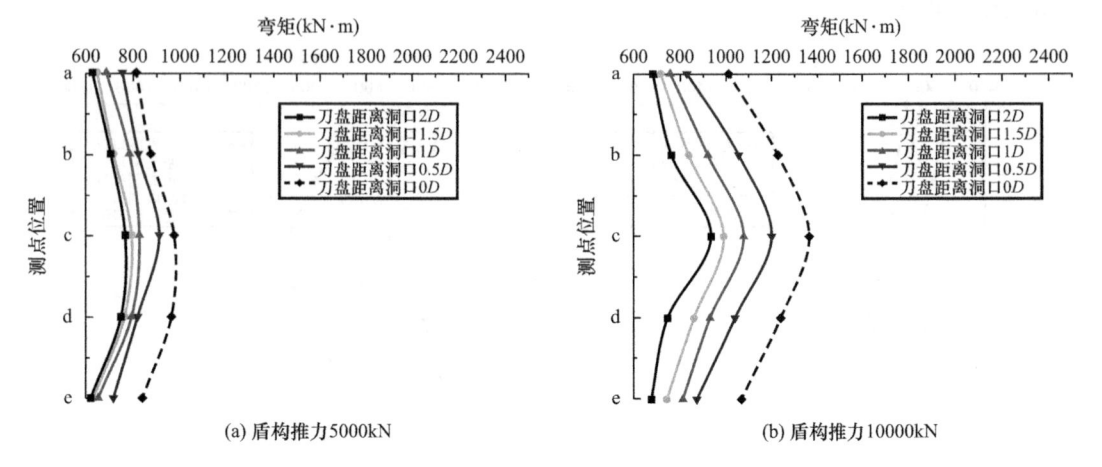

图 2.3-21 桩体弯矩变化曲线（土仓压力 0.1MPa）（二）

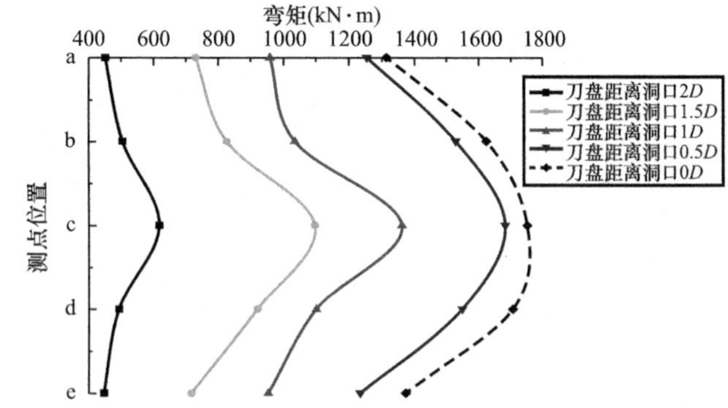

从图 2.3-21 可以看出：刀盘距离洞口 0.5D 时，在 30000kN 推力作用下，GFRP 筋混凝土桩体弯矩达到 1681.94kN·m，超出了受弯承载力值；刀盘距离洞口 0D 时，在 20000kN 推力作用下桩体弯矩就超出了受弯承载力值。

（3）土仓压力取 0.15MPa

图 2.3-22 为土仓压力取 0.15MPa 时，不同推力下 GFRP 筋混凝土桩体弯矩随着盾构掘进的变化规律。

(a) 盾构推力5000kN

(b) 盾构推力10000kN

图 2.3-22 GFRP 筋混凝土桩体弯矩变化曲线（一）

第 2 章　盾构无障碍始发与接收基本理论

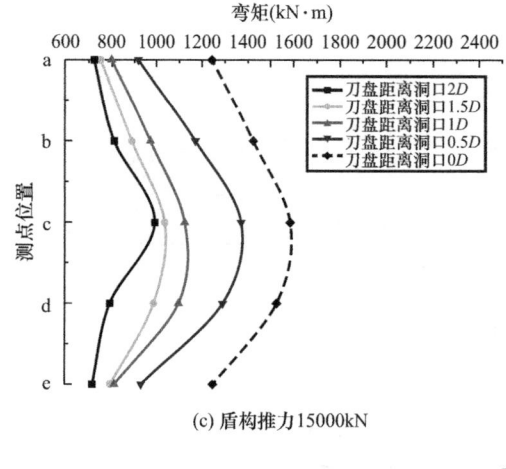

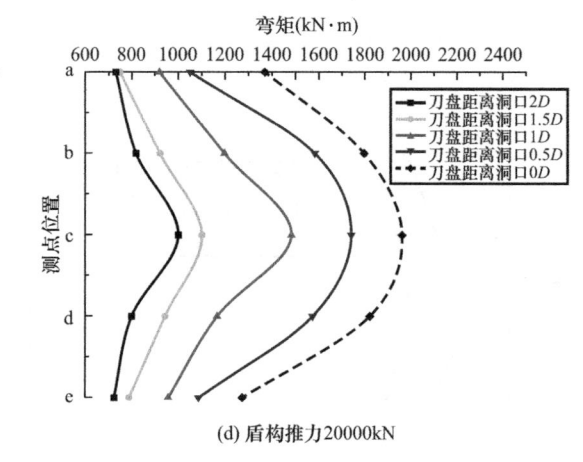

(c) 盾构推力15000kN　　　　　　　　(d) 盾构推力20000kN

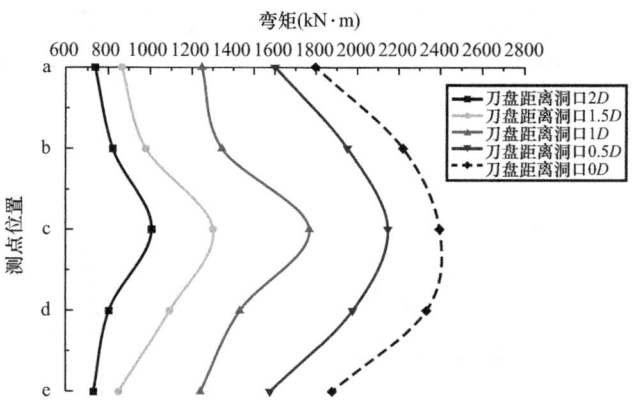

(e) 盾构推力30000kN

图 2.3-22　GFRP 筋混凝土桩体弯矩变化曲线（二）

从图 2.3-22 可以看出：刀盘距离洞口 1D 时，在 30000kN 推力作用下，GFRP 筋混凝土桩体弯矩达到 1767.93kN·m，超出了受弯承载力值；刀盘距离洞口 0.5D 时，在 20000kN 推力作用下桩体弯矩就超出了受弯承载力值；刀盘距离洞口 0D 时，在 15000kN 推力作用下桩体弯矩就超出了受弯承载力值。

3. 洞口 GFRP 筋混凝土桩体剪力变化规律

（1）土仓压力取 0.05MPa

图 2.3-23 为土仓压力取 0.05MPa 时，不同推力下 GFRP 筋混凝土桩体剪力随着盾构掘进的变化规律。

从图 2.3-23 可以看出：刀盘距离洞口 2D~0D 过程中，GFRP 筋混凝土桩体剪力持续增大，表现出中间小、洞口周边大的特点。

（2）土仓压力取 0.10MPa

图 2.3-24 为土仓压力取 0.1MPa 时，不同推力下 GFRP 筋混凝土桩体剪力随着盾构掘进的变化规律。

从图 2.3-24 可以看出：刀盘距离洞口 0.5D 时，在 30000kN 推力作用下，GFRP 筋混凝土桩体剪力达到 620.23kN，超过了 GFRP 筋混凝土桩体的受剪承载力；刀盘距离洞口 0D 时，在 20000kN 推力作用下桩体剪力达到 531.49kN，超过 GFRP 筋混凝土桩体受剪承载力值。

49

盾构无障碍始发与接收理论及实践

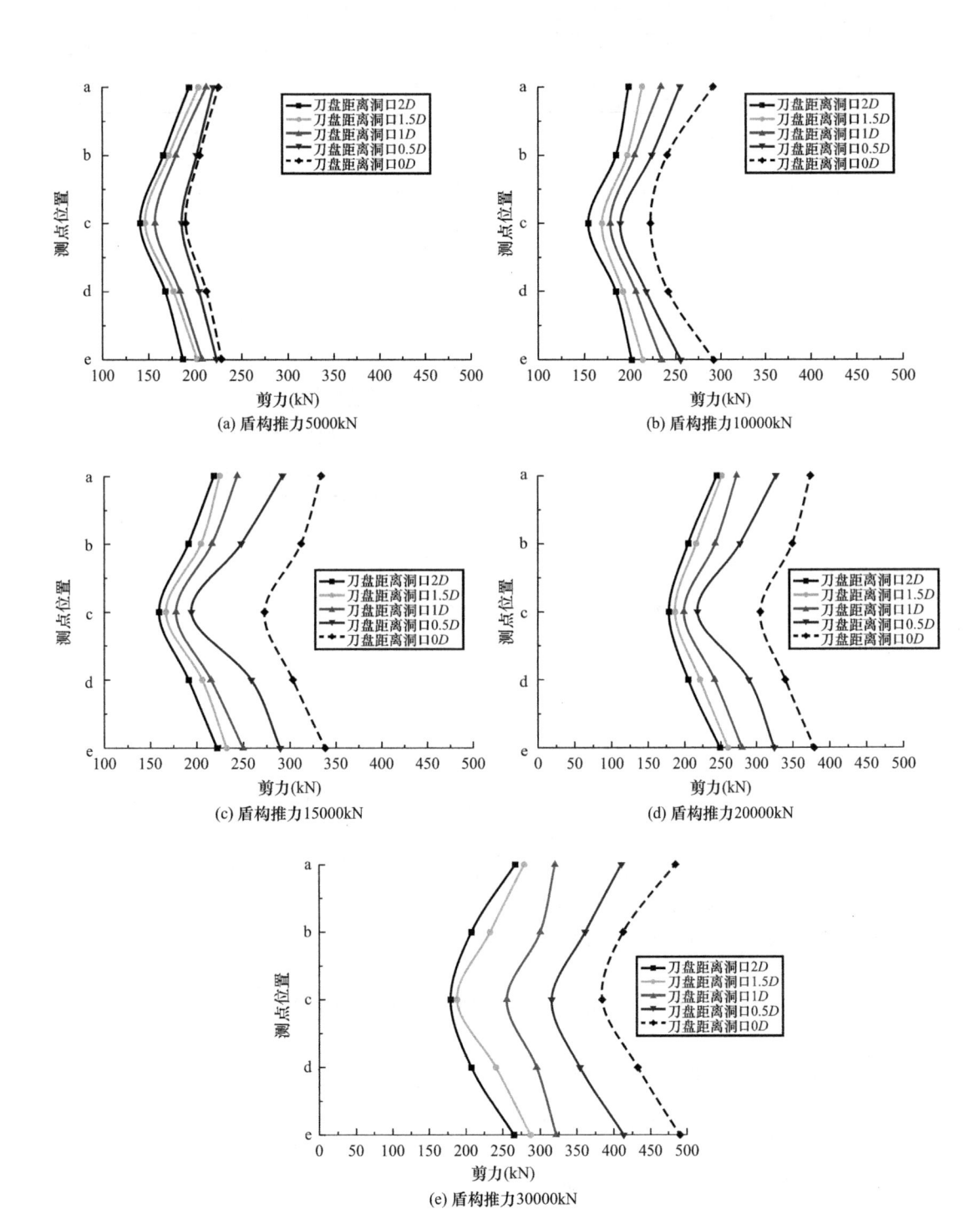

图 2.3-23 GFRP 筋混凝土桩体剪力变化曲线

第2章　盾构无障碍始发与接收基本理论

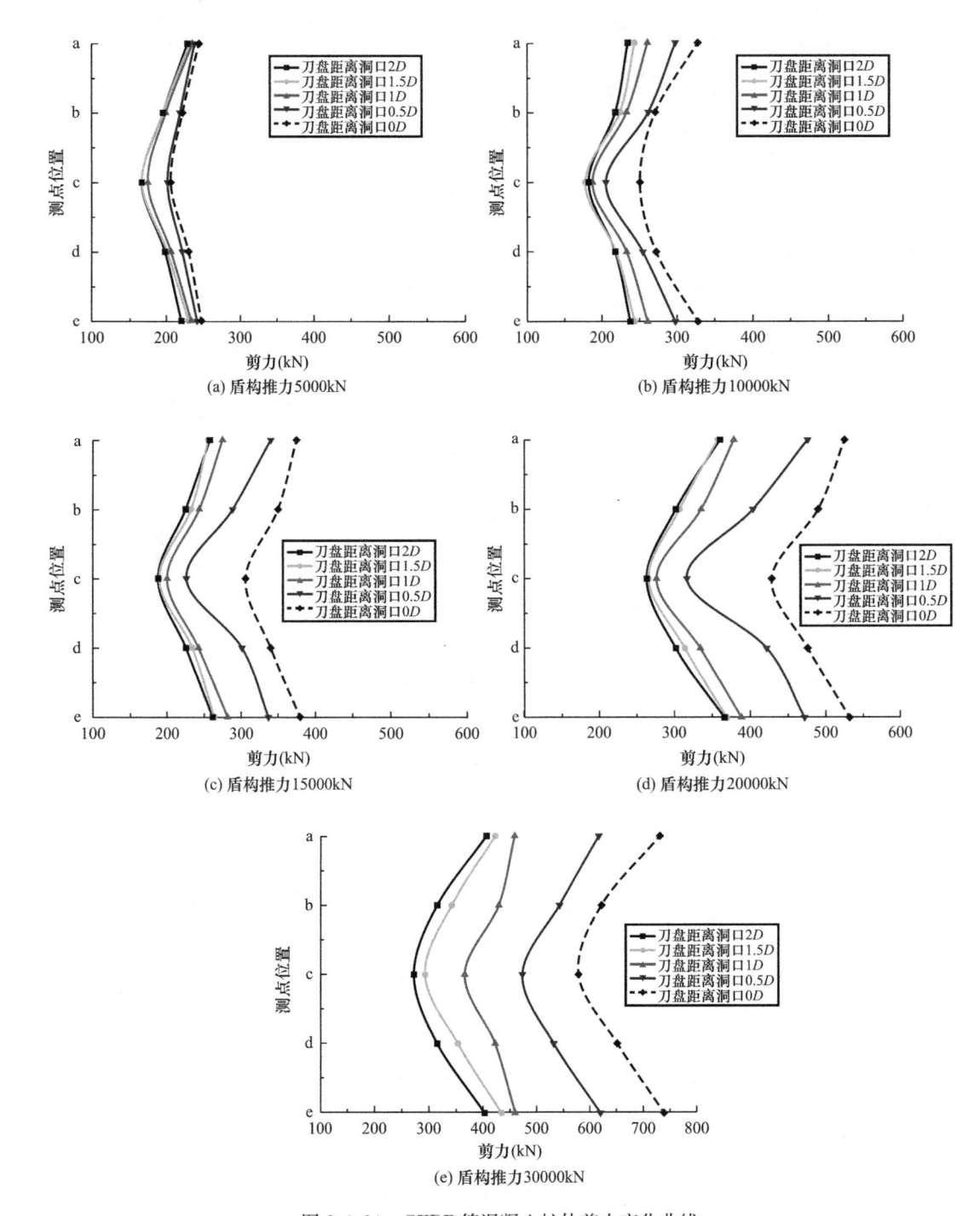

图 2.3-24　GFRP 筋混凝土桩体剪力变化曲线

（3）仓压力取 0.15MPa

图 2.3-25 为土仓压力取 0.15MPa 时，不同推力下 GFRP 筋混凝土桩体剪力随着盾构掘进的变化规律。

盾构无障碍始发与接收理论及实践

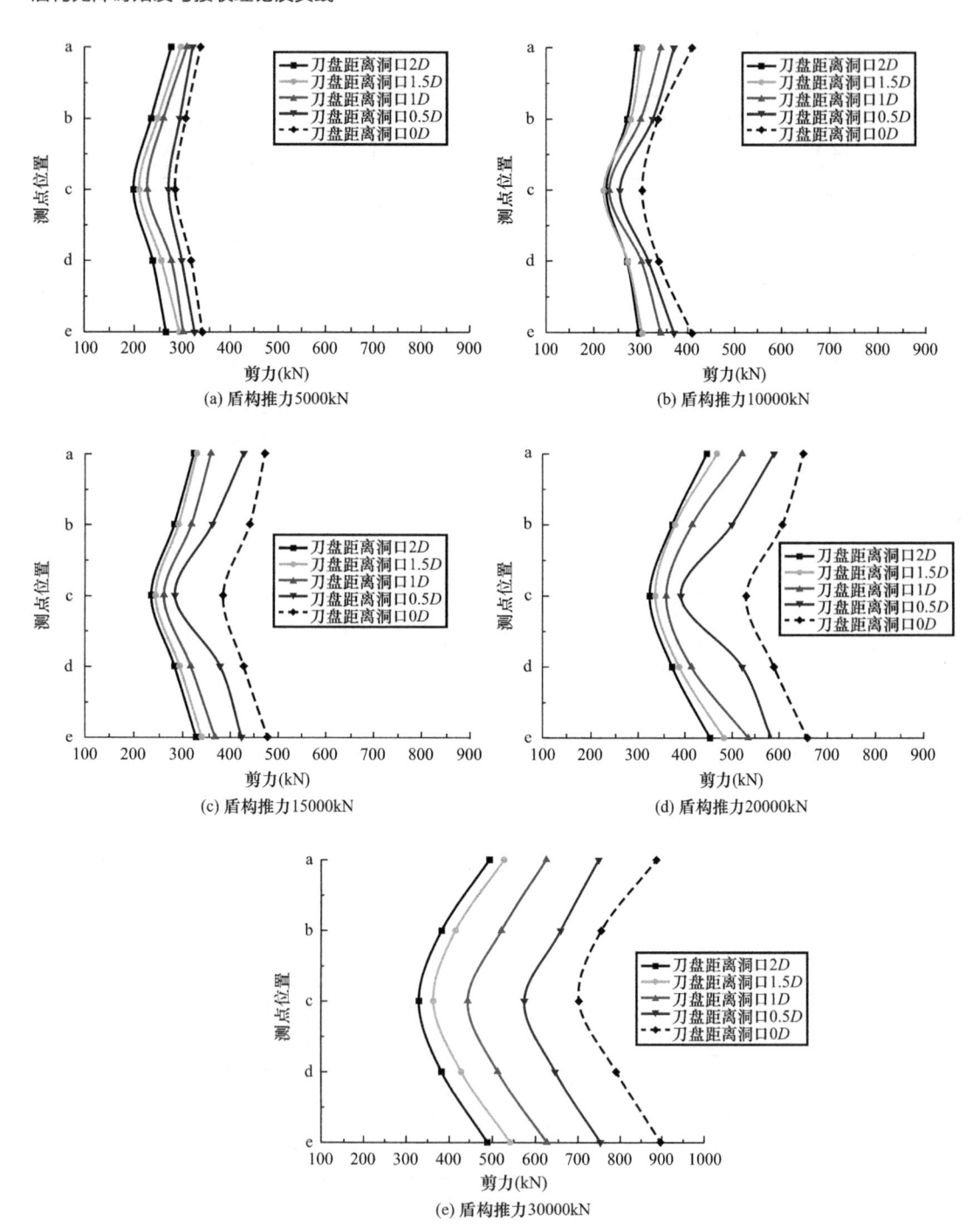

图 2.3-25　GFRP 筋混凝土桩体剪力变化曲线

从图 2.3-25 可以看出：刀盘距离洞口 1.5D 时，在 30000kN 推力作用下，GFRP 筋混凝土桩体剪力达到 541.6kN，接近 GFRP 筋混凝土桩体的受剪承载力；刀盘距离洞口 1D 时，在 20000kN 推力作用下，GFRP 筋混凝土桩体剪力接近 GFRP 筋混凝土桩体的受剪承载力；刀盘距离洞口 0.5D～0D 时，在 20000kN 推力作用下桩体剪力超过 GFRP 筋混凝土桩体受剪承载力值。

52

第2章 盾构无障碍始发与接收基本理论

2.3.3.4 盾构掘进参数-地表变形-桩体变形三者关系研究

前已述及，盾构掘进参数会对地表变形和 GFRP 筋混凝土桩体变形产生一定的影响，表明三者之间存在一定的相关关系。由于掘进参数工况较多，故将其进行简化，单独分析土仓压力-地表变形-桩体变形（图 2.3-26）、推力-地表变形-桩体变形之间的关系（图 2.3-27）。

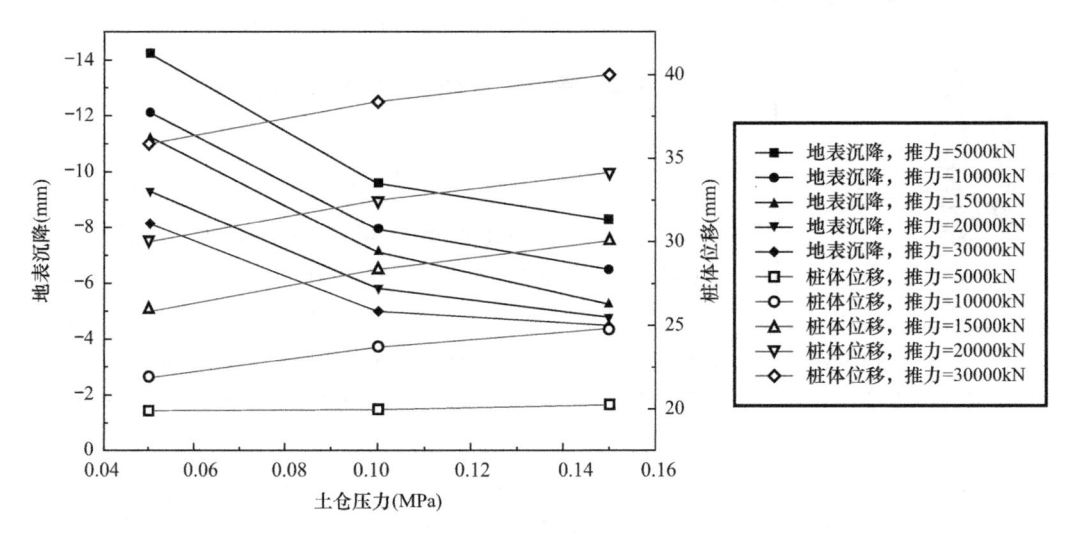

图 2.3-26 土仓压力-地表变形-桩体变形相互关系

由图 2.3-26 可知，对地表变形控制而言，当土仓压力为 0.1MPa 时，不同推力下的地表沉降为 $-9.6 \sim -5$mm，GFRP 筋混凝土桩体变形为 $19.98 \sim 38.39$mm；当土仓压力增加时，虽然对地表沉降控制有利，但会使 GFRP 筋混凝土桩体位移增大，不利于洞口的稳定。

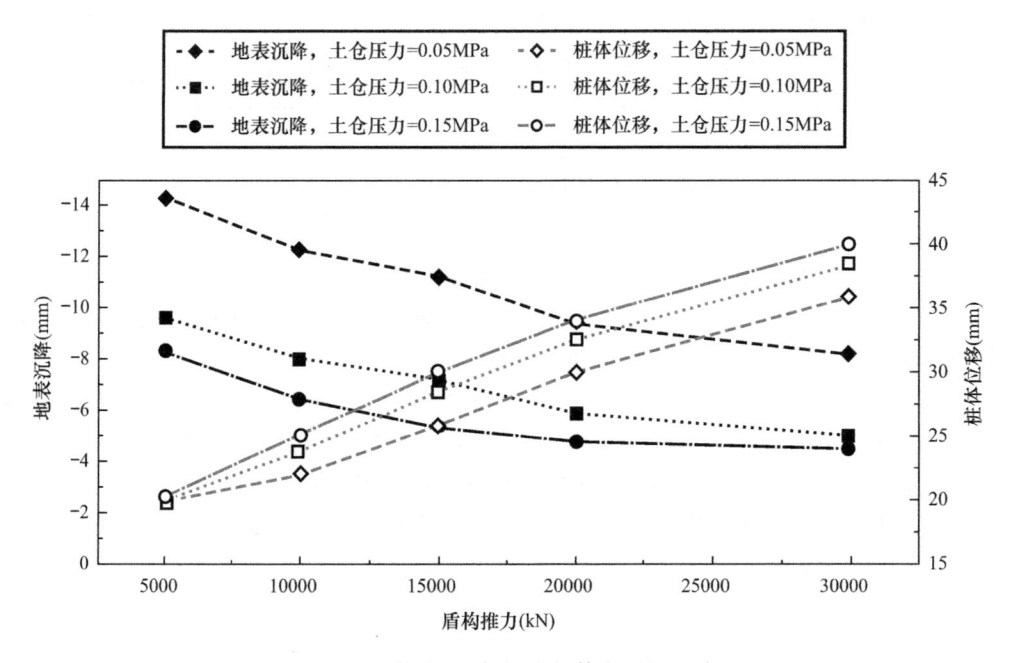

图 2.3-27 推力-地表变形-桩体变形相互关系

53

盾构无障碍始发与接收理论及实践

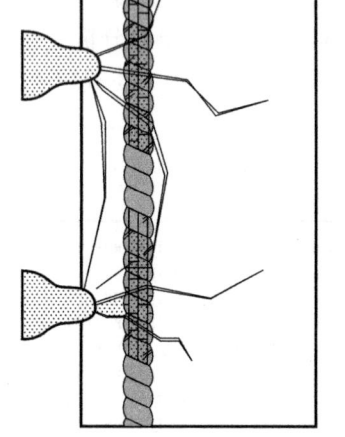

图 2.3-28 盾构切割
桩体示意图

由图 2.3-27 可知，随盾构推力的增加，地表沉降会减小，但盾构推力的增加会导致 GFRP 筋混凝土桩体变形显著增大。当土仓压力为 0.1MPa、盾构推力为 20000kN 时，GFRP 筋混凝土桩体的变形为 29.78mm，接近于 GFRP 筋混凝土桩体的变形控制值，盾构推力应控制在 20000kN 之内。

2.3.4 盾构切割 GFRP 筋混凝土桩体机理

图 2.3-28 为盾构切割 GFRP 筋混凝土桩体的示意图。

盾构无障碍始发时，GFRP 筋混凝土桩体背后有岩土体的支挡，切割过程中 GFRP 筋混凝土桩体表现为剪压破坏。盾构无障碍始发中，较大的盾构推力有利于桩体的切削，使得切削下来的碎块、碎屑、土屑进入盾构土仓，从而快速建立起土仓压力并达到土压平衡；但切削下来的混凝土碎块不宜过大，否则不利于土仓压力的快速建立，盾构应缓慢推进，严格控制盾构推力，采用碾压、慢磨的切削方式。

盾构无障碍接收过程中，当盾构密贴 GFRP 筋混凝土桩体时，盾构推力直接作用在该类桩体上，该类桩体中间位置的弯矩进一步加大，洞口边缘处桩体受到剪力作用（图 2.3-29）；且由于 GFRP 筋混凝土桩体朝向基坑临空侧，使得该类桩体有整体倒塌的可能，因此，探讨切桩机理对保证盾构无障碍接收的安全具有重要意义。

盾构切割 GFRP 筋混凝土桩体机理采用 PFC³ᴰ进行如下内容的研究：

（1）从玻璃纤维筋混凝土开裂，桩体应力、位移变化，切刀切削力变化，切刀间距对切桩效果的影响等方面进行盾构切桩过程的微观分析；

（2）通过切桩过程的分析，揭示切桩的机理。

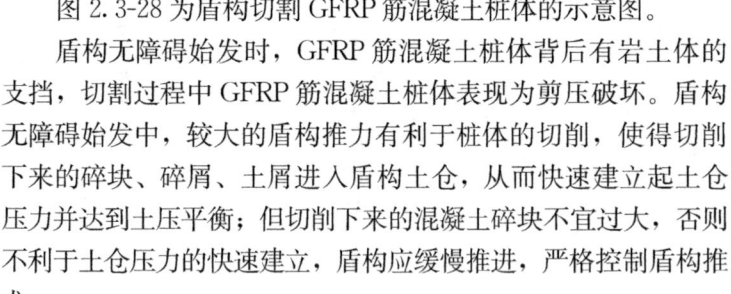

图 2.3-29 无障碍接收 GFRP 筋受力特性

2.3.4.1 离散元颗粒流软件 PFC³ᴰ原理

颗粒流的研究始于 20 世纪 50 年代，Cundall 和 Strack 开发并推广了适用于岩土体力学行为分析的颗粒流 PFC²ᴰ和 PFC³ᴰ程序。

颗粒流程序（Particle Flow Code，PFC）是以显式差分算法和离散元理论为原理，用以对介质微/细观力学行为进行数值分析的程序。

PFC 以粒子为单元，以牛顿第二定律（惯性定律）为力学关系，基于命令驱动模式（Command-Driven Format），对介质的力学行为进行根本性、本质性的分析。

PFC³ᴰ软件适用于研究颗粒集合体的破裂和破裂发展问题，其基本思想是通过颗粒的运动及相互间作用来模拟材料的力学性能，进而从微观角度揭示其在工程实际中的力学行为。其中，每一时刻颗粒的位置和速度由平动和转动运动方程来确定。

运动方程如下：

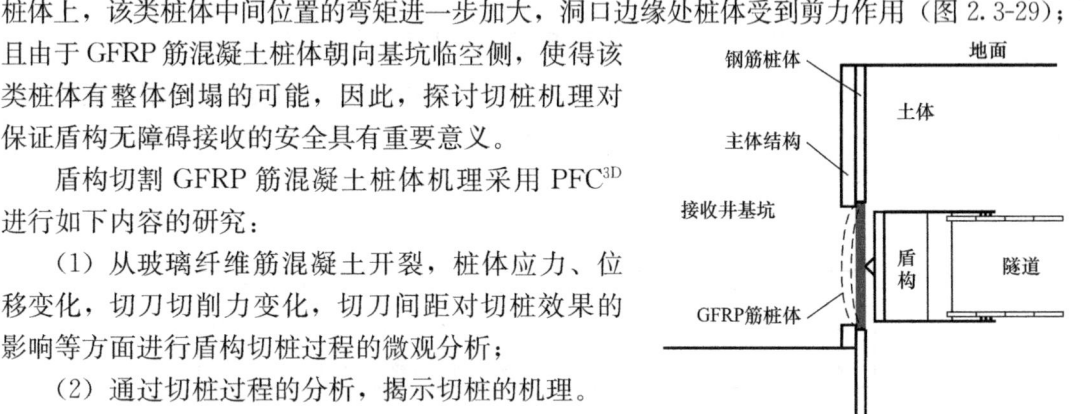

$$m^i \frac{\partial^2 \vec{r}_i}{\partial t^2} = \sum_{j=1}^{N_i} \vec{F}_{ij} + \vec{F}_e^i$$

54

$$j^i \frac{\partial^2 \vec{\boldsymbol{\theta}}_i}{\partial t^2} = \sum_{j=1}^{N_i} \vec{\boldsymbol{q}}_{ij} + \vec{\boldsymbol{K}}_e^i$$

式中，m^i，j^i 分别为元素 i 的质量和转动惯量；$\vec{r}_i$，$\vec{\boldsymbol{\theta}}_i$ 分别为元素 i 中心的位置和角矢量；$\vec{\boldsymbol{F}}_{ij}$ 为相邻元素 j 对 i 的作用力；$\vec{\boldsymbol{q}}_{ij}$ 为该作用力到元素 i 的中心的力臂；$\vec{\boldsymbol{F}}_e^i$，$\vec{\boldsymbol{K}}_e^i$ 分别为元素 i 所受的外力和外力矩；N_i 为元素 i 的相邻元素数目。

在 PFC^{3D} 软件中，只存在两种接触模型（图 2.3-30）：颗粒-颗粒接触模型，颗粒-墙接触模型。

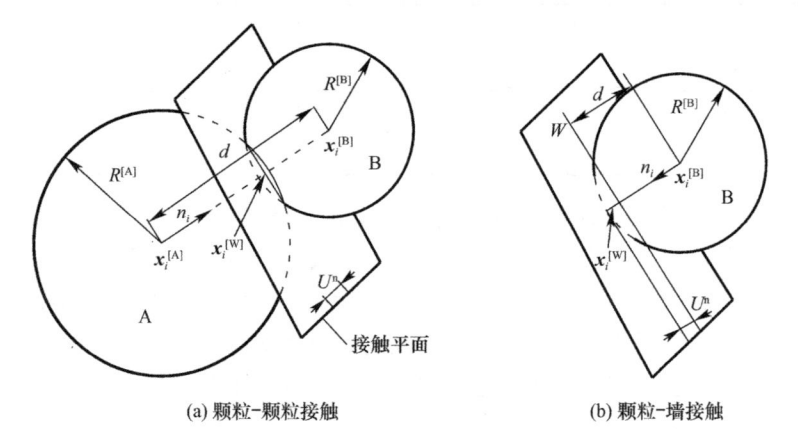

(a) 颗粒-颗粒接触　　　　　　　(b) 颗粒-墙接触

图 2.3-30　颗粒接触模型

A、B—接触的 2 个颗粒；W—接触的墙；R—颗粒半径；

d—两颗粒中心距离或者球心到墙最短距离；$x_i^{[A]}$、$x_i^{[B]}$—A、B 颗粒中心的位移矢量；

$x_i^{[W]}$—墙体位移矢量。

2.3.4.2　盾构切刀直接切桩的颗粒流模型建立

1. 材料宏细观参数的确定

PFC^{2D}/PFC^{3D} 不能直接给模型介质"赋"物理力学参数和初始应力条件，而是需要通过大量的颗粒流数值试验得到与室内土工试验大致相同的本构曲线，将其中的细观参数赋予该离散元模型中，从而得到模型介质的真实参数。通过单轴压缩试验，对实际工程中支护桩体所用 GFRP 筋混凝土材料进行了参数标定（图 2.3-31、表 2.3-3）。

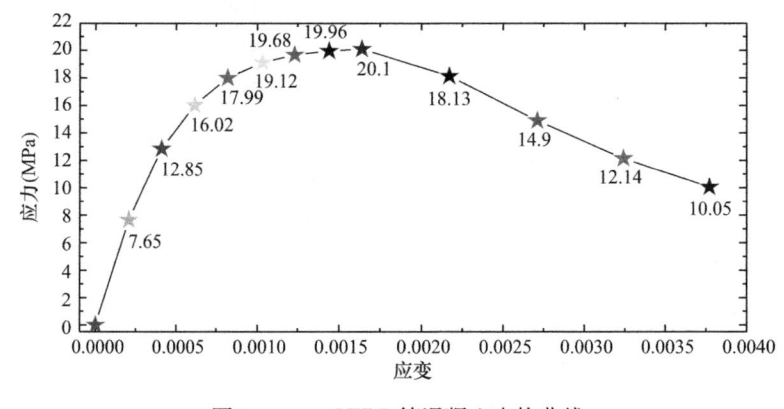

图 2.3-31　GFRP 筋混凝土本构曲线

盾构无障碍始发与接收理论及实践

宏观力学参数   表 2.3-3

密度 (kg/m³)	弹性模量 (GPa)	抗压强度 (MPa)	抗拉强度 (MPa)	泊松比	黏聚力 (MPa)	内摩擦角 (°)
2500	22.0	20.1	2.01	0.20	—	—

采用单轴压缩试验，通过不断的 PFC³D数值模拟，参考既有的混凝土本构关系研究，得到 GFRP 筋混凝土本构曲线，从而对材料的细观参数进行标定如表 2.3-4 所示。

细观力学参数   表 2.3-4

参数	正向粘结强度 k_n(N/mm)	切向粘结强度 k_s(N/mm)	k_n/k_s	摩擦系数 μ
取值	1e10	1e10	1	0.25

参数	孔隙率	颗粒数量	颗粒最小半径（mm）	颗粒最大半径与最小半径比
取值	0.3	2099	1.0	1

2. 盾构无障碍接收切刀切削 GFRP 筋混凝土桩体模型

定义圆柱边界墙和上下边界墙作为加载板；定义颗粒时，先将颗粒切向刚度设置为 0，从而保证颗粒在生成的过程中产生致密的效果，然后定义实际模拟的切向刚度，使 GFRP 筋混凝土桩体与实际情况相似。试样颗粒生成前需要将颗粒半径进行缩小，从而防止颗粒在生成过程中产生重叠。在实际建模过程中仅选取了桩体 1/3 的高度，即桩体的上部进行切削研究。

模型按照 1：10 的比例建立，原型桩直径 800mm，则切刀切入行程为 80mm。相应的参数也取为实际工况的 1/10，即对盾构的推进速度取 0.6mm/min，即 0.01mm/s，盾构的转动速度取 0.1r/min，即 0.0016r/s。由于盾构贯入度为推进速度与转动速度的比值，因而是一个绝对值，即不会随着模型比例的缩放而发生较大的差异变化，因而以盾构切桩时的贯入度 4mm 作为控制参数。反映到盾构切桩 PFC³D模型中，设置盾构切刀 X 向速度为 0.01mm/s，用以模拟盾构推进；设置盾构切刀 Y 向速度，用以模拟盾构转动，盾构切刀 Y 向速度的取值分析如下：

设盾构洞口半径 R，周长 L，"计算半径"（即不同位置切刀切削时的半径）$\overline{R}=R \cdot \alpha$，"计算周长"$\overline{L}=L \cdot \alpha$，其中 α 为比例系数。

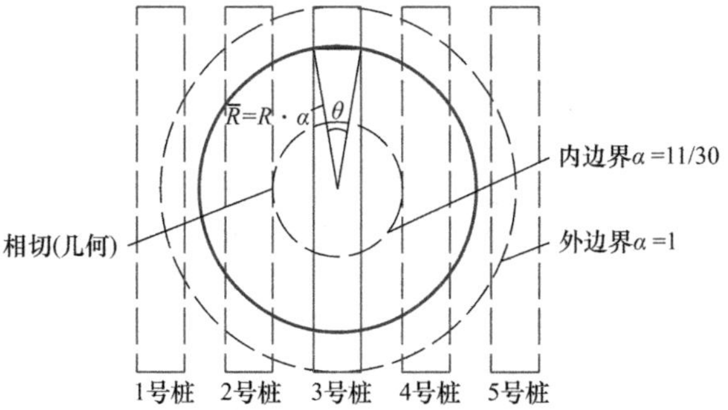

图 2.3-32 盾构切刀 Y 向速度分析示意图

结合工程实际情况，因为盾构刀盘最中心位置所配刀具为中心鱼尾刀，且过于靠近刀盘中心处的盾构切刀对于切桩影响较小，因此取盾构刀盘最外侧为盾构切刀外边界，此时 $\alpha=1.0$；取盾构切刀恰好与 2 号、4 号桩体处于几何相切位置为盾构切刀内边界，此时 $\alpha=11/30$(800@1500)。综上，$11/30 \leqslant \alpha \leqslant 1.0$（图 2.3-32）。

围护桩体半径 r，圆心角 θ。

$$\sin\frac{\theta}{2}=\frac{r}{R}=\frac{r}{R \cdot \alpha}$$

56

$$\text{故 } \theta = 2\arcsin\frac{r}{R \cdot \alpha}$$

弧长 $l = \dfrac{\theta}{360} \cdot \overline{L} = \dfrac{2\arcsin\dfrac{r}{R \cdot \alpha}}{360} \cdot L \cdot \alpha = L \cdot \alpha \cdot \arcsin\dfrac{r}{R \cdot \alpha}/180$

因为 $\arcsin x$ 的带佩亚诺余项泰勒公式为：

$$\arcsin x = x + \frac{x^3}{3!} + \frac{x^5}{5!} + \circ(x^5)$$

因此，$\arcsin \alpha x = \alpha x + \dfrac{(\alpha x)^3}{3!} + \dfrac{(\alpha x)^5}{5!} + \circ(x^5)$

$\alpha \arcsin x = \alpha x + \dfrac{\alpha x^3}{3!} + \dfrac{\alpha x^5}{5!} + \circ(x^5)$

在本实例的计算中，$x = \dfrac{r}{R \cdot \alpha} = \dfrac{40\text{mm}}{300\text{mm} \cdot \alpha} = \dfrac{2}{15\alpha}$，$\alpha \in \left[\dfrac{11}{30},\ 1.0\right]$，$x \in \left[\dfrac{2}{15},\ \dfrac{4}{11}\right]$

此时，无论是 $\dfrac{(\alpha x)^3}{3!}$，还是 $\dfrac{\alpha x^3}{3!}$，相对于 αx，都可以认为是无穷小量，

因此，$\arcsin \alpha x \approx \alpha \arcsin x$，

即，弧长 $l = L \cdot \alpha \cdot \arcsin\dfrac{r}{R \cdot \alpha}/180 = L \cdot \arcsin\dfrac{r}{R}/180 = 80.2\text{mm} \approx 80\text{mm}$，

这既说明了可以将盾构的转动速度等效为盾构切刀 Y 向速度的合理性，又说明了 Y 向速度取值的代表性和普适性。

盾构的转动速度为 0.0016r/s，若沿外边界切削，则盾构转动一周切削行程为 $L = 1884\text{mm}$，此时盾构切刀"有效切削行程"，即在单根桩体上的切削行程为 80mm，"有效切削转速"为 $0.0016\text{r/s} \times (80\text{mm}/1884\text{mm}) = 6.79 \times 10^{-5}\,\text{r/s}$，PFC^{3D}模型中盾构切刀 Y 向速度为 $80\text{mm/r} \times 6.79 \times 10^{-5}\,\text{r/s} = 0.005\text{mm/s}$；若沿内边界切削，则盾构转动一周切削行程为 $11/30 L = 691\text{mm}$，此时盾构切刀"有效切削行程"，即在单根桩体上的切削行程仍然为 80mm，"有效切削转速"为 $0.0016\text{r/s} \times (80\text{mm}/691\text{mm}) = 1.85 \times 10^{-4}\,\text{r/s}$，PFC^{3D}模型中盾构切刀 Y 向速度为 $80\text{mm/r} \times 1.85 \times 10^{-4}\,\text{r/s} = 0.015\text{mm/s}$。

更一般地来说，有 $\overline{L}_{(\text{mm})} = L_{(\text{mm})} \cdot \alpha_{(\text{无量纲})}$

令 $\overline{V}_{(\text{r/s})} = 0.0016_{(\text{r/s})} \times 80_{(\text{mm})}/\overline{L}_{(\text{mm})}$

得：盾构切刀 Y 向切削速度 $V_{Y(\text{mm/s})} = 80_{(\text{mm/r})} \times \overline{V}_{(\text{r/s})} = \dfrac{64}{11775\alpha}\text{mm/s}$

系数 α 在 $[11/30，1]$ 上服从均匀分布，即具有概率密度：

$$f(\alpha) = \begin{cases} \dfrac{30}{19}, \dfrac{11}{30} \leqslant \alpha \leqslant 1 \\ 0, \text{其他} \end{cases}$$

盾构切刀 Y 向切削速度 V_Y 是系数 α 的函数：$V_{Y(\text{mm/s})} = \dfrac{64}{11775\alpha}$，

由连续型随机变量的数学期望可知：

$$E(V_Y) = \int_{-\infty}^{\infty} \frac{64}{11775\alpha} f(\alpha)\mathrm{d}\alpha$$

$$= \int_{\frac{11}{30}}^{1} \frac{64}{11775\alpha} \times \frac{30}{19}\mathrm{d}\alpha = 8.610 \times 10^{-3} \approx 0.0085\text{mm/s}$$

盾构无障碍始发与接收理论及实践

最终取盾构切刀 Y 向速度为 0.0085mm/s，用以模拟盾构的转动速度，此时盾构的贯入度为 6mm。

依据给定的孔隙率，计算出半径膨胀系数约为 4.0，将颗粒膨胀至要求孔隙率的半径，进行迭代得到平衡状态。将得到的模型进行固定，初始速度固定为 0。

采用 PFC^{3D} 中的"generate"命令，生成桩体三维颗粒流模型如图 2.3-33 所示，模型尺寸：高 160mm，直径 80mm。切削用的切刀被简化为一个无限刚度的墙，通过对切刀施加 X 向速度 0.01mm/s，方向沿 GFRP 筋混凝土桩体径向方向，即实际工程中盾构前进方向，Y 向速度 0.0085mm/s，方向沿 GFRP 筋混凝土桩体轴向方向，用以模拟盾构切刀的切削。由于 PFC^{3D} 中时步在计算循环时应无限小，因此，0.01mm/s 的速度相当于移动很小的距离，这充分保证了试样在盾构切桩模拟过程中都能够保持准静态平衡。

采用 PFC^{3D} 中的"set"命令，对生成的桩体三维颗粒流模型施加重力。使用窗口指令"print"输出图形，得到应力链如图 2.3-34 所示。

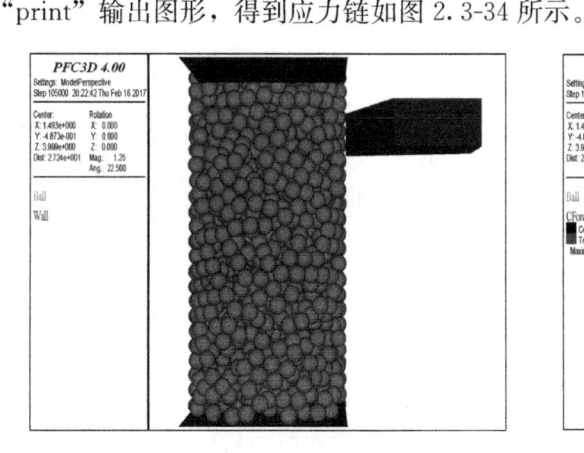

图 2.3-33　桩体三维颗粒流模型　　　　图 2.3-34　应力链（施加重力）

2.3.4.3　盾构切桩过程分析

1. 切桩过程桩体应力变化规律

切桩过程桩体应力变化如图 2.3-35 所示。

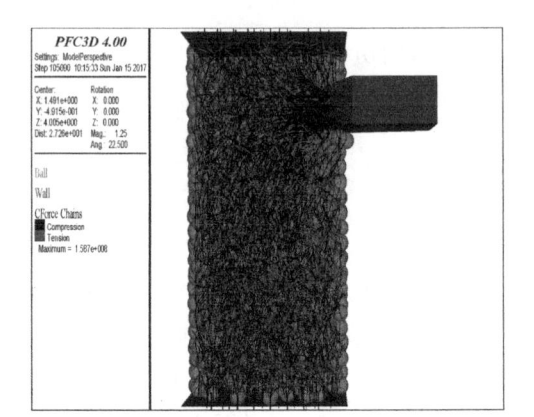

(a)切入4mm　　　　　　　　　　　　(b)切入8mm

图 2.3-35　切割 GFRP 筋混凝土桩体应力变化（一）

第 2 章　盾构无障碍始发与接收基本理论

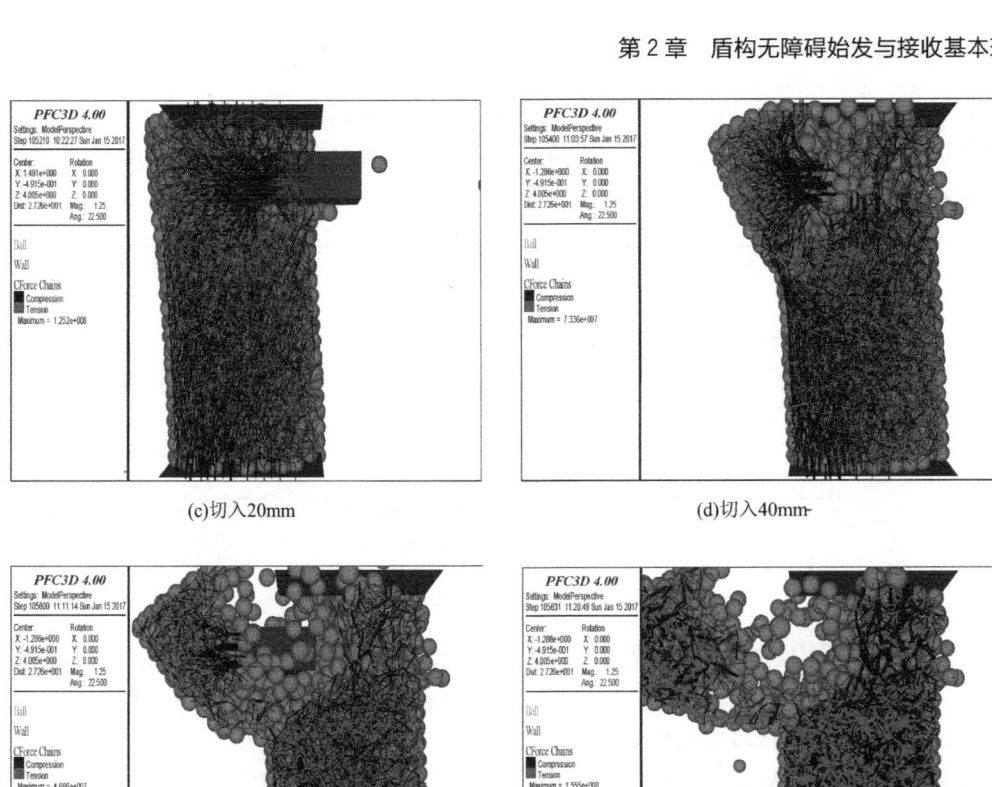

(c)切入20mm　　　　　　　　　　　　(d)切入40mm

(e)切入60mm　　　　　　　　　　　　(f)切入80mm

图 2.3-35　切割 GFRP 筋混凝土桩体应力变化（二）

图 2.3-35 反映了切割 GFRP 筋混凝土桩体时的应力动态变化，由图可知：当盾构切刀对桩体进行切割时，GFRP 筋混凝土桩体在盾构切刀刀尖处开始逐渐生成极其微小的裂缝，我们可以将这一微小的裂缝近似看作是初始裂缝。按照格里菲斯理论，这些初始裂缝因为受到了切刀切割带来的外部荷载的作用，在初始裂缝尖端形成了应力集中区域，应力值逐渐升高，达到了裂缝扩展所需要的应力条件，使得微裂缝逐渐相互贯通，形成了宏观裂缝，从而导致了混凝土的断裂破碎。盾构切刀切入至 45mm 处时，切刀前方颗粒逐渐向前方涌出，这较为真实地模拟了邻近基坑（接收井）被切削下来的桩体碎屑、桩间土屑涌出盾构洞口。

图中的线条表示力链，黑色线条表示压应力，红色线条表示拉应力（工程实际中拉应力由 GFRP 筋来承担），力链由 PFC^{3D} 内置 Fish 函数获取，其粗、细程度表征应力大小，由图 2.3-35 可知，应力最大发生在盾构切刀刀尖位置。

切割过程中最大应力变化如图 2.3-36 所示。

由图 2.3-36 可知：切割过程中 GFRP 筋混凝土桩体最大应力呈现出先逐渐增大（切入 0～15mm），后逐渐减小（切入 15～45mm），最后趋于稳定（切入 45～80mm）的变化规律。这是因为在初始盾构切桩过程中，GFRP 筋混凝土桩体的开裂需要较大的切削力，使得桩体所受应力也相应增大，继而产生了裂纹；而后，在盾构切刀切削与既有裂纹扩

盾构无障碍始发与接收理论及实践

展、聚结的共同作用下，桩体所受应力随之减小；在盾构切刀切削至桩体一半时，为防止桩体朝向基坑临空侧整体倒塌，需严格控制盾构推力等参数，使得其平稳切削，桩体所受应力也逐渐趋于稳定。

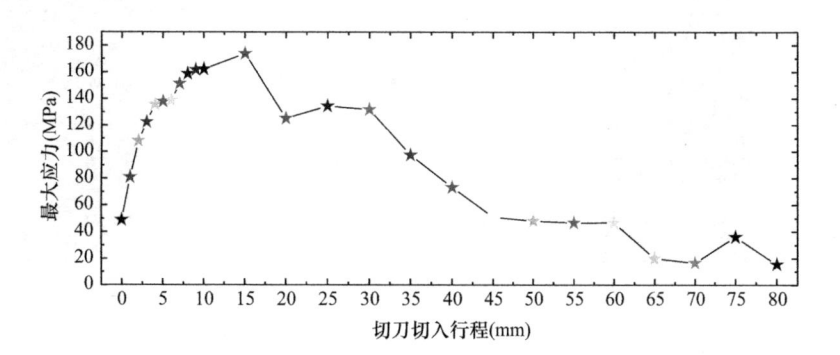

图 2.3-36　切割过程最大应力变化图

综上所述，盾构切桩过程中混凝土开裂是一个裂缝产生、扩展与聚结的过程，相应的桩体应力变化经历了先逐渐增大，后逐渐减小，继而趋于稳定的过程。

2. 切桩过程桩体位移变化规律

随着盾构切刀切入行程的增加，切削下来的 GFRP 筋混凝土碎屑也相应增加，桩体破裂也更加明显。

切桩前半切入行程中，颗粒位移多与盾构前进方向相反，即被切削下来的碎屑、土屑逐渐进入土仓；随着切桩的不断进行，切桩后半切入行程中，颗粒位移多与盾构前进方向相同，被切削下来的碎屑、土屑开始逐渐涌入基坑。

盾构切桩过程中颗粒最大位移变化如图 2.3-37 所示。

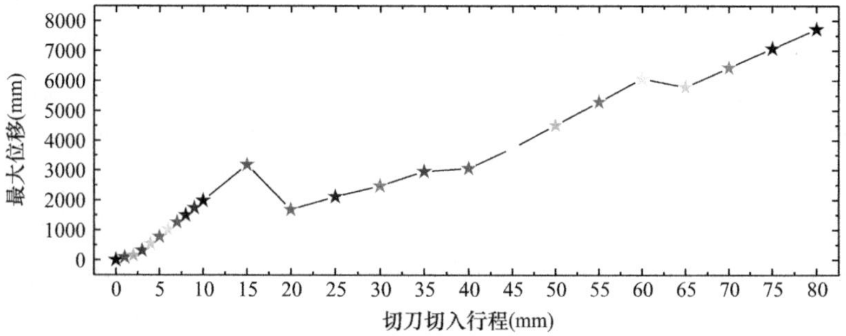

图 2.3-37　切削过程颗粒位移变化图

3. 切桩过程切刀切削力变化规律

与桩体逐渐破坏过程中应力、位移的变化相对应的切削力变化如图 2.3-38 所示。

由图 2.3-38 可以看出切桩过程中盾构切刀切削力变化的一般性规律：就切削力的大小来看，在切桩前半切入行程中，X 向切削力（主要起挤压作用）整体大于 Y 向切削力（主要起碾磨作用）。就切削力的变化来看，切入 0～15mm 时，切削力逐渐增大，较大的切削力有利于桩体裂缝的产生、扩展与破坏；切入 15～45mm 时，切削力逐渐减小，特别是起到挤压作用的 X 向切削力减小幅度极为明显，这一方面是因为桩体产生的既有裂缝

60

在桩体开裂过程中可以替代一部分的切削力，另一方面随着盾构切桩过程的持续进行，盾构推力等参数逐渐减小；切入 45～80mm 时，切削力持续减小，但在整体上是平稳变化的。

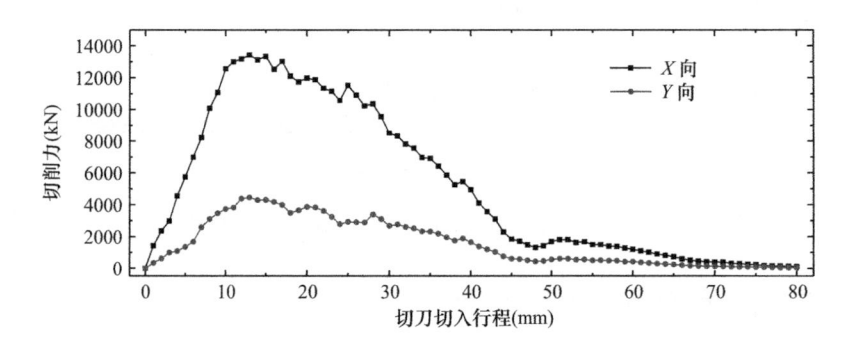

图 2.3-38　切刀切削力变化曲线

因此，从盾构切桩过程来看，切刀切削力的变化规律与桩体应力的变化规律是一致的，即先逐渐增大，后逐渐减小，继而趋于稳定。就 X 向与 Y 向切削力本身来看，盾构切桩过程呈现出明显的"两阶段模型"变化，亦即切桩前半切入行程中 X 向切削力明显大于 Y 向切削力，此时桩体的破坏形式为剪压共同作用；切桩后半切入行程中 X 向切削力与 Y 向切削力基本相同，此时桩体的破坏形式是以剪切为主，辅以一定的挤压。

4. 切刀间距对切桩效果的影响

由既有工程经验及相关研究易知，盾构切刀的切削能力，受到切刀的材质、加工，切刀参数（刀宽、前角、后角等），切削的切深，切刀间距等各种因素的影响。本章主要是基于颗粒流原理对盾构的切桩过程进行探讨，从微观角度对无障碍始发与接收盾构切桩机理进行揭示，因而忽略刀具本身对于切桩效果的影响，仅选取切刀间距这一点进行切桩效果影响因素的分析。

盾构切刀破除介质的效果，通常是通过比耗能来反映，比耗能越小，破除效率越高、效果越好。

比耗能的表达式为：

$$\mathrm{SE} = \frac{W}{V} = \frac{Fl}{V}$$

式中，W 为切刀切削力所做的功；F 为切刀切削力的平均值；l 为切刀的切入行程；V 为被切削介质的破碎体积。由于切刀参数、切刀的切深均相同，因而被切削介质的破碎体积可以近似认为是相同的，所以，可以用相同的切入行程下的切刀切削力的大小来反映比耗能的大小，亦即，切刀切削力越小，比耗能也越小，切削的效果越好。

采用相邻盾构切刀同时侵入 GFRP 筋混凝土桩体试样的研究方法，通过对不同工况，即 1 倍、2 倍、3 倍刀宽间距，在相同时步下切刀的 X 向切削力和 Y 向切削力的变化情况，来分析切刀间距对切桩效果的影响。

各工况下切削力随切桩切入行程的动态变化曲线如图 2.3-39～图 2.3-41 所示。

由图 2.3-39～图 2.3-41 可知：与单切刀切割 GFRP 筋混凝土桩体相同，双切刀的切桩过程亦呈现出先剪压破坏，后剪切破坏的"两阶段模型"变化，切削力变化规律与单切刀作用下相同。

盾构无障碍始发与接收理论及实践

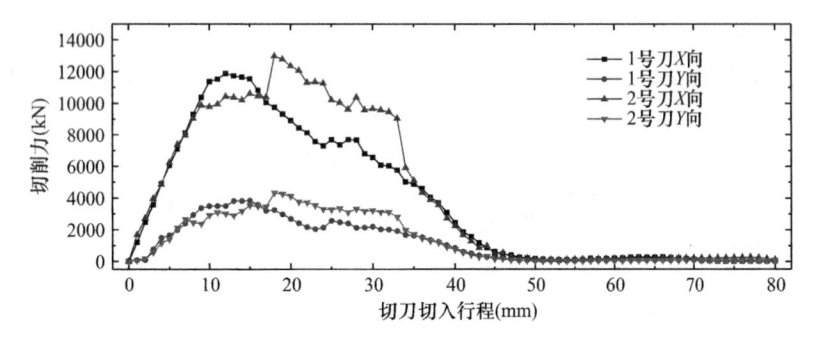

图 2.3-39　1 倍刀宽间距时切刀切削力变化曲线

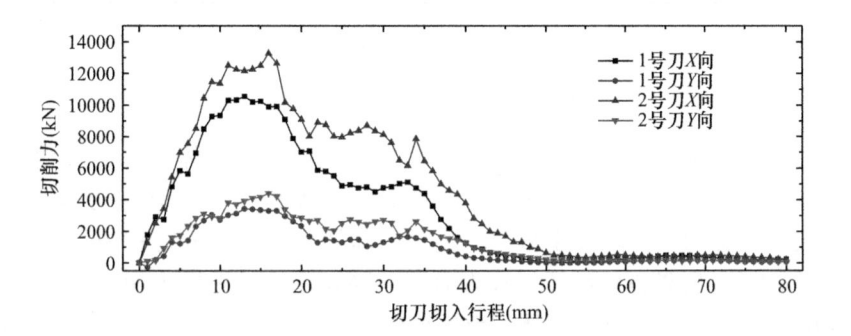

图 2.3-40　2 倍刀宽间距时切刀切削力变化曲线

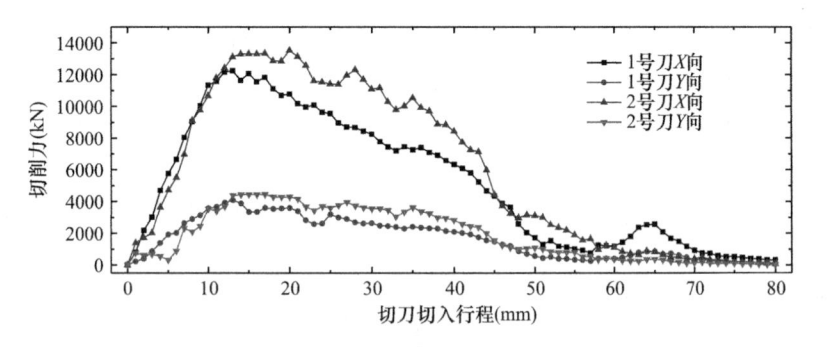

图 2.3-41　3 倍刀宽间距时切刀切削力变化曲线

同一刀具在相同切削方向、不同刀间距下的切削力变化如图 2.3-42 所示。

图 2.3-42(a)～(d) 分别表示了在不同刀间距下 1 号刀 X 向、1 号刀 Y 向、2 号刀 X 向和 2 号刀 Y 向切削力的变化,从图中可以看出:

(1) 当刀间距较小,为 1 倍刀宽间距时,切桩过程产生的能量使得刀具间的混凝土发生了过度开裂破碎,没有充分利用产生的既有裂纹的扩展机制,切桩效率较低。

(2) 当刀间距增大,为 2 倍刀宽间距时,刀具间混凝土的开裂和破碎使得产生的既有裂纹在一定深度下贯通,从而形成混凝土碎屑,提高了切桩效率。

(3) 当刀间距持续增大,为 3 倍刀宽间距时,切刀切削力所引起的混凝土开裂和破碎将不能导致产生的既有裂纹在切削深度下的贯通,说明过大的切刀间距下,将导致相邻刀具间的相互作用未能被充分利用。

第 2 章 盾构无障碍始发与接收基本理论

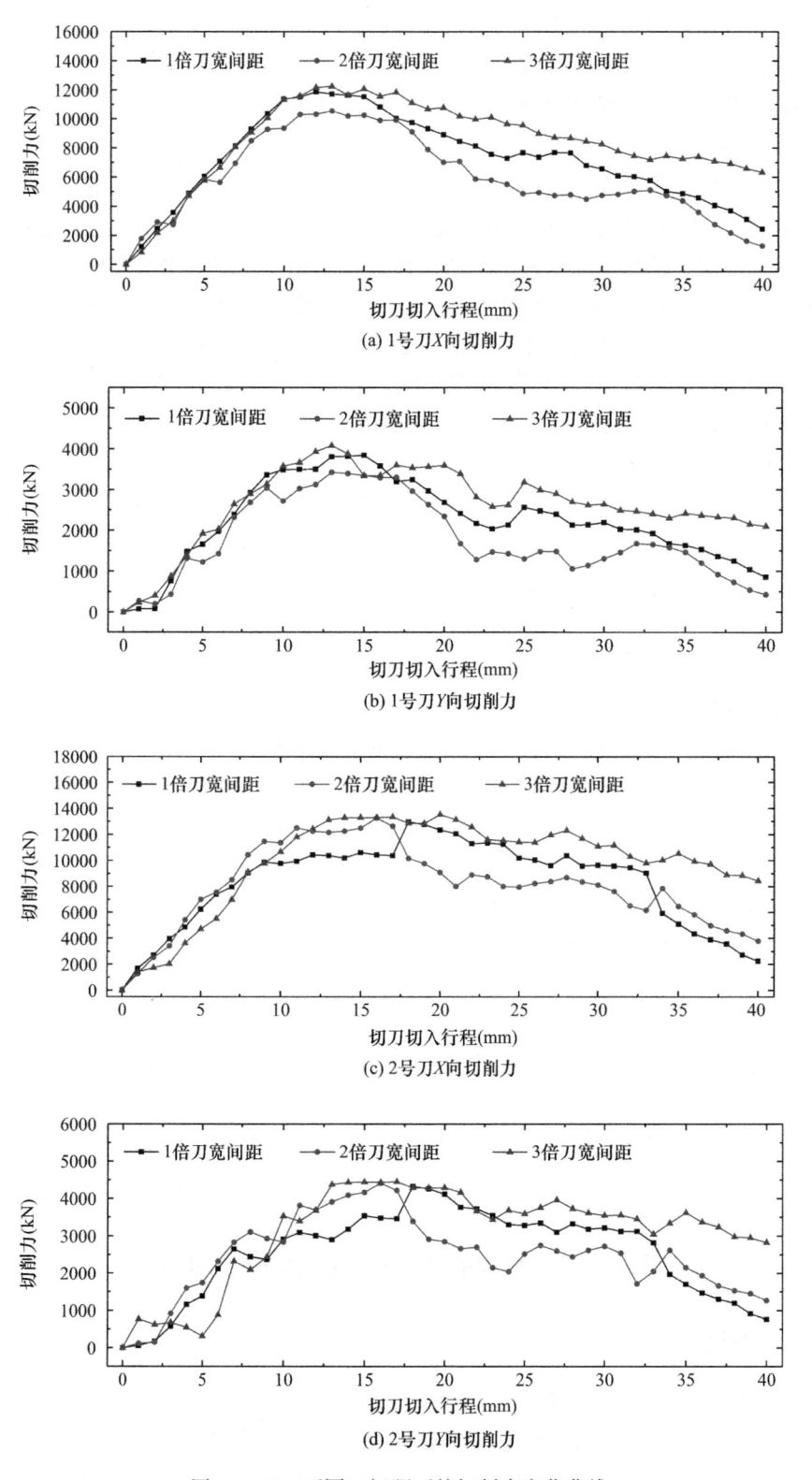

图 2.3-42 不同刀间距下的切削力变化曲线

由此可知，合理刀间距对于盾构切桩过程起到了重要作用，在合理刀间距下，切桩过程能够获得较高的切桩效率和较好的切桩效果。

通过采用PFC³ᴰ从微观角度分析了盾构切割GFRP筋混凝土桩体过程、揭示了切桩机理，得出如下结论：

（1）盾构切桩过程：切桩过程中GFRP筋混凝土桩体开裂是一个裂缝产生、裂缝扩展与裂缝聚结的过程；桩体应力表现出先逐渐增大，后逐渐减小，最后趋于稳定的变化规律。桩体位移在切桩前半切入行程中与盾构前进方向相反，此时主要表现为碎屑、土屑逐渐进入土仓；在切桩后半切入行程中与盾构前进方向相同，此时主要表现为碎屑、土屑逐渐涌入基坑。合理的刀间距有利于切桩效果的提高。

（2）切桩机理：盾构无障碍始发的盾构切桩机理为全过程的剪压破坏；盾构无障碍接收的盾构切桩机理为先前半切入行程的剪压破坏，而后进入后半切入行程的剪切破坏的"两阶段"变化特征。

因此，无障碍接收盾构切刀切削GFRP筋混凝土桩体时，盾构机更应缓慢推进，采用碾压、慢磨的切削方式；盾构推力应充分考虑桩体切割过程中的"两阶段"变化特征，控制好推力，防止出现GFRP筋混凝土桩体整体倒塌。

2.3.5 小结

通过上述分析，可得出以下结论：

（1）有限土体内的掘进，盾构应采用适当的掘进参数。土仓压力可采用正常掘进阶段的，使盾构无障碍接收施工能进行保压掘进，以有效避免过大的地表沉降；为了防止盾构推力对GFRP筋混凝土桩体的不良影响，盾构推力不宜超过20000kN，在达到0.5D时，不宜超过15000kN。

（2）盾构刀盘密贴GFRP筋混凝土桩体后，盾构推力不宜超过10000kN，防止出现整体倒塌，且洞口周围应有安全警戒线。

（3）切割GFRP筋混凝土桩体过程中，应考虑桩体的"两阶段"变化特征，盾构应进一步降低推力，缓慢推进，采用碾压、慢磨的切削方式。

（4）盾构无障碍接收施工关键工序为控制有限土体内的掘进、刀盘密贴GFRP筋混凝土桩体和此过程的盾构掘进参数。

（5）盾构无障碍接收施工过程中，应做好地表沉降、GFRP筋混凝土桩体的监测工作。

2.4 GFRP筋混凝土桩体设计原理

2.4.1 概述

虽然目前国内外关于GFRP筋混凝土构件承载力设计的研究较多，但均是基于矩形截面的，在试验基础上得出的相关结论不能说明基坑GFRP筋混凝土圆形截面桩体的受力、变形、裂缝等情况。钢筋混凝土构件的受弯试验结果表明其最终为正截面破坏，受压区混凝土被压碎；而GFRP筋混凝土构件的破坏可能与钢筋混凝土构件的差别较大，特别是在

第 2 章　盾构无障碍始发与接收基本理论

抗剪承载力的方面，目前各国的研究者主要是在钢筋混凝土梁抗剪强度理论的理论基础上进行相应的修正。

可见，GFRP 筋混凝土构件承载能力的研究尚不完善，在钢筋混凝土结构理论的基础上对 GFRP 筋混凝土结构进行计算与设计，有可能导致工程安全隐患。为此，采用 1 : 1 的圆形截面 GFRP 筋混凝土梁进行破坏试验，分析其变形、破坏规律，为 GFRP 筋混凝土桩体提供理论基础。

2.4.2　设计的依据与原则

2.4.2.1　设计依据

1. GFRP 筋强度取值

对于钢筋，《混凝土结构设计规范》GB 50010—2010 规定：钢筋的强度标准值应具有不小于 95% 的保证率。而对于 GFRP 筋材料，由上述的拉伸强度试验结果可得，为了增加材料的安全可靠度，其强度标准值保证率应提高至不小于 98%。美国规范《FRP 筋混凝土结构设计与施工指南》中规定，GFRP 筋的强度应符合正态分布，抗拉强度标准值 f_{gk} 应满足：

$$f_{gk} = f_{u,ave} - 3f_{\sigma} \qquad (2.4\text{-}1)$$

$$\varepsilon_{gk} = \varepsilon_{u,ave} - 3\varepsilon_{\sigma} \qquad (2.4\text{-}2)$$

式中：f_{gk}——试验样本极限抗拉强度的标准值（MPa）；

$\quad\ f_{u,ave}$——试验样本极限抗拉强度的平均值（MPa）；

$\quad\ f_{\sigma}$——试验样本极限抗拉强度的标准差（MPa）；

$\quad\ \varepsilon_{gk}$——试验样本极限抗拉应变的标准值（$\times 10^{-6}$）；

$\quad\ \varepsilon_{u,ave}$——试验样本极限抗拉应变的平均值（$\times 10^{-6}$）；

$\quad\ \varepsilon_{\sigma}$——试验样本极限抗拉应变的标准差（$\times 10^{-6}$）。

受拉钢筋的强度标准值除以钢筋的材料分项系数 γ_s 后即得受拉钢筋的强度设计值 f_y。GFRP 筋的材料力学性能应该根据环境的影响对力学性能制定相对应的折减，折减系数与 GFRP 筋所处的外界环境情况的不同取不同的值，根据国外的研究成果可得，对于支护结构的工作条件，折减系数 C_E 取 0.7，即分项系数 $\gamma_s = 1.43$。

因此，玻璃纤维筋抗拉强度设计值 f_g：

$$f_g = C_E \times f_{gk} \qquad (2.4\text{-}3)$$

极限应变设计值：

$$\varepsilon_g = C_E \times \varepsilon_{gk} \qquad (2.4\text{-}4)$$

式中：f_g——抗拉强度设计值（MPa）；

$\quad\ f_{gk}$——抗拉强度标准值（MPa）；

$\quad\ C_E$——折减系数，取 0.7；

$\quad\ \varepsilon_g$——极限抗拉应变设计值（$\times 10^{-6}$）；

$\quad\ \varepsilon_{gk}$——极限抗拉应变标准值（$\times 10^{-6}$）。

2. 标准依据

设计方法主要依据试验研究成果，考虑了与现行《混凝土结构设计规范》GB 50010 的衔接，采用以概率理论为基础的极限状态设计法。由于盾构端头井围护结构为临时结

65

构，设计以承载能力极限状态为主，同时结构变形应满足现行《建筑基坑支护技术规程》JGJ 120 和其他相关标准的要求。

GFRP 筋混凝土支护结构设计在试验研究成果的基础上参照美国混凝土委员会《FRP 筋混凝土结构设计与施工指南》（ACI440.1R-03、ACI440.1R-04），同时参照我国《混凝土结构设计规范》GB 50010—2010 以及《纤维增强复合材料工程应用技术标准》GB 50608—2020 进行设计计算。

2.4.2.2 设计原则

GFRP 筋混凝土结构仅应用于盾构始发与接收竖井基坑的支护结构中，该支护结构为临时的。对于临时支护结构，《建筑基坑支护技术规程》JGJ 120—2012 规定只需验算结构的承载能力极限状态，因此主要考虑 GFRP 筋混凝土结构的正截面受弯承载力与斜截面受剪承载力。

GFRP 筋混凝土构件承载能力极限状态设计采用《混凝土结构设计规范》GB 50010—2010 的规定，按下列表达式计算：

$$\gamma_0 S \leqslant R \qquad (2.4\text{-}5)$$

式中：γ_0——结构重要性系数：对安全等级为一级的结构构件，不小于 1.1；对安全等级二级的结构构件，不小于 1.0；对安全等级为三级的结构构件，不小于 0.9；

S——承载能力极限状态下荷载效应组合设计值，按现行国家标准《建筑结构荷载规范》GB 50009 的规定进行计算；

R——结构构件承载力设计值。

R 采用的设计表达式为：

$$R = R_g(f_{gu}, f_c, \cdots) \qquad (2.4\text{-}6)$$

式中：R——GFRP 筋构件承载力设计值（MPa）；

$R_g(\cdot)$——GFRP 筋构件承载力函数；

f_{gu}——GFRP 筋抗拉强度设计值（MPa）；

f_c——混凝土轴心抗压强度设计值（MPa），按现行《混凝土结构设计规范》GB 50010 取用。

在承载力极限状态设计中，承载力函数需要通过可靠度分析确定的系数来调整。对于承载力的确定有以下两种情况，这也是确定 GFRP 筋混凝土桩体受弯正截面极限承载力和抗剪承载力计算公式的原则：

（1）取平均值：对于受弯情况，构件内 GFRP 筋和混凝土均处于单向受力状态，受力明确，反映其承载力规律的计算公式也较为简单，由试验结果表明，受弯构件的破坏强度离散程度不大。所以对于受弯构件，可以将 GFRP 筋和混凝土的强度设计值代入承载力函数的计算公式中，求出受弯设计值即能满足目标可靠度指标要求。

（2）取偏下值：对于受剪破坏构件，混凝土在正应力和剪应力共同作用下工作，在复杂应力下达到强度极限，引起剪切破坏。影响承载力的因素很多，破坏强度的离散性较大，故采用试验所得的剪切破坏强度值的下包线作为设计时采用的受剪承载力。

对正常使用极限状态，GFRP 筋混凝土结构构件还应满足结构变形验算要求，表达式为：

$$S \leqslant C \qquad (2.4\text{-}7)$$

第 2 章　盾构无障碍始发与接收基本理论

式中：S——正常使用极限状态荷载效应标准组合的设计值；

　　　C——结构构件达到正常使用要求所规定的 GFRP 筋混凝土结构构件变形的限值。

2.4.3　圆形截面 GFRP 筋混凝土梁变形破坏足尺试验

为避免尺寸效应，根据工程桩体的截面、配筋形式，按 1：1 设计了圆形截面的 GFRP 筋混凝土试验梁和钢筋混凝土试验梁，采用二集中力三分点加载试验方式分析两种试验梁的变形、破坏特征。通过两种梁的对比分析，结合美国 ACI 规范及我国现行标准《混凝土结构设计规范》GB 50010 的相关规定，构建了圆形截面 GFRP 筋混凝土梁的受剪承载力公式，为 GFRP 筋混凝土桩体的设计提供理论基础。

2.4.3.1　试验设计

1. 圆形截面 GFRP 筋混凝土梁

依据盾构接收井基坑常见的钻孔灌注桩支护结构形式，采用 800mm 直径的混凝土灌注桩，主筋配筋为 18φ25，按照 1：1 足尺比例进行试验梁的设计（图 2.4-1）。试验梁截面直径 800mm，桩的有效跨度为 6000mm。对于构件的配筋，由于为足尺试验，配筋量与工程配筋量一致。试验梁主筋配筋：采用主筋配筋为 18φ25，都采用筋材沿圆周均匀布置，保护层厚度都采用 50mm；箍筋为 φ12@150 箍筋（纯弯段无箍筋）。

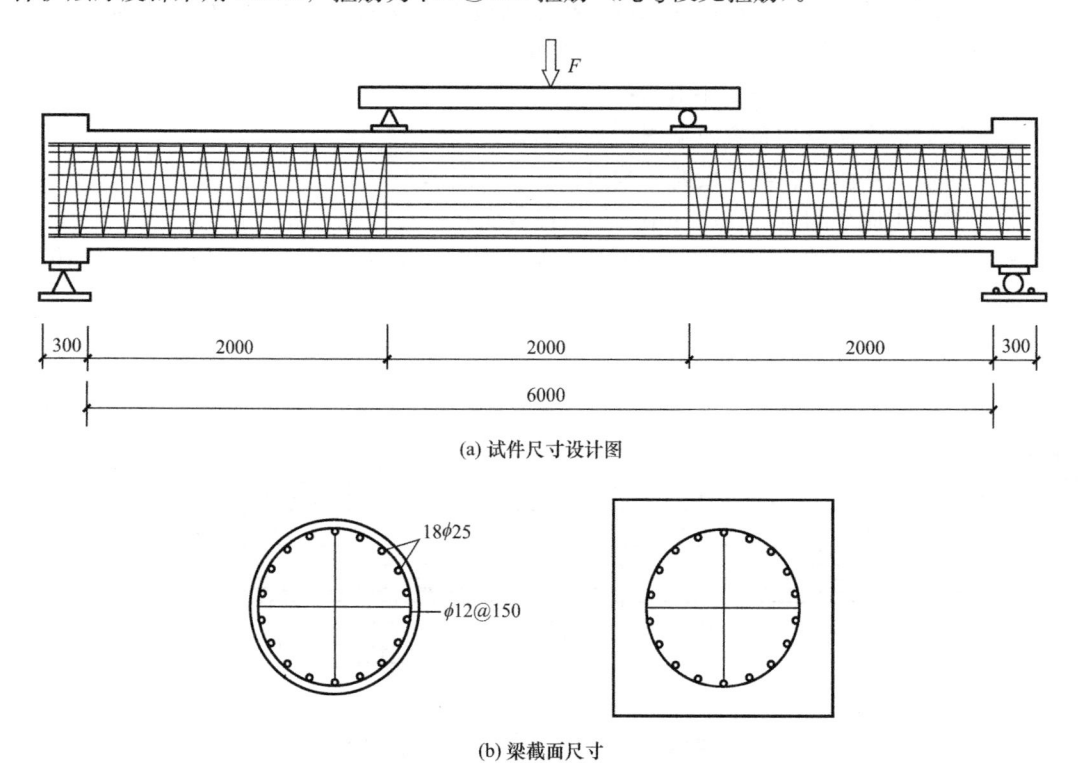

图 2.4-1　试验梁设计

试件共 7 个，1 个是钢筋混凝土梁（以下简称 S-beam）、6 个是玻璃纤维筋混凝土梁（以下简称 G-beam），混凝土强度等级为 C30，两种试验梁的设计参数一致（表 2.4-1）。

盾构无障碍始发与接收理论及实践

两种试验梁的设计参数 表 2.4-1

梁长（mm）	有效跨度（mm）	截面尺寸（mm）	主筋			箍筋
			数量	直径	间距	直径
				（mm）		（mm）
6600	6000	800	18	25	150	12

试验梁的两端支撑段设计为矩形截面，且有 300mm 的额外锚固长度以防止试验过程中主筋的拔出破坏。

在试验之前，对钢筋、GFRP 筋的基本力学性能进行了试验，不同直径的 GFRP 筋和钢筋主要力学性能试验，结果见表 2.4-2。

钢筋、GFRP 筋材料的力学性能 表 2.4-2

类型	直径（mm）	弹性模量 E(GPa)	屈服强度（MPa）	极限强度（MPa）	极限应变
钢筋	25	201.6	460	636	0.23
	12	201.3	420	520	0.23
GFRP	25	46.5	—	726	1.50
	12	46.1	—	744	1.56

为了实测混凝土及受力筋体在加载过程中的应力应变大小，在试验梁的表面混凝土、主筋及箍筋布置应变测点（图 2.4-2），具体如下：

（1）挠度值测点，见图 2.4-2(a)；

（2）箍筋应变测点均布置，见图 2.4-2(a)；

（3）主筋应变测点在纯弯段跨中截面布置，见图 2.4-2(b)；

（4）混凝土应变测点，在试件中间纯弯段截面对称布置，见图 2.4-2(c)。

对于 GFRP 筋主筋及箍筋表面应变计粘贴的原则与钢筋应变计粘贴一致，即在筋体表面打滑清洗后粘贴应变计，最后用环氧树脂全包保护。

图 2.4-3 为试验梁制作现场。

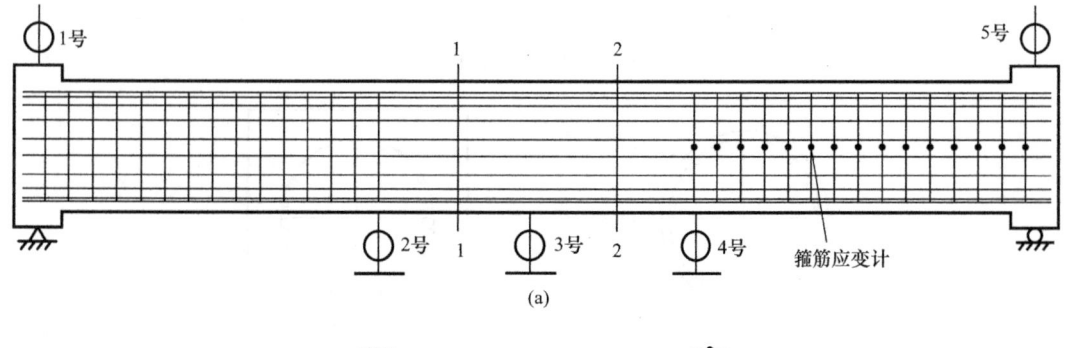

(a)

钢筋应变计

(b)

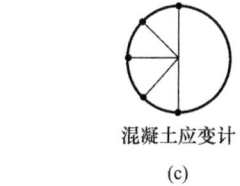

混凝土应变计

(c)

图 2.4-2 测点布置图

(a) GFRP筋笼　　　　　　　　　　(b) 试验梁

图 2.4-3　试验梁制作现场

2. 试验加载

前已述及，盾构推力在 GFRP 筋混凝土桩体的中间部位产生弯矩最大值 M_{max}，并向上下两侧逐渐减小，在 GFRP 筋混凝土桩体上下两端（洞口边缘）产生剪力最大值 V_{max}。

为了尽量符合 GFRP 筋混凝土桩体的受力特点和消除剪力对正截面受弯的影响，采用三分点加载方式，在两端支承点分别采用固定铰支座和滚动铰支座。整个梁均分成三段，中间为纯弯段，两边为剪弯段，每部分为 2000mm，两个加载点之间为纯弯段（图 2.4-2）。在试验之前制定加载速度，每次加载荷载量为梁屈服荷载的 1/10，每次加载到预定荷载值后，维持荷载值 5min，标记和记录梁的每一条裂缝的发展过程以及裂缝宽度。试验过程中的荷载值、梁挠度值以及应变大小均由电脑采集数据系统自动采集与保存。

2.4.3.2　圆形截面 GFRP 筋混凝土梁变形破坏规律

1. 变形破坏阶段

图 2.4-4 为 1 个钢筋混凝土梁（图 2.4-4a）和 6 个 GFRP 筋混凝土梁（图 2.4-4b）的荷载-挠度变化曲线。6 个 GFRP 筋混凝土梁表现出一致的变形破坏特征，结合荷载与跨中挠度的关系图分析两种试验梁的主要现象和变形、破坏特征。

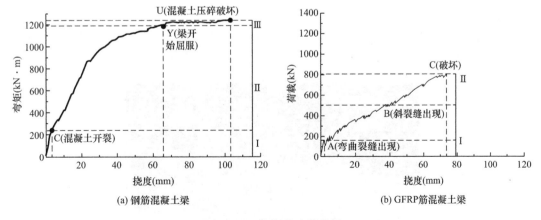

(a) 钢筋混凝土梁　　　　　　　　　(b) GFRP筋混凝土梁

图 2.4-4　荷载-挠度曲线图

(1) 0—A 段

两种梁在加载初期时，荷载与挠度之间呈线性关系。离中和轴混凝土的最大拉应变未达到混凝土的极限拉应变，试验梁处于弹性工作阶段。

(2) A—B 段

为弯曲裂缝出现至斜裂缝出现阶段。两种试验梁混凝土的开裂情况类似,都是先在跨中区段先出现弯曲裂缝,随着荷载的进一步增加,不断出现新的弯曲裂缝。

GFRP 筋混凝土试验梁,荷载达到 156kN 时,出现了第一条垂直轴线的裂缝;当加载 200kN 时,在纯弯段出现了 3 条裂缝,3 条裂缝分布在两加载支座点截面处和跨中附近处,其中加载点下的裂缝宽度为 0.4mm,跨中的裂缝宽度为 0.6mm,此时,裂缝长度发展到圆周截面的 1/2 处。随着荷载增加,在剪弯段远离加载处出现新的垂直裂缝,宽度 0.6mm,呈对称出现。此阶段跨中挠度最大值约为 40mm。

钢筋混凝土试验梁开裂荷载为 230kN,裂缝宽度 0.1~0.4mm,裂缝长度小于圆周截面的 1/2。GFRP 筋混凝土试验梁出现的裂缝数量、宽度,明显比钢筋混凝土试验梁大。

(3) B—C 段

此阶段斜裂缝开始出现直至试验梁破坏,钢筋混凝土试验梁和 GFRP 筋混凝土试验梁在剪弯段的试验现象明显不同。

GFRP 筋混凝土试验梁:随着荷载增加剪弯段开始出现斜裂缝,并在几条斜裂缝中形成一条贯通主斜裂缝,主斜裂缝的角度约为 45°。该主斜裂缝宽度随着荷载的加大不断增大,最后,试件箍筋发生被拉断而达到极限状态,最终表现为剪切破坏(图 2.4-5)。

图 2.4-5　圆形截面 GFRP 筋混凝土梁破坏形式

钢筋混凝土试验梁:弯曲裂缝不断加大直至受压区混凝土受压破坏而达到极限状态(图 2.4-6),裂缝垂直轴线,裂缝宽度约为 1~1.5mm,最大达 2.5mm。

图 2.4-6　圆形截面钢筋混凝土梁破坏形式

表 2.4-3 为 1 个钢筋混凝土梁和 6 个 GFRP 筋混凝土梁试验结果。在试验过程中，钢筋混凝土梁最后的破坏形式为正截面受弯破坏，跨中混凝土被压碎；而对于 GFRP 筋混凝土梁，最终的破坏形态均为一侧发生压剪破坏。

圆形截面 GFRP 筋混凝土试件试验结果　　　　表 2.4-3

试件编号	f_{cu}(MPa)	f_c(MPa)	D(mm)	h_0(mm)	a/D	a/h_0	开裂荷载(kN)	破坏形式
s-1	40.0	26.8	800	615	2.5	3.25	230	纯弯破坏
g-1	39.3	26.3	800	615	2.5	3.25	178	压剪破坏
g-2	41.0	27.5	800	615	2.5	3.25	170	压剪破坏
g-3	39.8	26.7	800	615	2.5	3.25	181	压剪破坏
g-4	40.5	27.1	800	615	2.5	3.25	156	压剪破坏
g-5	40.2	26.9	800	615	2.5	3.25	160	压剪破坏
g-6	39.5	26.5	800	615	2.5	3.25	168	剪切破坏

注：f_{cu}—试验测定的混凝土立方体抗压强度；f_c—换算的混凝土轴心抗压强度；D—圆形截面直径；h_0—圆形截面的有效高度；a/h_0—剪跨比。

2. 荷载与主筋应变关系

图 2.4-7 为试验荷载与不同主筋应变关系：图 2.4-7(a) 为钢筋混凝土梁荷载与钢筋主筋应变关系图，图 2.4-7(b) 为 GFRP 筋混凝土试验梁荷载与 GFRP 筋主筋应变关系图。从图 2.4-7(b) 可以看出，荷载与主筋应变几乎为线性关系，中和轴以上受压，中和轴以下受拉。当荷载达到 150kN 左右时，混凝土发生开裂，主筋应变有所增加。随着荷载增加，受拉区远离中和轴的主筋应变值增加明显，10 号主筋拉应变最大。GFRP 筋混凝土试件的受压区明显小于钢筋混凝土试件，与钢筋主筋应变区别明显（图 2.4-7a）。

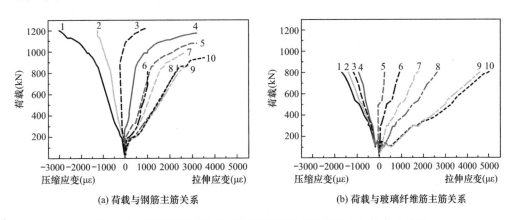

图 2.4-7　钢筋混凝土梁和 GFRP 筋混凝土梁荷载与主筋应变关系

3. 荷载与箍筋应变关系

图 2.4-8 为荷载与 GFRP 筋箍筋应变关系，从图中可以看出，当荷载值较小时，箍筋应变较小，一般在 100 με 以内，当荷载增加到某个值时，与此主斜裂缝相交的箍筋应变开始急剧上升。在破坏状态下，GFRP 箍筋最大的应变值 8000 με 左右，远未达到极限应变 15000 με。试验结果表明：GFRP 筋箍筋处在拉-剪应力的复杂应力状态下，其破坏状态与单向拉伸破坏状态存在较大差异。

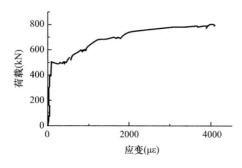

图 2.4-8 荷载与 GFRP 筋箍筋应变关系

从试验结果可知，圆形截面 GFRP 筋混凝土试验受抗剪承载力是由混凝土和 GFRP 筋箍筋共同承担的，这与钢筋混凝土试件是一致的，但二者的破坏特征具有明显差异。钢筋混凝土梁未出现剪切破坏，而 GFRP 筋混凝土梁出现了典型的剪切破坏，其主要原因有以下几点：

（1）混凝土裂缝长，受压区高度小；

（2）GFRP 筋与混凝土的粘结能力低，造成主筋销栓作用降低；

（3）GFRP 筋在复杂拉-剪应力下，抗剪强度明显降低。

2.4.4 正截面受弯承载力分析

2.4.4.1 基本假定

由于 GFRP 筋与钢筋在力学性能上有差异，这就决定了两者的混凝土梁正截面受弯性能存在差异，因此，各国对 GFRP 筋混凝土的正截面承载力计算公式都是建立在钢筋混凝土结论上并进行相应的修正与完善，所以对于正截面计算公式，各国的基本公式形式差别不大。

GFRP 筋是线弹性材料，根据试验，可认为 GFRP 筋混凝土结构正截面的破坏形式为：GFRP 筋屈服或者混凝土压碎，按照混凝土受压破坏模式进行理论计算；GFRP 筋混凝土受弯构件正截面承载力计算应满足下列基本假定。

（1）截面应变保持平面

GFRP 筋单向拉伸试验结果表明，纵向受拉 GFRP 筋的应力-应变曲线完全表现为线性关系，截面的应变符合平截面假定。

（2）不考虑混凝土抗拉强度

混凝土轴心抗拉强度远低于轴心抗压强度，为立方体抗压强度的 1/17～1/8，混凝土强度等级越高，比值越小。在受弯构件正截面承载力计算时，不考虑构件受拉区混凝土承受的拉力。

（3）混凝土受压的应力与应变关系按《混凝土结构设计规范》GB 50010—2010 的规定取用：

当 $\varepsilon_c \leqslant \varepsilon_0$ 时

$$\sigma_c = f_c \left[1 - \left(1 - \frac{\varepsilon_c}{\varepsilon_0}\right)^n \right] \qquad (2.4\text{-}8)$$

当 $\varepsilon_0 < \varepsilon_c \leqslant \varepsilon_{cu}$ 时

$$\sigma_c = f_c \qquad (2.4\text{-}9)$$
$$n = 2 - (f_{cu,k} - 50)/60 \qquad (2.4\text{-}10)$$
$$\varepsilon_0 = 0.002 + 0.5(f_{cu,k} - 50) \times 10^{-5} \qquad (2.4\text{-}11)$$
$$\varepsilon_{cu} = 0.0033 - (f_{cu,k} - 50) \times 10^{-5} \qquad (2.4\text{-}12)$$

式中：σ_c——混凝土压应变为 ε_c 时的混凝土压应力（MPa）；

f_c——混凝土抗压强度设计值（MPa）；

ε_0——混凝土压应力达到 f_c 时的混凝土的压应变,当计算的 ε_0 值小于 0.002 时,取为 0.002;

ε_{cu}——正截面的混凝土极限压应变,当处于非均匀受压且按式(2.4-12)计算的值大于 0.0033 时,取为 0.0033;当处于轴心受压时取为 ε_0;

$f_{cu,k}$——混凝土立方体抗压强度标准值;

n——系数,当计算的 n 值大于 2.0 时,取为 2.0。

(4) GFRP 筋被拉断之前应力-应变关系保持线弹性。

(5) GFRP 筋与混凝土之间有良好的粘结力,即在达到受弯承载力极限状态前,玻璃纤维筋与混凝土之间不发生粘结破坏;

(6) 不考虑受压区的 GFRP 筋强度。

2.4.4.2 圆形截面 GFRP 筋混凝土受弯构件正截面承载力计算

计算沿圆周均匀配置纵向 GFRP 筋的圆形截面受弯构件时,由于沿不同高度且离散分开的主筋对计算公式的推导不便,因此,参照钢筋混凝土圆形截面构件的正截面承载力计算方法,对沿周边均匀配置纵向 GFRP 筋的圆形截面受弯构件进行相同的规定:此计算方法适用于截面内纵向纤维筋数量不少于 6 根的圆形截面的情况,纵向 GFRP 筋可以用一个与其总面积 A_g 相同而半径为 r_g 的 GFRP 筋环来代替(图 2.4-9)。

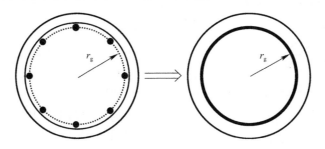

图 2.4-9 纵向玻璃纤维筋替代示意图

1. 圆形截面的几何特征

先讨论推导公式中要用的一些基本参数。如图 2.4-10 所示圆形截面:

圆形截面的高度:$D=2r$

圆形截面的有效高度:$h_0=r+r_g$

半径为 r 的圆形截面总面积:$A=\pi r^2$

对应圆心角一个增量 $d(\pi\theta)$ 的扇形面积增量 dA(图 2.4-11)为:

$$dA = \frac{d(\pi\theta)}{2}(r_2^2 - r_1^2) = \frac{\pi(r_2^2 - r_1^2)}{2}d\theta = \frac{A}{2}d\theta \tag{2.4-13}$$

对应于圆心角为 $2\pi\alpha$ 的弓形区域的矢高:

$$x = r - r\cos\pi\alpha = r(1-\cos\pi\alpha) \tag{2.4-14}$$

弓形区域的面积

$$A_\alpha = r^2(\pi\alpha - \sin\pi\alpha\cos\pi\alpha) \tag{2.4-15}$$

弓形区域的相对面积

$$\frac{A_\alpha}{A} = \frac{\pi\alpha r^2 - \dfrac{r^2}{2}\sin 2\pi\alpha}{\pi r^2} = \alpha\left(1 - \frac{\sin 2\pi\alpha}{2\pi\alpha}\right) \tag{2.4-16}$$

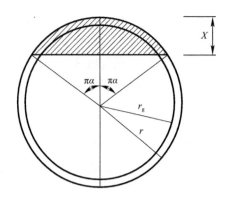
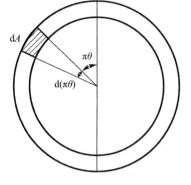

图 2.4-10　圆形截面的几何特征　　　图 2.4-11　扇形面积的增量

圆心角 $2\pi\alpha$ 的弓形区域面积重心到圆形截面中心的距离 z_2（图 2.4-12）

$$z_2 = \frac{1}{A_a}\left[2\int_0^{\pi\alpha_0}\int_0^r \rho\cos\theta\rho\,d\theta\,d\rho - 2\left(\frac{1}{2}r\sin\pi\alpha \cdot r\cos\pi\alpha\right)\cdot\frac{2}{3}r\cos\pi\alpha\right] \quad (2.4\text{-}17)$$
$$= \frac{2}{3}r\frac{\sin^3\pi\alpha}{\pi\alpha - \sin\pi\alpha\cos\pi\alpha}$$

工程中常用条件下，一般 $D/h_0 = 1.05\sim1.10$，由 $\dfrac{D}{h_0} = \dfrac{2r}{r+r_g}$ 得 $\dfrac{r}{r_g} = 1.163$。

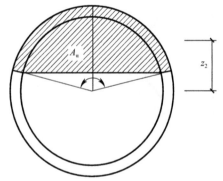

图 2.4-12　圆形截面中心的距离 z_2 示意图

2. 截面应力分布

此处只讨论圆形截面的配筋是沿截面周边均匀配置的，计算中仅考虑了压区混凝土的应力图形和受拉 GFRP 筋弹性变形所产生的应力状态。图 2.4-13(b)、(c) 和 (d) 为极限荷载作用下截面的应变和应力分布，现将与截面应力状态有关的中心角和 ξ_0 之间的关系分述如下：

（1）中和轴到受压区边缘的距离为 $\xi_0 h_0 = x_0$，所对应的中心角为 $2\pi\alpha_0$。

$$\xi_0 h_0 = r - r\cos\pi\alpha_0 = r(1-\cos\pi\alpha_0) \quad (2.4\text{-}18)$$

$$h_0 = r + r_g \quad (2.4\text{-}19)$$

$$\xi_0(r+r_g) = r - r\cos\pi\alpha_0 \quad (2.4\text{-}20)$$

$$\cos\pi\alpha_0 = \frac{r-\xi_0(r+r_g)}{r} = 1-\xi_0\left(1+\frac{r_g}{r}\right) \quad (2.4\text{-}21)$$

（2）等效矩形压应力图形的相对受压区高度 $\xi h_0 = 0.8\xi_0 h_0$，相对应的圆心角为 $2\pi\alpha$。

$$\xi h_0 = \xi(r+r_g) = r(1-\cos\pi\alpha) \quad (2.4\text{-}22)$$

$$\cos\pi\alpha = 1-\xi(1+r_g/r) \quad (2.4\text{-}23)$$

3. 截面内力

对于截面内力，根据一般规定，忽略了受压区的 GFRP 筋压力以及受拉区混凝土抗拉强度。即整个圆形截面只存在两个内力：受压区混凝土压力合力与受拉区 GFRP 筋拉力合力。

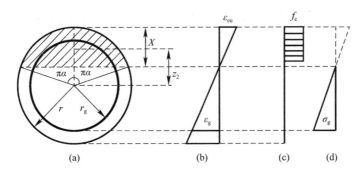

图 2.4-13　圆形截面的应变和应力分布

(1) 受压区混凝土的压力合力 C_c 和其对截面中心的内力矩 M_c：

$$C_c = f_c A_\alpha = f_c A \left(1 - \frac{\sin 2\pi\alpha}{2\pi\alpha}\right) \tag{2.4-24}$$

$$M_c = C_c \times z_2 = f_c A_\alpha z_2 = \frac{2}{3} f r^3 \sin^3 \pi\alpha \tag{2.4-25}$$

(2) 受拉区 GFRP 筋的内力合力 T_g 和其对截面中心的内力矩 M_g：

由受拉区 GFRP 筋的应力分布图（图 2.4-14）可得，此时，受拉区的 GFRP 筋的应力分布呈三角形，距离中和轴 y 处的 GFRP 筋应力为 f_x，应变为 ε_x，对应的圆心角一半为 $\pi\theta$。

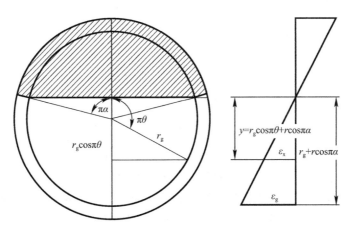

图 2.4-14　受拉区 GFRP 筋的应力分布

距离中和轴 y 处的 GFRP 筋应变关系 ε_x 为：

$$\frac{\varepsilon_x}{\varepsilon_g} = \frac{y}{r_g + r\cos\pi\alpha} = \frac{r_g \cos\pi\theta - r\cos\pi\alpha}{r_g + r\cos\pi\alpha} \tag{2.4-26}$$

因此，对应 GFRP 筋应力 f_x：

$$f_x = E_g \varepsilon_x = E_g \varepsilon_g \cdot \frac{r_g \cos\pi\theta + r\cos\pi\alpha}{r_g + r\cos\pi\alpha} \tag{2.4-27}$$

此时，GFRP 筋微段面积关系：

$$dA_g = \frac{1}{2} A_g d\theta \tag{2.4-28}$$

由上述几个公式，继而可以求出受拉区 GFRP 筋合力 T_g 和其对截面中心的内力矩 M_g：

$$\begin{aligned}
T_g &= 2 \cdot \int_\alpha^1 f_x dA_g \\
&= 2 \cdot \int_\alpha^1 E_g \varepsilon_g \cdot \frac{r_g \cos \pi\theta - r \cos \pi\alpha}{r_g + r \cos \pi\alpha} \cdot \frac{1}{2} A_g d\theta \\
&= \frac{E_g \varepsilon_g A_g}{\frac{r_g}{r} + \cos \pi\alpha} \left[\frac{r_g}{r} \sin \pi\alpha + (\pi - \pi\alpha) \cos \pi\alpha \right]
\end{aligned} \quad (2.4\text{-}29)$$

$$\begin{aligned}
M_g &= 2 \cdot \int_\alpha^1 f_x y dA_g \\
&= 2 \cdot \int_\alpha^1 E_g \varepsilon_g \cdot \frac{r_g \cos \pi\theta - r \cos \pi\alpha}{r_g + r \cos \pi\alpha} \cdot r_g \cos \pi\theta \cdot \frac{1}{2} A_g d\theta \\
&= \frac{1}{2} E_g \varepsilon_g \rho_g r_g r^2 \frac{1}{\frac{r_g}{r} + \cos \pi\alpha} \cdot \left[\frac{r_g}{r} (\pi - \pi\alpha - \sin \pi\alpha \cos \pi\alpha) + 2\sin \pi\alpha \cos \pi\alpha \right]
\end{aligned}$$

$$(2.4\text{-}30)$$

式中：ρ_g——GFRP 筋主筋配筋率，$\rho_g = A_g / A$。

4. 基本公式及其简化

由内力平衡得基本公式：

$$C_c = T_g \quad (2.4\text{-}31)$$

$$\begin{aligned}
M_u &= M_c + M_g \\
&= \frac{2}{3} f_c r^3 \sin^3 \pi\alpha + \frac{1}{2} E_g \varepsilon_g \rho_g r_g r^2 \frac{1}{\frac{r_g}{r} + \cos \pi\alpha} \cdot \\
&\quad \left[\frac{r_g}{r} (\pi - \pi\alpha - \sin \pi\alpha \cos \pi\alpha) + 2\sin \pi\alpha \cos \pi\alpha \right]
\end{aligned} \quad (2.4\text{-}32)$$

式（2.4-32）为圆形截面 GFRP 筋混凝土正截面受弯承载力计算基本公式，但这公式包含着多项未知参数，给设计人员与研究人员带来不便。因此，应对该公式进行简化。简化思路：与单筋矩形截面受压破坏计算简化方法一样，先利用内力平衡及截面应变协调关系，求解出中心角和配筋率的关系式，继而再求出 GFRP 筋最大的拉应变 ε_g，再代入内力矩公式，最后求出极限抵抗弯矩。

由截面应变协调关系得：

$$\frac{\varepsilon_{cu}}{\varepsilon_g} = \frac{x_0}{h_0 - x_0} = \frac{\xi_0 h_0}{h_0 - \xi_0 h_0} = \frac{\xi_0}{1 - \xi_0} \quad (2.4\text{-}33)$$

整理得：

$$\varepsilon_g = \frac{1 - \xi_0}{\xi_0} \varepsilon_{cu} \quad (2.4\text{-}34)$$

由 $h_0 = 2r - a$ 且 $\xi_0 h_0 = x_0 = r - r_g \cos \pi\alpha$ 得

$$\xi_0 = \frac{r}{h_0} - \frac{r_g}{h_0} \cos \pi\alpha \quad (2.4\text{-}35)$$

联立式（2.4-34）与式（2.4-35）得：

$$\frac{1-\xi_0}{\xi_0} = \frac{h_0 - r + r_g \cos \pi\alpha}{r - r_g \cos \pi\alpha} = \frac{\dfrac{h_0}{r} - 1 + \dfrac{r_g \cos \pi\alpha}{r}}{1 - \dfrac{r_g \cos \pi\alpha}{r}} \tag{2.4-36}$$

对于实际工程，一般有：$r_g/r = 0.86$，$h_0/r = 1.875$ 代入式（2.4-36）得：

$$\frac{1-\xi_0}{\xi_0} = \frac{1.875 - 1 + 0.86\cos \pi\alpha}{1 - 0.86\cos \pi\alpha} = \frac{0.875 + 0.86\cos \pi\alpha}{1 - 0.86\cos \pi\alpha} \tag{2.4-37}$$

即

$$\varepsilon_g = \frac{1-\xi_0}{\xi_0}\varepsilon_{cu} = \frac{0.875 + 0.86\cos \pi\alpha}{1 - 0.86\cos \pi\alpha}\varepsilon_{cu} \tag{2.4-38}$$

将式（2.4-37）代入式（2.4-30）得：

$$f_c \alpha A \left(1 - \frac{\sin 2\pi\alpha}{2\pi\alpha}\right) = \frac{E_g \varepsilon_{cu} \cdot \rho A}{\dfrac{r_g}{r} + \cos \pi\alpha} \cdot \frac{0.875 + 0.86\cos \pi\alpha}{1 - 0.86\cos \pi\alpha} \cdot$$

$$\left[\frac{r_g}{r}\sin \pi\alpha + (\pi - \pi\alpha)\cos \pi\alpha\right] \tag{2.4-39}$$

式（2.4-39）中未知参数为 α、E_g、f_c、ρ_g。一个方程存在四个未知数时，该情况下本方程无法求解。其中，E_g、f_c 为材料强度系数，对于基坑工程，这两个参数一般为已知参数，因此只需要将式（2.4-39）在工程常用的配筋范围内以及混凝土强度下进行简化即可。对于实际工程，圆形截面钢筋混凝土结构的配筋率的一般使用范围为：$\rho_g = 0.01 \sim 0.04$，本研究按 $\rho_g = 0.01$、$\rho_g = 0.015$、$\rho_g = 0.02$、$\rho_g = 0.025$、$\rho_g = 0.03$、$\rho_g = 0.035$、$\rho_g = 0.04$ 计算。先根据式（2.4-39），首先已知 ρ_g 的值，然后可以求出对应中心角的 α 值，然后根据两者之间的关系拟合出两者的简单函数表达式。

对 GFRP 筋进行材料基本力学性能试验，得出 $E_g = 48\text{GPa}$。对于混凝土强度，基坑围护工程常用等级为 C30，此处根据试验取值：$f_c = 27\text{MPa}$。经过分析简化，得到配筋率 ρ_g 和中心角 α 值关系函数式（2.4-40）、表 2.4-4。

$$\alpha = 0.545 + 0.063\ln \rho_g \tag{2.4-40}$$

配筋率 ρ_g 和中心角 α 的关系　　　　　　　　表 2.4-4

α	0.2573	0.2806	0.2980	0.3123	0.325	0.335	0.344
ρ_g	0.01	0.015	0.02	0.025	0.03	0.035	0.04

为了使受弯极限承载力公式简洁明了，对式（2.4-32）复杂冗长部分：

$$\frac{1}{\dfrac{r_g}{r} + \cos \pi\alpha}\left[\frac{r_g}{r}(\pi - \pi\alpha - \sin \pi\alpha \cos \pi\alpha) + 2\sin \pi\alpha \cos \pi\alpha\right] \tag{2.4-41}$$

进行简化，将 α 从 $0.2 \sim 0.4$ 均分成 200 份，然后拟合出多项式：

$$\frac{1}{\dfrac{r_g}{r} + \cos \pi\alpha}\left[\frac{r_g}{r}(\pi - \pi\alpha - \sin \pi\alpha \cos \pi\alpha) + 2\sin \pi\alpha \cos \pi\alpha\right]$$

$$\approx -4.11\alpha^2 + 2.76\alpha + 1.23 \tag{2.4-42}$$

这样，对于圆形 GFRP 筋混凝土梁正截面受弯极限承载力计算公式为：

$$M_u = \frac{2}{3}f_c r^3 \sin^3 \pi\alpha + 0.43 E_g \varepsilon_g \rho r^3 \cdot (-4.11\alpha^2 + 2.76\alpha + 1.23) \quad (2.4\text{-}43)$$

$$\varepsilon_g = \frac{0.875 + 0.86\cos \pi\alpha}{1 - 0.86\cos \pi\alpha}\varepsilon_{cu} \quad (2.4\text{-}44)$$

式中：M_u——极限弯矩设计值；

A——圆形截面面积；

A_g——纵向 GFRP 筋截面面积；

r——圆形截面半径；

r_g——纵向 GFRP 筋重心所在圆周的半径；

α——对应受压区混凝土截面面积的圆心角（rad）与 2π 的比值；

ρ_g——纵向 GFRP 筋配筋率；

f_c——混凝土强度设计值；

E_g——GFRP 筋弹性模量值；

ε_g——GFRP 筋最大拉应变值；

ε_{gu}——GFRP 筋极限拉应变值；

ε_{cu}——混凝土极限压应变值，为 0.0033。

2.4.5 斜截面受剪承载力分析

2.4.5.1 GFRP 筋混凝土受剪机理分析

对于 GFRP 筋混凝土结构抗剪机理研究，国内外的研究大部分都是基于对钢筋混凝土结构抗剪机理的差异分析，即对钢筋混凝土结构的抗剪能力的分项作用力与 GFRP 筋混凝土结构相对应的分项部分进行分析。

钢筋混凝土结构的抗剪能力是由混凝土和钢筋共同承担的，抗剪作用是受压区未开裂混凝土的抗剪贡献、混凝土骨料的咬合作用、腹筋抗剪作用以及纵筋的销栓作用的总和。同样，上述的抗剪机理也适用于 GFRP 筋混凝土结构中，但是它们抗剪作用的相对大小与钢筋混凝土结构中抗剪作用的相对大小不同。在 GFRP 筋混凝土结构中，因为 GFRP 筋的弹性模量较低，其弹性模量约为钢筋的弹性模量的 1/4，导致在相同配筋率下它的轴向刚度明显低于钢筋的轴向刚度。由于低刚度，当混凝土开裂时，GFRP 筋混凝土结构的受压区高度要小于钢筋混凝土结构的受压区高度，由试验数据可得，当 GFRP 筋混凝土开裂之后，其裂缝宽度要比钢筋混凝土结构裂缝宽度要大，因此未开裂混凝土的贡献、混凝土骨料咬合作用和裂缝间的残余拉应力作用在结构抗剪中的贡献将减小。此外，GFRP 筋的剪切模量很低，纵筋的销栓作用也是很小的。

与钢筋混凝土结构抗剪理论相同，GFRP 筋混凝土结构总的抗剪能力是混凝土抵抗剪力能力 V_c 与箍筋抵抗剪力能力 V_g 之和，即 GFRP 筋混凝土结构的抗剪强度可以用如下的二项式表达：

$$V_u = V_c + V_g \quad (2.4\text{-}45)$$

式中：V_c——混凝土对 GFRP 筋混凝土结构抗剪强度的贡献；

V_g——箍筋对 GFRP 筋混凝土结构抗剪强度的贡献。

(1) 混凝土对 GFRP 筋混凝土结构抗剪强度的贡献

在国内外，混凝土对 GFRP 筋混凝土结构抗剪强度的贡献即无腹筋 GFRP 筋混凝土结构的受剪承载力计算公式可以分为两大类：第一类是基于对原有的钢筋混凝土结构受剪承载力计算公式修正得到的，如 ACI440.1R-06、CSA S806-02、JSCE；第二类是基于修正压力场理论的抗剪承载力→受剪承载力计算公式，如 CAN/CSA-S6-06。

ACI440.1R-06 中推荐的 GFRP 筋混凝土结构受剪承载力 V_c 计算式为：

$$V_c = 0.4\sqrt{f_c'}bkh_0 \tag{2.4-46}$$

$$k = \sqrt{2\rho_g n_g + (\rho_g n_g)^2} - \rho_g n_g \tag{2.4-47}$$

式中，$\rho_g = A_g/(b_w d)$；$n_g = E_g/E_c$，A_g、E_g 分别为 GFRP 筋的面积和弹性模量，E_c 为混凝土弹性模量；b 为截面宽度；h_0 为截面有效高度。

（2）箍筋对 GFRP 筋混凝土结构抗剪强度的贡献

箍筋可以将被斜裂缝分割的拱形混凝土块牢固地连接在一起。但箍筋本身并不能直接将剪力传递到支座上，只是与斜裂缝之间的混凝土块形成一个桁架体系，共同把剪力传递到支座上。此外，由于此次试验所采用的箍筋为弯矩箍筋，而 GFRP 筋为各向异性材料，所以杆体的弯矩必然影响着玻璃纤维的抗拉强度，这是与钢筋箍筋不同的，应引起土木工程界的注意。对于弯矩箍筋极限抗拉强度，其主要的影响因素为：GFRP 筋的弯曲半径和锚固长度。国外试验表明，由于 GFRP 筋的弯曲而引起的应力重分布导致箍筋的抗拉极限强度为直筋的极限强度的 54%。由于这个应力重分布在玻璃纤维筋生产过程中已确定，所以这个应力分布的情况取决于生产过程。对于箍筋与混凝土之间的共同工作机理，国外的试验表明：箍筋肢的拉应力通过玻璃纤维筋与周围混凝土的粘结力和相邻的箍筋肢来传递，对于 GFRP 筋，其尾长度大于等于 12 倍的杆体直径。因此，对于 GFRP 筋的弯曲时的抗拉强度，参照国内外研究成果，确定 GFRP 筋弯曲时抗拉强度公式：

$$f_{gb} = (0.05\frac{r_b}{d} + 0.03)f_{gu} \leqslant f_{gu} \tag{2.4-48}$$

式中：f_{gb}——GFRP 筋弯曲段抗拉强度设计值（MPa）；

f_{gu}——GFRP 筋抗拉强度设计值（MPa）；

r_b——GFRP 筋箍筋弯曲半径（mm）；

d——GFRP 筋的名义直径（mm）。

箍筋对 GFRP 筋混凝土结构抗剪强度的贡献，国内外的研究结果表明：GFRP 筋箍筋对抗剪的贡献与钢筋箍筋对抗剪的贡献机理一致。箍筋达到屈服时，箍筋对抗剪的贡献达到极限值。通过梁的桁架机理推导得到箍筋对抗剪的贡献值。但是对于 GFRP 筋与钢筋在性质上的差异，GFRP 筋箍筋的屈服强度低于 GFRP 筋箍筋在单向拉伸情况下的拉伸屈服强度，所以 GFRP 筋在弯剪共同作用下的屈服强度与钢筋的有所差异。

由试验数据得：对于箍筋的应变值，在破坏之前最大值为 $4500\mu\varepsilon$；所以对于 GFRP 筋箍筋的屈服强度的确定，为了控制斜裂缝宽度的发展和防止 GFRP 筋混凝土梁斜截面破坏，箍筋的应力应变值应控制在一定应力水平，式（2.4-49）给出玻璃纤维箍筋在设计中的极限应力水平：

$$f_{gu} = 0.004E_f \leqslant f_{gb} \tag{2.4-49}$$

所以，对于 GFRP 筋的抗拉强度设计值，应按下式取：

$$f_{gu} = \min(0.004E_f, f_{gb}) \tag{2.4-50}$$

2.4.5.2 受剪承载力计算

1. 混凝土受剪承载力

由基本公式得：

$$V_c = 0.4\sqrt{f'_c}\, b_w k h_0 \tag{2.4-51}$$

$$k = \sqrt{2\rho_g n_g + (\rho_g n_g)^2} - \rho_g n_g \tag{2.4-52}$$

式中，$\rho_g = A_g/(b_w h_0)$；$n_g = E_g/E_c$，A_g、E_g 分别为 GFRP 筋的面积和弹性模量，E_c 为混凝土弹性模量，b_w 为截面宽度；h_0 为截面有效高度。f'_c 为美国混凝土规范的圆柱体抗压强度，根据国内外的研究资料，圆柱体抗压强度 f'_c 与我国立方体抗压强度之间的关系为 $f'_c = 0.8 f_{cu}$，f_{cu} 为混凝土立方体抗压强度。式（2.4-51）中 b_w 为截面宽度；h_0 为截面有效高度。考虑到圆形截面的特殊性，对 b_w 和 h_0 作一些调整。由于剪应力的分布总是在截面中部最大（开裂之前），更重要的是圆形截面在开裂后，截面中间混凝土所承担的剪力特别是骨料咬合力是非常大的，所以有文献建议在圆形截面抗剪计算中，b_w 截面宽度取直径 D。但是由于圆形截面腹部以上混凝土为主要承受压力部分，所以此截面宽度的取值要小于直径 D。现行《混凝土结构设计规范》GB 50010 规定圆形截面宽度 b_w 取 $1.76r$ 代替。有效高度 h_0 是指截面上受拉主筋合力点到受压边缘之间的距离，在圆形截面里，由于受拉玻璃纤维筋不是分布在一个水平面里，所以受拉 GFRP 筋合力点也就难以确定。在纵向 GFRP 筋沿圆截面周边均匀布置时，有效高度 h_0 为受压区对应的另一半圆中所有 GFRP 筋的重心到受压区边缘的距离，通过计算得：

$$h_0 = r + \frac{2r_g}{\pi} \tag{2.4-53}$$

整理公式得：

$$V_{gc} = 0.4 \times \sqrt{0.8 f_{cu}} \times 1.76r \times k \times \left(r + \frac{r_g}{\pi}\right) \tag{2.4-54}$$

代入 $\dfrac{r}{r_g} = 1.163$

简化得：

$$V_c = 1.01\sqrt{f_{cu}}\, r^2 k \tag{2.4-55}$$

为了使公式与现行《混凝土结构设计规范》GB 50010 相对应，因此，对于混凝土项中采用因子 f_t 来代替原来的 f_{cu}，并对系数进行相应的调整。

根据普通强度混凝土和高强度混凝土的试验资料，混凝土轴心抗拉强度与立方体抗压强度存在如下的关系

$$f_t = 0.395 f_{cu}^{0.55} \tag{2.4-56}$$

简化得：

$$f_t = 0.474 f_{cu}^{0.5} \tag{2.4-57}$$

代入式（2.4-54）得：

$$V_{gc} = 2.13 f_t r^2 k \tag{2.4-58}$$

$$k = \sqrt{2\rho_g n_g + (\rho_g n_g)^2} - \rho_g n_g \tag{2.4-59}$$

$$n_g = \frac{E_g}{E_c} \tag{2.4-60}$$

式中：V_{gc}——圆形截面 GFRP 筋混凝土构件中混凝土的受剪承载力设计值（N）；

f_t——混凝土轴心抗拉强度设计值（MPa）；

r——圆形截面构件半径（mm）；

k——受压区高度与有效高度的比值；

n_g——GFRP 筋弹性模量与混凝土弹性模量的比值；

ρ_g——纵向玻璃纤维筋配筋率；

E_g、E_c——GFRP 筋弹性模量、混凝土弹性模量（GPa）。

2. GFRP 筋箍筋对 GFRP 筋梁受剪承载力计算

利用桁架模型进行推导，如图 2.4-15 所示，假定：

(1) 斜裂缝与圆柱纵轴的夹角为 45°；

(2) 与斜裂缝相交的箍筋在极限状态下全达到屈服；

(3) 箍筋的间距 s 与箍筋中心线所围成的圆周的直径 D' 比较相对较小。

将与斜裂缝相交的箍筋的拉力全部投影到平面上，则所有拉力在水平方向的投影之和就是极限状态下圆柱箍筋所承受的剪力：

$$V_{gu} = \sum A_{gu1} f_{gb} \sin \theta_i \quad (2.4\text{-}61)$$

但是式中的 θ_i 计算复杂，对于上式进行如下简化处理：当 s 较小时，$\overset{\frown}{aa'} \approx s$，$a$ 点水平力的集度 $q_a \approx A_{gu1}/s$；b 点处水平集度 $q_b = 0$；假设将 1/4 圆周 ab 弧拉直并假定 ab 之间水平力的集度按照线性分布（图 2.4-15(c)），则有：

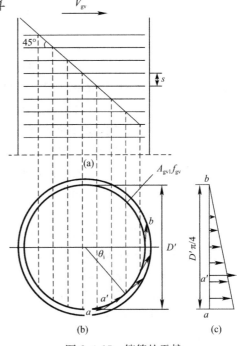

图 2.4-15 箍筋的贡献

$$V_g' = \frac{1}{2} \frac{A_{gu1} f_{gb}}{s} \frac{D'\pi}{4} = \frac{\pi A_{gv1} f_{gb}}{8s} D' \quad (2.4\text{-}62)$$

对于整个圆周有

$$V_{gu} = \frac{\pi}{2} \frac{A_{gu1} f_{gb}}{s} D' \quad (2.4\text{-}63)$$

对于工程，一般有 $D' = 1.75r$，代入上式得

$$V_{gu} = 2.75 \frac{A_{gu1} f_{gv}}{s} r \quad (2.4\text{-}64)$$

综合以上结论，圆形截面 GFRP 筋混凝土构件斜截面受剪承载力计算公式如下：

$$V_g \leqslant V_{gc} + V_{gu} \quad (2.4\text{-}65)$$

$$V_{gc} = 2.13 f_t r^2 k \quad (2.4\text{-}66)$$

$$k = \sqrt{2\rho_g n_g + (\rho_g n_g)^2} - \rho_g n_g \quad (2.4\text{-}67)$$

$$n_g = E_g / E_c \quad (2.4\text{-}68)$$

式中：V_g——圆形截面 GFRP 筋混凝土构件斜截面受剪承载力设计值（N）；

V_{gc}——圆形截面GFRP筋混凝土构件中混凝土的受剪承载力设计值（N）；
f_t——混凝土轴心抗拉强度设计值（MPa）；
r——圆形截面构件半径（mm）；
k——受压区高度与有效高度的比值；
n_g——GFRP筋弹性模量与混凝土弹性模量的比值；
ρ_g——纵向GFRP筋配筋率；
E_g、E_c——GFRP筋弹性模量、混凝土弹性模量（GPa）。

$$V_{gu} = 2.75 \frac{A_{gul} f_{gu}}{s} r \tag{2.4-69}$$

$$f_{gu} = \min\{0.004 E_g, f_{gb}\} \tag{2.4-70}$$

$$f_{gb} = (0.05 r_b/d + 0.3) f_{gu} \leqslant f_{gu} \tag{2.4-71}$$

式中：V_{gu}——GFRP筋混凝土构件截面上箍筋的抗剪承载力设计值（N）；
A_{gul}——单肢GFRP筋箍筋的截面面积（mm²）；
s——沿构件长度方向的箍筋间距（mm）；
f_{gu}——GFRP筋抗拉强度设计值（MPa）；
f_{gb}——GFRP筋弯曲段抗拉强度设计值（MPa）；
r_b——GFRP筋箍筋弯曲半径（mm）；
r——圆形截面构件半径（mm）；
d——GFRP筋的名义直径（mm）；
E_g——GFRP筋弹性模量。

3. 理论计算与试验值的对比

为了进一步分析试验结果和理论计算的相关性，将理论值和试验值进行对比分析。理论计算值桩的参数为：$r=0.4$m，$E_g=48.0$GPa，$E_c=30.0$GPa，$\rho_g=1.76\%$，$f_{cu}=40.0$MPa。

由公式（2.4-51），得混凝土受剪承载力：$V_c=282$kN。

由公式（2.4-65），得GFRP筋箍筋的受剪承载力：$V_g=159$kN。

由公式（2.4-45）得GFRP筋混凝土桩体的受剪承载力为：$V_u=441$kN。

表2.4-5为由试验得出的GFRP筋混凝土梁的受剪承载力V_u^{exp}，其中V_c^{exp}为试验得出的混凝土受剪承载力，V_g^{exp}为试验得出的GFRP筋箍筋受剪承载力，D为构件直径，a为剪弯段长度，a/D为剪跨比。理论计算值与试验值的对比见表2.4-6。

GFRP筋混凝土梁试件的剪力值 表2.4-5

试件	D(mm)	a/D	V_c^{exp}(kN)	V_g^{exp}(kN)	V_u^{exp}(kN)
1	800	2.5	246	180	426
2	800	2.5	323	202	525
3	800	2.5	302	196	498
4	800	2.5	285	186	471
5	800	2.5	301	182	483
6	800	2.5	268	183	451

第2章 盾构无障碍始发与接收基本理论

理论计算值与试验值对比 表 2.4-6

项目	混凝土受剪承载力 (kN)	GFRP筋受剪承载力 (kN)	GFRP筋混凝土受剪承载力 (kN)
6个试件的平均值	288	188	476
理论计算值	282	159	441
二者比值	1.02	1.18	1.08

可以看出，试验值与理论计算值十分接近，且试验值大于理论计算值，表明理论分析是可靠的。

2.4.6 桩体构造规定

2.4.6.1 GFRP筋混凝土桩体配筋规定

1. 主筋配筋规定

（1）桩体内的纵向GFRP筋主筋的直径不宜小于22mm，筋材沿圆周均匀布置；盾构无障碍始发洞口处围护桩主筋不宜少于18根，且不应少于16根；盾构无障碍接收洞口处桩体主筋不宜少于20根，且不应少于18根。

若主筋数量过多，可能会由于混凝土收缩、徐变而在卸荷时造成桩体开裂；另外，应使构件中较多的纵向GFRP筋与混凝土共同工作，纵筋多了，箍筋的用量也必然相应增加，这会造成构件施工困难。

（2）为了保证GFRP筋和混凝土之间的粘结性能，对于GFRP筋主筋之间的最小距离做以下规定：主筋净距大小的确定与GFRP筋的根数相配合，且净距不应小于70mm。

（3）桩体纵向钢筋与GFRP筋搭接点位置距离盾构顶部距离不应小于500mm，偏差不应大于50mm。

（4）主筋配筋规定还应符合现行《混凝土结构设计规范》GB 50010和《建筑桩基技术规范》JGJ 94的相关规定。

2. 桩体箍筋配筋规定

（1）GFRP筋和钢筋搭接段

箍筋应采用螺旋式光圆钢筋，光圆钢筋与GFRP筋主筋采用绑扎的连接方式，直径不应小于10mm，此段的箍筋计算应符合现行《混凝土结构设计规范》GB 50010中的规定。

（2）盾构切割段

盾构切割段的箍筋宜采用圆形封闭式GFRP筋成品，直径不应小于10mm；盾构无障碍始发洞口处桩体箍筋直径不应小于10mm，间距宜采用150mm；盾构无障碍接收洞口处围护桩箍筋直径不应小于12mm，洞口边缘附近1m范围内间距不应大于100mm，其余位置间距不应大于120mm。

2.4.6.2 桩身混凝土及混凝土保护层厚度规定

（1）现行《建筑桩基技术规范》JGJ 94规定：桩身混凝土强度等级不得小于C25；混凝土预制桩尖强度等级不得小于C30。考虑GFRP筋混凝土粘结强度低于钢筋，规定GFRP筋混凝土桩身混凝土强度等级不宜小于C30。

（2）考虑到GFRP筋混凝土桩体为临时结构，且GFRP筋与混凝土间的粘结强度低于钢筋，约为钢筋的65%，因此为了增加GFRP筋与混凝土之间的粘结能力，应在钢筋混凝土相同条件下增加保护层厚度；同时考虑实际工程中沿桩体纵向配置 GFRP 筋箍筋时，为了增加 GFRP 筋箍筋与混凝土之间的粘结能力，因此需增加保护层厚度。因此，规定纵向桩体保护层最小厚度为 70mm。

2.5 结　　论

（1）盾构无障碍始发与接收相比，在施工工艺、GFRP 筋混凝土桩体的位移和受力状态等方面差异很大，而无障碍接收施工更加复杂且风险更大。

（2）盾构无障碍始发施工关键工序为刀盘切割 GFRP 筋混凝土桩体、土仓压力快速建立，其中最为重要的是切桩过程中土仓压力的快速建立，这对于地表沉降的控制意义重大；盾构无障碍始发中 GFRP 筋混凝土桩体的变形、受力变化意义不大，只需要满足基坑稳定条件；在保证地表变形（沉降和隆起）可控的前提下，盾构无障碍始发可适当增大盾构推力，使桩体更易产生裂缝，便于刀盘切削桩体；当土仓压力达到与前方土压平衡、能够进行同步注浆后，即可认为盾构完成了无障碍始发而进入正常掘进阶段（前 200m 为试掘进）。

（3）当盾构从正常掘进阶段到达有限土体界限时（距离接收洞口 2D），即可认为盾构进入无障碍接收阶段。盾构无障碍接收施工关键环节为有限土体内的掘进、刀盘密贴 GFRP 筋混凝土桩体和切割 GFRP 筋混凝土桩体，其中最为重要的是盾构在有限土体内的掘进，在盾构距离洞口 0.5D 时，盾构推力应降低，此时盾构推力的控制对接收井基坑的安全意义重大；盾构在有限土体内采用保压掘进方式，土仓压力可采用正常掘进阶段的，可有效避免过大的地表沉降；盾构刀盘密贴并切割 GFRP 筋混凝土桩体时应进一步降低推力，缓慢推进，采用碾压、慢磨的切削方式。盾构无障碍接收施工过程中，应做好地表沉降、GFRP 筋混凝土桩体的监测工作。

（4）GFRP 筋混凝土桩体的设计关系到盾构无障碍始发与接收整个过程能否顺利实施。由于 GFRP 筋在基本力学性能方面与钢筋的差异性较大，因此现行的《混凝土结构设计规范》GB 50010 并不适用于玻璃纤维筋混凝土结构；GFRP 筋混凝土桩体 1∶1 足尺试验发现其不仅会出现受弯破坏还会出现剪切破坏，与钢筋混凝土桩体的破坏模式有本质上的区别，GFRP 筋混凝土桩体的设计要充分考虑该问题；三维数值模拟分析表明，洞口处桩体中间部位弯矩较大，洞口边缘部位受剪力较大，与 1∶1 足尺试验结果吻合，这两部位应在构造上加强；为了保证无障碍接收阶段接收井基坑洞口 GFRP 筋混凝土桩体的稳定性，其参数设计要求应该更高，应进行超筋设计，使其具有更大的受弯和受剪承载力。

第3章 盾构无障碍接收三维地质力学模型试验

3.1 前　　言

隧道及地下工程领域的研究方法通常有理论分析、现场实测及模型试验。完善的理论分析应对所研究的现象列出反映一般特征的微分方程，并加以积分得出参数常量方程式，然后利用单值条件，求出特解；但对影响因素多，物理过程复杂的围岩压力现象，却难以列出关系方程，即使经过假定简化，也经常由于太复杂而不易求解。现场实测也常因所需人力物力较多，受到客观条件限制和较多因素的影响，不易取得系统的内部规律。模型试验可人为地控制和改变试验条件，可确定单因素或多因素的影响规律，试验周期短、见效快，结果清楚直观；模型试验有着严格的理论基础，能直观且高度还原出原型工程状况，可以通过设定预先条件来研究某个具体问题或某种具体的规律；因而，模型试验方法特别是三维地质力学模型试验已成为解决隧道工程问题的一种重要手段，对于重大隧道工程，这种方法的必要性就更加突出。

模型试验方法在隧道与地下工程中得到广泛应用，因为采用该法常常可以抓住事物的主要因素，避开次要复杂因素，可得出条件相对复杂的地下工程的主要规律。模型试验研究方法的主要优点有：

（1）试验直观性强，可以严格控制试验对象的主要参数，从而不受外界条件或自然条件的限制或影响；

（2）典型性好，突出主要因素，略去次要因素，便于改变因素和进行重复试验，有利于验证或校核新的理论；

（3）经济性好，与实际测试或原型试验相比省钱、省时；

（4）对于某些正在设计的结构，可用模型试验来比较设计方案和校核方案的合理性；

（5）在工程问题的数学模型难以建立时，模型试验是研究问题规律的最重要手段。

国外一些国家对相似模型试验方法在生产、科研中的应用十分重视。苏联、德国、澳大利亚、波兰等国在围岩压力现象的研究中大量采用相似材料模拟方法，对发展此法起了很大作用，并对此法的可行性给予了充分的肯定。这些国家不仅有规模很大的试验、测试设备，先进的平面应变、立体模型试验台；也有为检验某种科研设想而设计见效快的简易小型试验台。尽管各国在模型试验的具体做法上存在水平和工艺上的差异，但这种室内研究方法能在性质上反映一定地质状况下围岩压力规律是不容置疑的。

目前国内外有关盾构法施工的三维地质力学模型试验的研究主要集中在模型相似材料试验、相似模拟盾构机、机器与地层相似系统以及盾构机与地层相似系统的研究，大多数是设计了小比尺的模型相似材料及模拟盾构机，仅仅是建立在"静态相似"的基础上的，忽视了与时间相关的参量，如盾构掘进速度、刀盘转速等以及模拟盾构机与模型地层的接触相似等方面的研究。

前已述及，盾构无障碍接收比始发风险更大、过程更复杂。本试验以北京地铁 12 号线某盾构接收工程为原型开展研究，与数值模拟相互补充和验证，从而比较全面地分析工程问题。本试验研究如下内容：

（1）构建盾构-地层动态相似系统：基于相似理论，以盾构施工过程中盾构机与地层之间的相似系统为目标，对三维地质力学模型试验中的模拟盾构机-地层相似系统进行全面阐释，以构建盾构-地层动态相似系统；

（2）盾构无障碍接收掘进参数的确定与验证；

（3）地表沉降变化规律；

（4）有限土体变形、应力变化特征；

（5）掘进参数、地表沉降及 GFRP 筋混凝土桩体变形三者关系，进而确定合理的掘进参数。

原型工程的地层为砂卵石，砂卵石地层是常见的地层，是一种典型的力学不稳定地层，其基本特征是结构松散、无胶结，呈大小不等的颗粒状。这种地层一旦被开挖，就很容易破坏原来的相对稳定或平衡状态，使开挖面和洞壁失去约束而产生不稳定。砂卵石地层颗粒之间的孔隙大，颗粒之间的黏聚力为零，刀盘旋转切削时，地层非常容易坍塌，围岩容易发生扰动。围岩中的大块卵石、砾石越多，粒径越大，这种扰动程度就越大。因此本试验拟选取卵石土为模拟地层，代表性强，通过试验结果以期对实际施工做出指导。

3.2 盾构-地层动态相似系统的建立

三维地质力学模型试验中，盾构-地层动态相似系统包括三个方面：模型材料与原型地层的相似、模拟盾构机与原型盾构机的相似、模拟盾构机掘进过程的相似。本节在相似基本原理基础上，引入时间参量，建立盾构机-地层系统的动态相似系统，为后续试验奠定理论基础。

3.2.1 相似基本原理

相似基本原理是指相似模型能够还原出原型的物理现象，两者在各方面（形状、材料、荷载等）需要保持一定规律。相似原理主要针对两现象，如果两现象相对应的物理量在每个时间节点上都存在着一定的物理关系，则两现象相似。两现象中各对应的物理量之间的比值为相似常数或称为相似比尺，相似比尺的对象物理量一般包括几何、应力、应变、位移、弹性模量、泊松比、边界应力、体积力、材料密度、材料重度等。

根据行业领域内的习惯，我们将原型的代号称为 P，将模型的代号称为 M，则 P、M 之间相同物理量的比值就称为相似比尺，他们之间的相似比尺用 C 来表示。一般情况下的模型试验涉及的物理量有 L（长度）、γ（重度）、σ（应力）、δ（位移）、ε（应变）、c（黏聚力）等，则长度的相似比尺可以表示为：$C_L = \dfrac{L_P}{L_M}$。

3.2.1.1 相似三定理
相似基本原理研究中，主要依据相似三定理：

（1）相似第一定理："彼此相似的现象具有两个条件，其一是单值条件相同，其二是相似准则的数值也相同"。因此，当运用相似第一定理时，需先进行相似准则的推导与确定，通过相似准则将原型和模型中的相对应的物理量联系起来，通过相似准则的数值将模型试验中的物理现象反映到原型当中即可。

（2）相似第二定理（π 定理）："若某个物理现象可由一定的函数关系式来表示，且这个关系式涉及 n 个物理量，同时 n 个物理量中的基本量纲的个数为 m，则能得到（n-m）个相似准则"。相似第二定理表明：若现象相似，系统中的相似准则应当相同，相似关系也保持相同。相似第二定理可以用下式表示：

$$f(\pi_1,\pi_1,\cdots,\pi_{n-m}) = 0 \tag{3.2-1}$$

（3）相似第三定理："在相同类的物理现象中，若单值量遵循一定的相似比，其他相似准则是由单值量组成的且数值相等，那么可以认为现象相似"。单值量相似即为单值条件相似，一般包括系统的几何条件、物理性质、起始和边界条件等。

相似三定理每个定理都是对于相似系统必不可少的，其中相似第一定理就要求试验时需要将相似准则所包括的物理量全部求出；相似第二定理则表明需要将试验结果整理出一定的关系式；相似第三定理指出相似系统需要满足的单值条件和相似准则条件。

3.2.1.2 相似准则
相似准则的导出是运用相似原理的重要一环，相似准则的正确性直接影响相似系统的准确性。推导相似准则一般有两种办法，量纲分析法和方程分析法。

1. 量纲分析法

量纲用来表示物理量的基本属性。物理现象的研究内容从属于物理学的范畴，物理现象即蕴含着各个物理量之间的内在联系，当某个现象出现时则物理量之间的函数关系也随之确定。用来表示物理现象的物理量有两种，其一是基本物理量，其二是导出物理量。基本物理量顾名思义其是由一个量纲就可表示出来的，而导出物理量则是由不同的量纲共同表示出来的，从基本物理量到导出物理量的过程存在着一定的函数关系，即为量制。目前所采用的都是国际通用量制，其包含着 7 个最基本的物理量，它们分别是时间、质量、长度、温度、电流、物质的量以及光的强度，通过这 7 个基本物理量的量纲可以导出任何一个物理量的量纲，如公式（3.2-2）所示：

$$\dim A = L^\alpha M^\beta T^\gamma I^\delta \Theta^\varepsilon N^\zeta J^\eta \tag{3.2-2}$$

式中右上角的数字为量纲指数，对于不同的物理量，各指数也不相同。

量纲分析法的理论核心是 π 定理，即相似第二定理。若某现象中参与的量纲为 n 个，其中基本量纲有 m 个，则可知剩余的（n-m）个为变量量纲，则根据 π 定理可以将这些量纲变量分组为（n-m）个独立的无量纲量，即 π_1，π_2，…，π_{n-m}，式（3.2-1）表明了相应的量纲为 1 的公式。将量纲分析法运用到相似定理中就是：相似的两个系统（即原型 P 和模型 M）中，相应的无量纲量应该相等，即 $\pi_1[P] = \pi_1[M]$。

下面通过一个简单的实例说明量纲分析法的应用方法。砂土地基的极限承载力可以用以下这个物理方程进行表示：

$$f(P,\gamma,d,e,\sigma,E,B,c,\varphi) = 0 \tag{3.2-3}$$

式中：P——地基极限承载力（FL^{-2}）；
　　　γ——重度（FL^{-3}）；
　　　B——基础宽度（L）；
　　　e——砂土孔隙比（0）；
　　　d——基础深度（L）；
　　　φ——内摩擦角（0）；
　　　c——黏聚力（FL^{-2}）；
　　　σ——应力（FL^{-2}）；
　　　E——弹性模量（FL^{-2}）。

可以看出，$n=9$，选取 γ，B 为基本变量，则 $m=2$，故共有 7 个无量纲量，此时可以用 π_1，…，π_7 表示出来，即 $f(\pi_1, \pi_2, \pi_3, \pi_4, \pi_5, \pi_6, \pi_7)=0$。此时 π_1 的量纲方程为：$\pi_1 = \gamma^{a_1} B^{b_1} P = [FL^{-3}]^{a_1} [L]^{b_1} [FL^{-2}] = F^{1+a_1} L^{-3a_1+b_1-2}$，根据量纲方程的量纲代数和为 0 可知：

$$\begin{cases} 1+a_1 = 0 \\ -3a_1+b_1-2 = 0 \end{cases}$$

得：$\begin{cases} a_1 = -1 \\ b_1 = -1 \end{cases}$

则：$\pi_1 = \gamma^{a_1} B^{b_1} P = \dfrac{P}{\gamma B}$，将其代入 $\pi_{1[P]} = \pi_{1[M]}$ 得：$\left(\dfrac{P}{\gamma B}\right)_P = \left(\dfrac{P}{\gamma B}\right)_M$，将其化简为用相似比尺 C 来表示：$\dfrac{\left(\dfrac{P}{\gamma B}\right)_P}{\left(\dfrac{P}{\gamma B}\right)_M} = 1$，即 $\dfrac{C_P}{C_\gamma C_B} = 1$。至此就求出了原型和模型中地基承载力与重度、基础宽度的量纲关系。π_2，π_3，π_4，π_5，π_6，π_7 的相关物理量的相似比尺的求法与 π_1 相同，最终结果为：$C_e = 1$，$C_\varphi = 1$，$\dfrac{C_c}{C_\gamma C_B} = 1$，$\dfrac{C_\sigma}{C_\gamma C_B} = 1$，$\dfrac{C_E}{C_\gamma C_B} = 1$，$\dfrac{C_d}{C_B} = 1$。

2. 方程分析法

方程分析法的主要理论依据是平衡方程、几何方程、物理方程、应力边界条件和位移边界条件，将这些方程及条件进行联立求解导出相似关系。具体公式如下：

1) 平衡方程

原型公式：
$$\begin{cases} \left(\dfrac{\partial \sigma_x}{\partial x}\right)_P + \left(\dfrac{\partial \tau_{yx}}{\partial y}\right)_P + \left(\dfrac{\partial \tau_{zx}}{\partial z}\right)_P + X_P = 0 \\ \left(\dfrac{\partial \sigma_y}{\partial y}\right)_P + \left(\dfrac{\partial \tau_{zy}}{\partial z}\right)_P + \left(\dfrac{\partial \tau_{xy}}{\partial x}\right)_P + Y_P = 0 \\ \left(\dfrac{\partial \sigma_z}{\partial z}\right)_P + \left(\dfrac{\partial \tau_{xz}}{\partial x}\right)_P + \left(\dfrac{\partial \tau_{yz}}{\partial y}\right)_P + Z_P = 0 \end{cases} \quad (3.2\text{-}4)$$

模型公式：
$$\begin{cases} \left(\dfrac{\partial \sigma_x}{\partial x}\right)_M + \left(\dfrac{\partial \tau_{yx}}{\partial y}\right)_M + \left(\dfrac{\partial \tau_{zx}}{\partial z}\right)_M + X_M = 0 \\ \left(\dfrac{\partial \sigma_y}{\partial y}\right)_M + \left(\dfrac{\partial \tau_{zy}}{\partial z}\right)_M + \left(\dfrac{\partial \tau_{xy}}{\partial x}\right)_M + Y_M = 0 \\ \left(\dfrac{\partial \sigma_z}{\partial z}\right)_M + \left(\dfrac{\partial \tau_{xz}}{\partial x}\right)_M + \left(\dfrac{\partial \tau_{yz}}{\partial y}\right)_M + Z_M = 0 \end{cases} \quad (3.2\text{-}5)$$

其中 X、Y、Z 为体积力（质量力）。

2）几何方程

原型公式：
$$\begin{cases} (\varepsilon_x)_P = \left(\dfrac{\partial \mu}{\partial x}\right)_P; (\varepsilon_y)_P = \left(\dfrac{\partial \nu}{\partial y}\right)_P; (\varepsilon_z)_P = \left(\dfrac{\partial \omega}{\partial z}\right)_P \\ (\gamma_{xy})_P = \left(\dfrac{\partial \mu}{\partial y}\right)_P + \left(\dfrac{\partial \nu}{\partial x}\right)_P; (\gamma_{yz})_P = \left(\dfrac{\partial \nu}{\partial z}\right)_P + \left(\dfrac{\partial \omega}{\partial y}\right)_P \\ (\gamma_{zx})_P = \left(\dfrac{\partial \mu}{\partial z}\right)_P + \left(\dfrac{\partial \omega}{\partial x}\right)_P \end{cases} \quad (3.2\text{-}6)$$

模型公式：
$$\begin{cases} (\varepsilon_x)_M = \left(\dfrac{\partial \mu}{\partial x}\right)_M; (\varepsilon_y)_M = \left(\dfrac{\partial \nu}{\partial y}\right)_M; (\varepsilon_z)_M = \left(\dfrac{\partial \omega}{\partial z}\right)_M \\ (\gamma_{xy})_M = \left(\dfrac{\partial \mu}{\partial y}\right)_M + \left(\dfrac{\partial \nu}{\partial x}\right)_M; (\gamma_{yz})_M = \left(\dfrac{\partial \nu}{\partial z}\right)_M + \left(\dfrac{\partial \omega}{\partial y}\right)_M \\ (\gamma_{zx})_M = \left(\dfrac{\partial \mu}{\partial z}\right)_M + \left(\dfrac{\partial \omega}{\partial x}\right)_M \end{cases} \quad (3.2\text{-}7)$$

3）物理方程

原型公式：
$$\begin{cases} (\varepsilon_x)_P = \dfrac{1}{E_P}[\sigma_x - \mu(\sigma_y + \sigma_z)]_P \\ (\varepsilon_y)_P = \dfrac{1}{E_P}[\sigma_y - \mu(\sigma_x + \sigma_z)]_P \\ (\varepsilon_z)_P = \dfrac{1}{E_P}[\sigma_z - \mu(\sigma_x + \sigma_y)]_P \\ (\gamma_{yz})_P = \left[\dfrac{2(1+\mu)}{E}\tau_{yz}\right]_P \\ (\gamma_{zx})_P = \left[\dfrac{2(1+\mu)}{E}\tau_{zx}\right]_P \\ (\gamma_{xy})_P = \left[\dfrac{2(1+\mu)}{E}\tau_{xy}\right]_P \end{cases} \quad (3.2\text{-}8)$$

模型公式：
$$\begin{cases} (\varepsilon_x)_M = \dfrac{1}{E_M}[\sigma_x - \mu(\sigma_y + \sigma_z)]_M \\ (\varepsilon_y)_M = \dfrac{1}{E_M}[\sigma_y - \mu(\sigma_x + \sigma_z)]_M \\ (\varepsilon_z)_M = \dfrac{1}{E_M}[\sigma_z - \mu(\sigma_x + \sigma_y)]_M \\ (\gamma_{yz})_M = \left[\dfrac{2(1+\mu)}{E}\tau_{yz}\right]_M \\ (\gamma_{zx})_M = \left[\dfrac{2(1+\mu)}{E}\tau_{zx}\right]_M \\ (\gamma_{xy})_M = \left[\dfrac{2(1+\mu)}{E}\tau_{xy}\right]_M \end{cases} \quad (3.2\text{-}9)$$

将原型公式中的物理量和模型公式中相对应的物理量进行对比分析，可以确定以下的相似比尺的表达式：

(1) 几何相似比尺

$$C_L = \frac{L_P}{L_M} \tag{3.2-10}$$

式中，L 为长度。

(2) 位移相似比尺

$$C_\delta = \frac{\delta_P}{\delta_M} \tag{3.2-11}$$

式中，δ 为位移。

(3) 应力相似比尺

$$C_\sigma = \frac{(\sigma^t)_P}{(\sigma^t)_M} = \frac{(\sigma^c)_P}{(\sigma^c)_M} = \frac{c_P}{c_M} = \frac{\sigma_P}{\sigma_M} \tag{3.2-12}$$

式中，σ^t 为抗拉强度；σ^c 为抗压强度；c 为黏聚力；σ 为应力。

(4) 应变相似比尺

$$C_\varepsilon = \frac{\varepsilon_P}{\varepsilon_M} \tag{3.2-13}$$

式中，ε 为应变。

(5) 弹性模量相似比尺

$$C_E = \frac{E_P}{E_M} \tag{3.2-14}$$

式中，E 为弹性模量。

(6) 泊松比相似比尺

$$C_\mu = \frac{\mu_P}{\mu_M} \tag{3.2-15}$$

式中，μ 为泊松比。

(7) 边界面力相似比尺

$$C_{\overline{X}} = \frac{\overline{X}_P}{\overline{X}_M} \tag{3.2-16}$$

式中，$\overline{X}$ 为边界面力。

(8) 体积力相似比尺

$$C_X = \frac{X_P}{X_M} = \frac{\left(\frac{mg}{v}\right)_P}{\left(\frac{mg}{v}\right)_M} = \frac{\left(\frac{\gamma}{L_X}\right)_P}{\left(\frac{\gamma}{L_X}\right)_M} = \frac{C_\gamma}{C_L} \tag{3.2-17}$$

式中，X 为体积力。

(9) 材料重度相似比尺

$$C_\gamma = \frac{\gamma_P}{\gamma_M} \tag{3.2-18}$$

式中，γ 为材料重度。

(10) 摩擦系数相似比尺

$$C_{\mathrm{f}} = \frac{f_{\mathrm{P}}}{f_{\mathrm{M}}} \tag{3.2-19}$$

式中，f 为摩擦系数。

(11) 内摩擦角相似比尺

$$C_{\varphi} = \frac{\varphi_{\mathrm{P}}}{\varphi_{\mathrm{M}}} \tag{3.2-20}$$

式中，φ 为内摩擦角。

下面根据方程及相似比尺的表达式进行计算：

由平衡方程计算过程及结果如下：

将式 (3.2-12) 代入式 (3.2-4) 中，进行化简得：

$$\begin{cases} C_{\sigma}\left(\frac{\partial \boldsymbol{\sigma}_x}{\partial x}\right)_{\mathrm{M}} + C_{\sigma}\left(\frac{\partial \boldsymbol{\tau}_{yx}}{\partial y}\right)_{\mathrm{M}} + C_{\sigma}\left(\frac{\partial \boldsymbol{\tau}_{zx}}{\partial z}\right)_{\mathrm{M}} + C_{X}\boldsymbol{X}_{\mathrm{M}} = 0 \\ C_{\sigma}\left(\frac{\partial \boldsymbol{\sigma}_y}{\partial y}\right)_{\mathrm{M}} + C_{\sigma}\left(\frac{\partial \boldsymbol{\tau}_{zy}}{\partial z}\right)_{\mathrm{M}} + C_{\sigma}\left(\frac{\partial \boldsymbol{\tau}_{xy}}{\partial x}\right)_{\mathrm{M}} + C_{Y}\boldsymbol{Y}_{\mathrm{M}} = 0 \\ C_{\sigma}\left(\frac{\partial \boldsymbol{\sigma}_z}{\partial z}\right)_{\mathrm{M}} + C_{\sigma}\left(\frac{\partial \boldsymbol{\tau}_{xz}}{\partial x}\right)_{\mathrm{M}} + C_{\sigma}\left(\frac{\partial \boldsymbol{\tau}_{yz}}{\partial y}\right)_{\mathrm{M}} + C_{Z}\boldsymbol{Z}_{\mathrm{M}} = 0 \end{cases} \tag{3.2-21}$$

将式 (3.2-17) 代入式 (3.2-21) 中，进行化简得：

$$\begin{cases} \left(\frac{\partial \boldsymbol{\sigma}_x}{\partial x}\right)_{\mathrm{M}} + \left(\frac{\partial \boldsymbol{\tau}_{yx}}{\partial y}\right)_{\mathrm{M}} + \left(\frac{\partial \boldsymbol{\tau}_{zx}}{\partial z}\right)_{\mathrm{M}} + \frac{C_{\sigma} \cdot C_{\gamma}}{C_{\mathrm{L}}}\boldsymbol{X}_{\mathrm{M}} = 0 \\ \left(\frac{\partial \boldsymbol{\sigma}_y}{\partial y}\right)_{\mathrm{M}} + \left(\frac{\partial \boldsymbol{\tau}_{zy}}{\partial z}\right)_{\mathrm{M}} + \left(\frac{\partial \boldsymbol{\tau}_{xy}}{\partial x}\right)_{\mathrm{M}} + \frac{C_{\sigma} \cdot C_{\gamma}}{C_{\mathrm{L}}}\boldsymbol{Y}_{\mathrm{M}} = 0 \\ \left(\frac{\partial \boldsymbol{\sigma}_z}{\partial z}\right)_{\mathrm{M}} + \left(\frac{\partial \boldsymbol{\tau}_{xz}}{\partial x}\right)_{\mathrm{M}} + \left(\frac{\partial \boldsymbol{\tau}_{yz}}{\partial y}\right)_{\mathrm{M}} + \frac{C_{\sigma} \cdot C_{\gamma}}{C_{\mathrm{L}}}\boldsymbol{Z}_{\mathrm{M}} = 0 \end{cases} \tag{3.2-22}$$

将式 (3.2-22) 与式 (3.2-5) 进行比较，得 $\frac{C_{\sigma} \cdot C_{\gamma}}{C_{\mathrm{L}}} = 1$。

由几何方程计算过程及结果如下：

将式 (3.2-10)、式 (3.2-11)、式 (3.2-13) 代入式 (3.2-6) 中，进行化简得：

$$\begin{cases} (\varepsilon_x)_{\mathrm{M}} \cdot C_{\varepsilon} = \left(\frac{\partial \mu}{\partial x}\right)_{\mathrm{M}} \cdot \frac{C_{\delta}}{C_{\mathrm{L}}}; (\varepsilon_y)_{\mathrm{M}} \cdot C_{\varepsilon} = \left(\frac{\partial \nu}{\partial y}\right)_{\mathrm{M}} \cdot \frac{C_{\delta}}{C_{\mathrm{L}}}; (\varepsilon_z)_{\mathrm{M}} \cdot C_{\varepsilon} = \left(\frac{\partial \omega}{\partial z}\right)_{\mathrm{M}} \cdot \frac{C_{\delta}}{C_{\mathrm{L}}} \\ (\gamma_{xy})_{\mathrm{M}} \cdot C_{\varepsilon} = \left(\frac{\partial \mu}{\partial y}\right)_{\mathrm{M}} \cdot \frac{C_{\delta}}{C_{\mathrm{L}}} + \left(\frac{\partial \nu}{\partial x}\right)_{\mathrm{M}} \cdot \frac{C_{\delta}}{C_{\mathrm{L}}}; (\gamma_{yz})_{\mathrm{M}} \cdot C_{\varepsilon} = \left(\frac{\partial \nu}{\partial z}\right)_{\mathrm{M}} \cdot \frac{C_{\delta}}{C_{\mathrm{L}}} + \left(\frac{\partial \omega}{\partial y}\right)_{\mathrm{M}} \cdot \frac{C_{\delta}}{C_{\mathrm{L}}} \\ (\gamma_{zx})_{\mathrm{M}} \cdot C_{\varepsilon} = \left(\frac{\partial \mu}{\partial z}\right)_{\mathrm{M}} \cdot \frac{C_{\delta}}{C_{\mathrm{L}}} + \left(\frac{\partial \omega}{\partial x}\right)_{\mathrm{M}} \cdot \frac{C_{\delta}}{C_{\mathrm{L}}} \end{cases}$$

$$\tag{3.2-23}$$

将式 (3.2-23) 和式 (3.2-7) 进行比较，得 $\frac{C_{\delta} \cdot C_{\varepsilon}}{C_{\mathrm{L}}} = 1$。

由物理方程计算过程及结果如下：

将式 (3.2-12)～式 (3.2-15) 代入式 (3.2-8) 中，进行化简得：

$$\begin{cases} (\varepsilon_x)_\mathrm{M} C_\varepsilon = \dfrac{1}{E_\mathrm{M} \cdot C_\mathrm{E}} [\sigma_x \cdot C_\sigma - \mu \cdot C_\mu (\sigma_y + \sigma_z) \cdot C_\sigma]_\mathrm{M} \\ (\varepsilon_y)_\mathrm{M} \cdot C_\varepsilon = \dfrac{1}{E_\mathrm{M} \cdot C_\mathrm{E}} [\sigma_y - \mu(\sigma_x + \sigma_z)]_\mathrm{M} \\ (\varepsilon_z)_\mathrm{M} \cdot C_\varepsilon = \dfrac{1}{E_\mathrm{M} \cdot C_\mathrm{E}} [\sigma_z - \mu(\sigma_x + \sigma_y)]_\mathrm{M} \\ (\gamma_{yz})_\mathrm{M} \cdot C_\varepsilon = \left[\dfrac{2(1+\mu \cdot C_\mu)}{E \cdot C_\mathrm{E}} \tau_{yz}\right]_\mathrm{M} \cdot C_\sigma \\ (\gamma_{zx})_\mathrm{M} \cdot C_\varepsilon = \left[\dfrac{2(1+\mu \cdot C_\mu)}{E \cdot C_\mathrm{E}} \tau_{zx}\right]_\mathrm{M} \cdot C_\sigma \\ (\gamma_{xy})_\mathrm{M} \cdot C_\varepsilon = \left[\dfrac{2(1+\mu \cdot C_\mu)}{E \cdot C_\mathrm{E}} \tau_{xy}\right]_\mathrm{M} \cdot C_\sigma \end{cases} \quad (3.2\text{-}24)$$

将式（3.2-24）和式（3.2-9）进行比较，得 $C_\mu = 1$，$\dfrac{C_\sigma \cdot C_\mathrm{E}}{C_\mathrm{E}} = 1$。

综上所述：$C_\mu = 1$，$\dfrac{C_\sigma \cdot C_\mathrm{E}}{C_\mathrm{E}} = 1$，$\dfrac{C_\delta \cdot C_\mathrm{E}}{C_\mathrm{L}} = 1$，$\dfrac{C_\sigma \cdot C_\gamma}{C_\mathrm{L}} = 1$，无量纲的物理量的相似比尺均为1，即 $C_\varepsilon = 1$，$C_\varphi = 1$。

3.2.2 模型材料相似

模型相似材料试验主要是为了配制出符合1∶5比尺的土体（即 $C_\mathrm{L} = 5$），在盾构机-地层相似系统中，主要选取的土体的物理量为黏聚力 c、内摩擦角 φ、弹性模量 E、重度 γ、泊松比 μ 以及几何长度 L，按照试验要求原型土和模型土的重度是一致的，即 $C_\gamma = 1$，模型相似材料的相似比尺通过量纲分析法和方程分析法来确定。

3.2.2.1 量纲分析法

根据量纲分析法的分析原理，可知 $n=6$，选取 γ、L 为基本量纲，即 $m=2$。黏聚力 c 的量纲为 $FL^{-2} = MT^{-2}L^{-1}$；内摩擦角 φ 的量纲为 0；弹性模量 E 的量纲为 $FL^{-2} = MT^{-2}L^{-1}$；重度 γ 的量纲为 $FL^{-3} = MT^{-2}L^{-2}$；泊松比 μ 的量纲为 0。由式（3.2-3）得：$f(c, \varphi, E, \gamma, \mu, L) = 0$，此时四个可变量纲 π_1，π_2，π_3，π_4 的表达式为：

$$\begin{cases} \pi_1 = \gamma^{a_1} L^{b_1} c = [MT^{-2}L^{-2}]^{a_1}[L]^{b_1}[MT^{-2}L^{-1}] = M^{1+a_1} T^{-2a_1-2} L^{-2a_1+b_1-1} \\ \pi_2 = \gamma^{a_2} L^{b_2} \varphi = [MT^{-2}L^{-2}]^{a_2}[L]^{b_2} = M^{a_2} T^{-2a_2} L^{-2a_2+b_2} \\ \pi_3 = \gamma^{a_3} L^{b_3} E = [MT^{-2}L^{-2}]^{a_3}[L]^{b_3}[MT^{-2}L^{-1}] = M^{1+a_3} T^{-2a_3-2} L^{-2a_3+b_3-1} \\ \pi_4 = \gamma^{a_4} L^{b_4} \mu = [MT^{-2}L^{-2}]^{a_4}[L]^{b_4} = M^{a_4} T^{-2a_4} L^{-2a_4+b_4} \end{cases} \quad (3.2\text{-}25)$$

根据量纲指数代数和为0，得出：

$$\begin{cases} a_1 = -1, b_1 = -1 \\ a_2 = 0, b_2 = 0 \\ a_3 = -1, b_3 = -1 \\ a_4 = 0, b_4 = 0 \end{cases}$$

则这四个可变量纲：π_1，π_2，π_3，π_4 可以表示为：

$$\begin{cases} \pi_1 = \dfrac{c}{\gamma L} \\ \pi_2 = \varphi \\ \pi_3 = \dfrac{E}{\gamma L} \\ \pi_4 = \mu \end{cases} \quad (3.2\text{-}26)$$

亦即
$$\begin{cases} \left(\dfrac{c}{\gamma L}\right)_{\mathrm{P}} = \left(\dfrac{c}{\gamma L}\right)_{\mathrm{M}} \\ (\varphi)_{\mathrm{P}} = (\varphi)_{\mathrm{M}} \\ \left(\dfrac{E}{\gamma L}\right)_{\mathrm{P}} = \left(\dfrac{E}{\gamma L}\right)_{\mathrm{M}} \\ (\mu)_{\mathrm{P}} = (\mu)_{\mathrm{M}} \end{cases} \quad (3.2\text{-}27)$$

结合 $C_L=5$、$C_\gamma=1$ 得出：$C_c=5$，$C_\varphi=1$，$C_E=5$，$C_\mu=1$。

3.2.2.2 方程分析法

根据方程分析法的计算结果，可以直接得到：

$$C_\mu = 1, C_\varepsilon = 1, C_\varphi = 1, \dfrac{C_\sigma \cdot C_\varepsilon}{C_E} = 1, \dfrac{C_\delta \cdot C_\varepsilon}{C_L} = 1, \dfrac{C_\sigma \cdot C_\gamma}{C_L} = 1。$$

将 $C_L=5$、$C_\gamma=1$ 代入其中，可以得到 $C_E=5$，结果同量纲分析法一致。

综上所述：在确定模型试验所需材料的几何比尺为 1∶5 时，通过量纲分析法和方程分析法得出模型相似材料相似比尺为：$C_\gamma=1$、$C_c=5$，$C_\varphi=1$，$C_E=5$，$C_\mu=1$。所配制的模型土的黏聚力是原型土的 1/5，模型土的弹性模量是原型土的 1/5，模型土的重度、内摩擦角和泊松比与原型土保持一致。

3.2.3 模拟盾构机相似

模拟盾构机是本章相似系统的另一个部分，模拟盾构机的几何比尺也为 1∶5，即 $C_L=5$，模拟盾构机应包含切削土体、掘进等主要功能。根据不同模型试验的要求，在选取盾构机主要参数方面会略有不同，本章中的模拟盾构机比尺较大，故其所包含的功能应当是包含其余各种小比尺模拟盾构机的功能，选取的物理量也比较全面。具体选取的物理量为：盾构机重量 W，盾构机直径 D，隧道埋深 H，盾构顶推力 F，盾尾注浆压力 P，浆液注入率 η，刀盘开口率 α，刀盘扭矩 T，一共是 8 个物理量。同样是通过量纲分析法和方程分析法来确定模拟盾构机的相似比尺。

3.2.3.1 量纲分析法

根据量纲分析法的原理，可知 $n=8$，选取盾构机的重量 W，盾构机的直径 D 为基本量纲，即 $m=2$。各物理量的量纲如表 3.2-1 所示。

盾构机量纲								表 3.2-1
物理量	W	D	H	F	P	α	T	η
量纲	LMT^{-2}	L	L	LMT^{-2}	$L^{-1}MT^{-2}$	0	ML^2T^{-2}	0

由式（3.2-3）得 $f(W, D, H, F, P, \alpha, T, \eta)=0$，此时 6 个可变量纲：$\pi_1, \pi_2, \cdots, \pi_6$ 的表达式为：

$$\begin{cases} \pi_1 = W^{a_1} D^{b_1} H = [\text{LMT}^{-2}]^{a_1}[\text{L}]^{b_1}[\text{L}] = \text{L}^{a_1+b_1+1} \text{M}^{a_1} \text{T}^{-2a_1} \\ \pi_2 = W^{a_2} D^{b_2} F = [\text{LMT}^{-2}]^{a_2}[\text{L}]^{b_2}[\text{LMT}^{-2}] = \text{L}^{a_2+b_2+1} \text{M}^{a_2+1} \text{T}^{-2a_2-2} \\ \pi_3 = W^{a_3} D^{b_3} P = [\text{LMT}^{-2}]^{a_3}[\text{L}]^{b_3}[\text{L}^{-1}\text{MT}^{-2}] = \text{L}^{a_3+b_3-1} \text{M}^{a_3+1} \text{T}^{-2a_3-2} \\ \pi_4 = W^{a_4} D^{b_4} \alpha = [\text{LMT}^{-2}]^{a_4}[\text{L}]^{b_4}[0] = \text{L}^{a_4+b_4} \text{M}^{a_4} \text{T}^{-2a_4} \\ \pi_5 = W^{a_5} D^{b_5} T = [\text{LMT}^{-2}]^{a_5}[\text{L}]^{b_5}[\text{ML}^2\text{T}^{-2}] = \text{L}^{a_5+b_5+2} \text{M}^{a_5+1} \text{T}^{-2a_5-2} \\ \pi_6 = W^{a_6} D^{b_6} \eta = [\text{LMT}^{-2}]^{a_6}[\text{L}]^{b_6}[0] = \text{L}^{a_6+b_6} \text{M}^{a_6} \text{T}^{-2a_6} \end{cases} \quad (3.2\text{-}28)$$

根据量纲指数代数和为 0，得出：

$$\begin{cases} a_1 = 0, b_1 = -1 \\ a_2 = -1, b_2 = 0 \\ a_3 = -1, b_3 = 2 \\ a_4 = 0, b_4 = 0 \\ a_5 = -1, b_5 = -1 \\ a_6 = 0, b_6 = 0 \end{cases}$$

则这 6 个可变量纲：$\pi_1, \pi_2, \cdots, \pi_6$ 可以表示为：

$$\begin{cases} \pi_1 = \dfrac{H}{D} \\ \pi_2 = \dfrac{F}{W} \\ \pi_3 = \dfrac{P^2 D}{W} \\ \pi_4 = \alpha \\ \pi_5 = \dfrac{T}{WD} \\ \pi_6 = \eta \end{cases} \quad (3.2\text{-}29)$$

亦即 $$\begin{cases} \left(\dfrac{H}{D}\right)_{\text{P}} = \left(\dfrac{H}{D}\right)_{\text{M}} \\ \left(\dfrac{F}{W}\right)_{\text{P}} = \left(\dfrac{F}{W}\right)_{\text{M}} \\ \left(\dfrac{P^2 D}{W}\right)_{\text{P}} = \left(\dfrac{P^2 D}{W}\right)_{\text{M}} \\ (\alpha)_{\text{P}} = (\alpha)_{\text{M}} \\ \left(\dfrac{T}{WD}\right)_{\text{P}} = \left(\dfrac{T}{WD}\right)_{\text{M}} \\ (\eta)_{\text{P}} = (\eta)_{\text{M}} \end{cases} \quad (3.2\text{-}30)$$

将比尺 $C_L = C_D$ 代入，得到：$C_H = C_L$，$C_F = C_W$，$C_P^2 C_D = C_W$，$C_\alpha = 1$，$\dfrac{C_T}{C_W C_L} = 1$，$C_\eta = 1$。

由于量纲分析法是根据量纲对原型和模型相对应的物理量进行分析比较的，为了保持模拟盾构机和模型土层之间具有统一的相似基本量，将模拟盾构机的重量 W 用模型土层的重度 γ 表示出来，具体转化过程如下：

由 $\pi_W = \gamma^a D^b W = [\text{L}^{-2}\text{MT}^{-2}]^a [\text{L}]^b [\text{LMT}^{-2}] = \text{L}^{-2a+b+1} \text{M}^{a+1} \text{T}^{-2a-2}$，根据量纲代数和

为 0，得 $a=-1$ 和 $b=-3$，即 $C_W=C_\gamma C_L^3$，替换掉 C_W，并将 $C_\gamma=1$，$C_L=5$ 代入有，$C_H=5$，$C_F=C_W=125$，$C_P=5$，$C_\alpha=1$，$C_T=625$，$C_\eta=1$。

3.2.3.2 方程分析法

方程分析法的结果为：$C_\mu=1$，$\dfrac{C_\sigma \cdot C_\varepsilon}{C_E}=1$，$\dfrac{C_\delta \cdot C_\varepsilon}{C_L}=1$，$\dfrac{C_\sigma \cdot C_\gamma}{C_L}=1$，无量纲的物理量的相似比尺均为 1，即 $C_\varepsilon=1$，$C_\varphi=1$。这对于地层的相关参量还能使用，对于盾构机的相关参量则不太适用，因此对于模拟盾构机的相似比尺，需要根据量纲分析法来确定。

综上所述：在模型试验所需材料的几何比尺为 1∶5 的情况在，通过量纲分析法得出模拟盾构机相似比尺为：$C_L=C_D=5$，$C_H=5$，$C_F=C_W=125$，$C_P=5$，$C_\alpha=1$，$C_T=625$，$C_\eta=1$。模拟盾构机的直径、注浆压力为原型的 1/5，模型试验的隧道埋深为原型的 1/5，模拟盾构机的顶推力和质量为原型的 1/125，模拟盾构机的扭矩为原型的 1/625，模拟盾构机的刀盘开口率和浆液注入率和原型保持一致。

因此，通过量纲分析法及方程分析法可以计算出模型地层材料和模拟盾构机各自的相关物理量的相似比尺，但通过分析发现，这些物理量仅仅是模型地层和模拟盾构机各自的物理量，不包含能够体现两者互相作用的物理量，即"动态相似"还需要进一步研究。

3.2.4 盾构掘进过程相似

结合前述内容需要做的进一步的研究为盾构掘进过程的相似，包括模拟盾构机的掘进速度、刀盘转速等与"时间"直接相关的物理量；盾构机与地层的接触相似，包括盾壳与地层之间的相互作用，以及摩擦、挤压作用；刀盘与地层之间的相互作用；盾构机与地层的相互适应性的相似，主要是模拟盾构机在不同的地层中需要有针对此种地层的关键功能或需要考虑的关键因素等。

3.2.4.1 模拟盾构机与地层相似系统研究

1. 相关物理量

为了能够更加直观地对该相似系统进行分析介绍，引入"相关物理量"这个名词，首先对相关物理量进行规定：地层与模拟盾构机的各项参数中能够对彼此产生直接影响的视为相关物理量。按照此定义可知地层中的相关物理量包括：隧道埋深、盾构穿越土层的种类；模拟盾构机的相关物理量包括：刀盘直径、盾构机身长度、盾构推力、盾构推进速度、刀盘转速、刀盘扭矩。这些物理量都是模拟盾构机和地层相互作用所直接涉及的，它们之间在整个系统运行时都不是单独存在的。因此，将这些相关物理量联系起来，就能够将模拟盾构机和地层很好地融合在一起，实现真正意义上的相似。

2. 模拟盾构机身与地层接触相似

模拟盾构机身与地层接触相似，意为直接接触部分的相似，所涉及的相关物理量包括：盾构推力、土层性质、刀盘直径以及隧道埋深。具体的关系可以理解为：盾构推力、盾构机身即盾壳与地层之间的摩擦力及刀盘前方受到的土层压力这三者之间达到一个平衡，这三者之间的平衡有以下几个作用：①能够保证模型试验时掘进过程的正常进行；②能够更加准确地给出盾构推力的大小，确定具体数值，可与通过相似原理得到的推力值大小进行比较，也可以在模型试验进行时提供参考；③能够将模型地层和模拟盾构机联系起来，使之组成一个真正的系统。具体的分析过程如下：

1）盾构推力

目前而言，盾构机的推力研究的解析模型有很多，其中较早由 Krause 提出的荷载经验模型，Krause 的荷载模型是在搜集了大量的德国和日本生产的盾构机的施工数据的基础上总结出来的，具体为：

$$F = \beta D^2 \tag{3.2-31}$$

式中：D——盾构机直径；

β——经验系数，一般取 500~1200。

式（3.2-31）系数的取值范围较大，可以得出盾构推力的一个取值范围，故不能够为盾构机的设计提供准确依据，因此这种方法可以作为参考。从目前研究来看盾构机的推力主要由四部分组成，具体为：

$$F = F_1 + F_2 + F_3 + F_4 \tag{3.2-32}$$

式中：F_1——盾构施工向前推进的阻力；

F_2——盾壳与地层之间的摩擦阻力；

F_3——管片与盾尾间的摩擦阻力；

F_4——台车牵引阻力。

结合实际工程分析式（3.2-32），盾构推力主要由 F_1 和 F_2 组成，另外两个力相对较小。因此，在对模拟盾构机的推力进行分析的时候，可以只考虑 F_1 和 F_2，进而求得模拟盾构机在掘进过程中推力的具体值。其中盾构施工向前推进的阻力是盾构刀盘受到土层阻力即前方土体的土压力；盾壳与地层之间的摩擦阻力即掘进过程中盾壳表面与土体之间存在的摩擦力。

2）刀盘前方受到的土层压力

模拟盾构机刀盘前方所受的土层压力即刀盘受到的阻力，又称开挖面的支撑压力，其主要与隧道埋深、土层性质及刀盘直径有关系，所受土压力如图 3.2-1 所示。

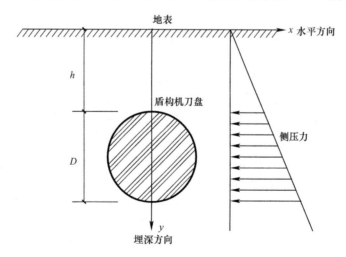

图 3.2-1　刀盘所受土压力示意图

分析图 3.2-1 可知，盾构机刀盘顶部和底部所受的土压力大小是不同的，在本模型中，由于模型地层材料是均质的，因此由顶部至底部的土压力是线性变化的，根据示意图来计算盾构机刀盘所受的土压力。

根据土压力的计算公式得出侧向土压力为：

$$P_0 = K_0 \cdot \sum \gamma h \tag{3.2-33}$$

式中：P_0——侧向土压力；

γ——土的重度；

h——计算点土的深度；

K_0——土的侧压力系数，$K_0 = 1 - \sin\varphi$，φ为土的摩擦角。

在计算侧向力时，因盾构机刀盘前方的力是垂直于刀盘的，且随深度的增大而增大，因此需要用到二重积分，将压力显示成三维如图3.2-2所示。

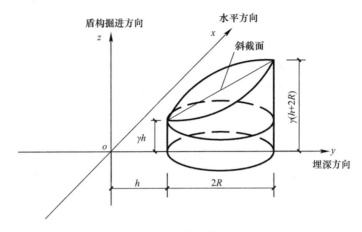

图3.2-2 压力三维示意图

可以求出图中圆柱底面方程为：

$$x^2 + [y - (R+h)]^2 = R^2 \tag{3.2-34a}$$

$$即\ x = \sqrt{R^2 - [y - (R+h)]^2} \tag{3.2-34b}$$

斜截面方程为：

$$\frac{(R+h) - y}{R} + \frac{(z - \gamma h)}{\gamma R} = 1 \tag{3.2-35a}$$

$$即\ z = \gamma y \tag{3.2-35b}$$

通过分析可知，该斜截面圆柱体的体积值等于刀盘所受压力值，因此只需将该斜截面圆柱体的体积积分求出，即可得出刀盘所受压力值表达式如下所示：

$$F = V = (1 - \sin\varphi) \cdot 2\int_h^{h+2R} xz\,\mathrm{d}y \tag{3.2-36}$$

将式（3.2-33）～式（3.2-35）代入式（3.2-36）中，得：

$$F = V = (1 - \sin\varphi) \cdot 2\int_h^{h+2R} \gamma y \sqrt{R^2 - [y - (R+h)]^2}\,\mathrm{d}y \tag{3.2-37}$$

对式（3.2-37）进行求解，得：

$$F = \pi R^2 \gamma (h + R)(1 - \sin\varphi) \tag{3.2-38}$$

式中：R——模拟盾构机刀盘的半径；

γ——模型地层的重度；

h——模拟盾构机刀盘顶部距模型地层地表的距离；

φ——土的内摩擦角。

通过简化计算模型得到式（3.2-38），此公式适用于模型试验中均质地层条件下盾构刀盘所受土压力的计算，主要跟刀盘大小、土层性质以及隧道埋深有关。

3）盾壳与地层之间的摩擦力

盾壳与地层之间的摩擦是一个多元参与的过程，通过分析发现，主要是与模拟盾构机直径、模型盾构主机长度和质量、土层性质有关。盾壳和地层之间的摩擦力主要由两大部分组成，一部分是模拟盾构机自重和土层作用产生的摩擦力，另一部分是由模拟盾构机上部土层产生的压力而产生的摩擦力。

（1）自重产生的摩擦力

设由模拟盾构机自重产生的摩擦力为 f_1，则容易得出：

$$f_1 = W \cdot \mu \tag{3.2-39}$$

式中：W——模拟盾构机自重；

μ——盾壳与地层的摩擦系数，$\mu = 0.5 \tan\varphi$；

φ——土的内摩擦角。

（2）上部土层产生的摩擦力

通过分析：上部土层与盾壳挤压产生的摩擦力只存在于盾壳的上半部分，这一部分力又包括两部分，第一部分由竖向静止土压力产生的摩擦力 f_{21}，第二部分由模拟盾构机移动产生侧向力而产生的摩擦力 f_{22}。

第一部分：

$$f_{21} = \mu \cdot \pi RL \times P \times \frac{1}{2} \times 2 \tag{3.2-40}$$

第二部分：

$$f_{22} = \mu \cdot \pi RL \times (PK_0 + \gamma RK_0) \times \frac{1}{2} \times 2 \tag{3.2-41}$$

设由上部土层产生的摩擦力为 f_2，则容易得出：

$$f_2 = f_{21} + f_{22} = \mu \cdot \pi RL \times (P + PK_0 + \gamma RK_0) \tag{3.2-42}$$

式中：R——模拟盾构机半径；

L——模型盾构主机长度；

P——模拟盾构机顶部所受竖向土压力；

K_0——土的侧压力系数；

γ——土的重度。

综上所述，可以得出模拟盾构机和地层之间的摩擦力表达式如下：

$$f = f_1 + f_2 = [W + \pi RL \times (P + PK_0 + \gamma RK_0)] \cdot \mu \tag{3.2-43}$$

因此，模型盾构推力的推力计算模型可表述为：

$$F_{总} = F + f$$
$$= \pi R^2 \gamma (h + R)(1 - \sin\varphi) + [W + \pi RL \times (P + PK_0 + \gamma RK_0)] \cdot \mu \tag{3.2-44}$$

式（3.2-44）可以作为模拟盾构机在进行模型试验时掘进过程中的推力计算参考依据，此公式具有普适性，能够作为模拟开挖过程中的参数选择依据，而通过相似原理只能计算出模拟盾构机的设计推力。此公式具有以下两点好处：①通过简化模型计算，只需知道较少的参数就能够求出模型盾构推进时的推力大小,参数包括模拟盾构机半径、模型地层的参数、模拟盾构机的质量及主机长度、模型隧道埋深;②此公式是将模型地层和模拟盾构机的相关参量联系在了一起,从模型盾构推力的角度说明了接触相似,弥补了只通过相似原理计算盾构推力的不足。

3.2.4.2 掘进过程相似

根据目前的研究成果以及现有的施工经验,盾构掘进过程是盾构法施工过程中占比最大的一环,同时也是最为重要的一环,因此在模型试验中需要对掘进过程进行控制,模型试验中的掘进过程和原型中的相似是模型试验结果正确的保证。

盾构掘进过程的控制盾构推力,与盾构机推进速度、刀盘转速以及出土速率这些参数直接相关。盾构推力根据不同的模型试验的相关参量可以很快地计算出来,此部分在上一小节已经完成。剩下的主要就是盾构掘进过程中的推进速度、刀盘转速以及出土速率的问题,将这些问题确定之后就可以确定模拟盾构机掘进过程。

1. 推进速度

盾构的推进速度也称为盾构的掘进速度,在本章中通过量纲分析法以及方程分析法都无法直接给出模拟盾构机的推进速度,而且既有研究当中也没有计算推进速度的具体方法或公式,即和"时间"相关的因素,在以往的模型试验中都没有考虑,同时推进速度是掘进过程中不可回避的一个话题,若是在模型盾构试验的过程中仅仅是凭经验来判断和取值推进速度,得出的试验结果是极不准确的,可参考性不高。因此,对相似系统中的推进速度的研究是很重要的。

推进速度可用 V 来表示,单位为 mm/min,化成基本单位 m/s,可以看出用来表示速度的是长度与时间的比值,均为最基本的单位。在一个相似系统中,一般都会给出确切的几何比尺,几何比尺中所涉及的物理量是长度,因此几何尺寸可以作为一个基本的物理量,此时需要找出另一个涉及时间的物理量,并且这个物理量同时适用于原型和模型,这样的情况下就有可能推导出速度的相似比尺。由此启发,引入重力加速度 g,单位为 m/s²,这是一个比较合适的选择,因为无论是原型盾构机还是模拟盾构机都在同一"时空"当中,都受到相同的重力加速度。下面对推进速度的相似比尺进行推导。

首先,确定速度、长度及加速度三者之间的关系,根据基本的物理原理,$g=\dfrac{V}{t}$,$L=V \cdot t$,将两者进行合并整理得出:

$$V=\sqrt{L \cdot g} \tag{3.2-45}$$

同时对等式(3.2-45)的量纲进行验证,等式左右两边分别为:m/s=$\sqrt{\mathrm{m} \cdot \mathrm{m}/\mathrm{s}^2}$,成立,因此得出这三者的物理学关系是正确的。

其次,已选定的两个物理量构成的几何相似方程组如式(3.2-46)所示:

$$\begin{cases} \dfrac{L_\mathrm{P}}{L_\mathrm{M}}=C_\mathrm{L} \\ \dfrac{g_\mathrm{P}}{g_\mathrm{M}}=C_g \end{cases} \tag{3.2-46}$$

式中:C_g——重力加速度的相似比尺,值为1。

将式(3.2-45)代入式(3.2-46)中可得:

$$C_{V} = \frac{V_{P}}{V_{M}} = \frac{\sqrt{L_{P} \cdot g_{P}}}{\sqrt{L_{M} \cdot g_{M}}} = \sqrt{C_{L} \cdot C_{g}} = \sqrt{C_{L}} \quad (3.2\text{-}47)$$

分析式（3.2-47）可知，速度相似比尺数值上等于几何相似比尺的算术平方根，即模拟盾构机在推进时的速度应当是减小的。在模拟盾构机与模型地层的相似系统中，确定了几何比尺，就确定了推进速度的相似比尺。根据式（3.2-47），可得出本章所研究的盾构机-地层相似系统中的模拟盾构机的推进速度是原型盾构机的 $1/\sqrt{5}$ 倍。

2. 刀盘转速

刀盘转速是指刀盘在切削土体掘进的过程中刀盘旋转的速度，单位为 r/min，同样是一个和"时间"紧密相关的物理量。在盾构掘进过程中，和刀盘转速紧密相关的物理量是"刀盘贯入度"，贯入度是指刀盘每旋转一周时刀盘的入土深度，表达式为：

$$a = \frac{V}{n} \quad (3.2\text{-}48)$$

式中：a——刀盘贯入度；

　　　V——盾构推进速度；

　　　n——刀盘转速。

通过分析可知：刀盘贯入度的单位是长度单位，即刀盘贯入度是个基本物理量，则可以推出原型中的刀盘贯入度和模型中的刀盘贯入度存在相似关系，其相似比等于几何相似比尺，即：

$$C_{a} = \frac{a_{P}}{a_{M}} = C_{L} \quad (3.2\text{-}49)$$

另外，式（3.2-48）可以表示成以下的方程组：

$$\begin{cases} a_{P} = \dfrac{V_{P}}{n_{P}} \\ a_{M} = \dfrac{V_{M}}{n_{M}} \end{cases} \quad (3.2\text{-}50)$$

将式（3.2-50）代入式（3.2-49）中可得：

$$\frac{V_{P}}{n_{P}} \times \frac{n_{M}}{V_{M}} = C_{L} \quad (3.2\text{-}51)$$

继而将式（3.2-47）代入式（3.2-51）中可得：

$$C_{n} = \frac{1}{\sqrt{C_{L}}} \quad (3.2\text{-}52)$$

式（3.2-52）表明了刀盘转速相似比和几何相似比的数量关系，刀盘转速相似比数值上等于几何相似比尺的算术平方根的倒数，即模拟盾构机的刀盘转速相对于原型盾构机的刀盘转速应是增大的。根据该式，模拟盾构机的刀盘转速是原型盾构机的 $\sqrt{5}$ 倍。

3. 出土速率

出土速率跟螺旋输送机的转速有着直接关系，而螺旋输送机的转速是和盾构机的推进速度存在内在联系的。如果推进速度太快，相对来说出土效率过低，则会导致欠挖的情况出现，盾构掘进前方的地层则会隆起；反之，如果盾构机的推进速度较慢，出土效率过高，则会出现超挖的情况，盾构掘进前方的地层就会塌陷。因此，螺旋输送机的转速要和推进速度相匹配,让盾构推进所切削的土和通过螺旋输送机排出的土达到平衡状态。某一时间段 t 内,推进速度和螺旋输送机的转速之间的平衡可用式(3.2-53)来表示:

$$Vt\pi R^2 = Q = \frac{\pi}{4}(D_1^2 - D_2^2)l \cdot n_{螺旋机} t \cdot \eta \qquad (3.2\text{-}53)$$

式中:V——盾构机推进速度;
R——盾构刀盘半径;
D_1——螺旋输送机内径;
D_2——螺旋输送机中轴直径;
l——螺旋输送机中轴方向上相邻两个翼片的间距;
$n_{螺旋机}$——螺旋输送机的转速;
η——螺旋输送机的出土效率,取 0.8。

将式(3.2-53)化简,得到:

$$n_{螺旋机} = \frac{4VR^2}{\eta l(D_1^2 - D_2^2)} \qquad (3.2\text{-}54)$$

根据式(3.2-54)能够得出模拟盾构机中出土速率和推进速度的关系,同时该公式考虑到了不同土质的出土效率有所差别,因此确定了模拟盾构机中螺旋输送机的设计参数之后,就可以确定出螺旋输送机合适的转速。

3.3 三维地质力学模型试验设计

三维地质力学模型试验以北京地铁12号线某盾构接收为原型进行设计,接收井基坑开挖尺寸为 11.9m×11.4m×29.2m(长×宽×深),基坑围护结构采用桩+斜撑形式(图 3.1-1)。盾构刀盘开挖直径 ϕ6190mm。盾构接收井基坑、盾构区间主要穿越⑦层卵石、局部有⑥层粉质黏土、⑧层粉质黏土。⑦层卵石最大粒径不小于240mm,一般粒径 30~80mm。

3.3.1 土箱

土箱尺寸为 8m×4m×5.2m(长×宽×深),其中地面以上 4m,地面以下 1.2m(图 3.3-2)。

整个模型采用 1:5 的几何相似比尺。

盾构两侧考虑约3倍的洞径以减小边界效应,覆土按12m考虑,则原型横断面尺寸长为 3×6×2+6=42m,高为 12+6=18m;模型横断面长为 8m、高为 3.5m,模型的设计尺寸为 8m×3.5m×4m。

3.3.2 模型材料配置

3.3.2.1 原型土层

原型工程地质见表 3.3-1。盾构隧道穿越卵石土地层,主要组成为⑤层卵石、⑥层细中砂、⑦层卵石等。⑤、⑦层卵石均为杂色,地层密实,压缩性很低,成分主要为辉绿岩、砂岩和石英岩,圆砾、中粗砂填充,夹黏性土薄层、透镜体,连续分布。⑤层卵石和

⑦层卵石的粒径集中在20~80mm，粒径大于20mm颗粒达到总质量的70%。

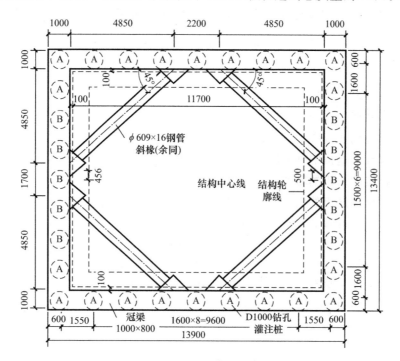

图3.3-1 接收井平面图

图3.3-2 模型箱三维图

原型土地层分布及性质　　　　　表3.3-1

成因年代	土层编号	岩性	颜色	断面状态与含有物	含水率 w %	天然密度 ρ g/cm³	孔隙比 e	压缩模量 E_s MPa	黏聚力 c kPa	内摩擦角 φ °
	①₁	杂填土	杂	以沥青路面、砖块、角砾、三合土为主		1.98			0	8

续表

土层编号	岩性	颜色	土质描述		土质数据					
			断面状态与含有物	含水率 w %	天然密度 ρ g/cm³	孔隙比 e	压缩模量 E_s MPa	黏聚力 c kPa	内摩擦角 φ °
新近沉积层 ②	粉土	褐黄	含云母、氧化铁、姜石、螺壳和有机质等，局部夹粉质黏土薄层	19.38	1.90	0.70	7.04	8	16
③₃	粉细砂	褐黄	含氧化铁，偶含卵砾石，局部夹中粗砂薄层	6.30	2.05	—	35.00	0	35
④₃	粉细砂	褐黄	含氧化铁，偶含卵砾石，局部夹中砂薄层	—	2.05	0.99	30.00	0	45
⑤	卵石	杂	最大粒径不小于240mm，一般粒径20～60mm，亚圆形，粒径大于20mm颗粒约占总质量的60%，圆砾、中粗砂填充	—	2.12	—	60.00	0	50
⑥₃	细中砂	褐黄	含云母和氧化铁，偶含砾石，局部夹粉质黏土薄层	—	2.05	—	55.00	0	35
⑦	卵石	杂	一般粒径30～80mm，最大粒径不小于240mm，粒径大于20mm的颗粒含量大于60%，圆砾、中粗砂填充	—	2.15	—	80.00	0	55
⑧₃	细中砂	褐黄	含氧化铁，偶含圆砾	—	2.06	—	55.00	0	45
⑨	卵石	杂	最大粒径不小于330mm，一般粒径30～90mm，粒径大于20mm的颗粒含量约占总质量的70%，圆砾，中粗砂充填	—	2.18	—	100.00	0	60

3.3.2.2 模型材料

1. 模型材料基本参数

根据原型土层参数按照相似比尺，配置模型材料应符合表3.3-2的要求。

模型土体物理参数　　　　表3.3-2

类型	重度（kN/m³）	压缩模量（MPa）	内摩擦角（°）	黏聚力（kPa）
原状土	21.2～21.5	60～100	50～60	0
模型土	21.2～21.5	12～20	50～60	0

2. 模型材料配置

模型材料的基本材料为重晶石粉、中砂、卵石；重晶石粉能有效地增大模型材料的重度，通过调节重晶石粉的不同含量，使模型材料重度与原型土层的相似比达到1:1；砂和卵石等均从施工现场挖出，需筛分和颗粒级配分析。

通过土工试验的方法，对各个成分不同含量进行分组试验，试验采用正交设计法。土样的颗粒级配是其最基本的物理力学特性之一，颗粒级配的差别直接导致土体性质，因此需对模型土体进行筛分试验确定其颗粒级配曲线；其次通过击实试验和压缩试验测得模型土体的内摩擦角、黏聚力和压缩模量。

根据各基本材料的参数和重度比尺近似为1.0的条件，确定了4种配比方案（表3.3-3）。

基本材料配比　　　　　　　　　　　　　　　表3.3-3

配比分组	基本材料配比 $P(*)$			相对密度 G_s
	重晶石粉（BaSO$_4$）	粉细砂（Sand）	卵石（Pebble）	
A	5%	25%	70%	2.15
B	10%	25%	65%	2.20
C	15%	35%	50%	2.25
D	20%	35%	45%	2.31

经土工试验，得到如下配比建议（表3.3-4、表3.3-5）。

基本材料配比　　　　　　　　　　　　　　　表3.3-4

基本材料	重晶石粉（BaSO$_4$）	粉细砂（Sand）	卵石（Pebble）
相对密度 G_s(kN/m³)	4.3	2.00	2.12
天然含水率 w_0(%)	1.02	3.20	1.50
掺入量（%）	15	35	50

模型土颗粒级配　　　　　　　　　　　　　　表3.3-5

粒径 d（mm）	各粒径（d）范围试样质量百分比平均值统计
$d \leq 4$	40%
$4 < d \leq 14$	30%
$14 < d \leq 30$	20%
$30 < d \leq 40$	10%

3.3.3 模型GFRP筋混凝土桩体

模型GFRP筋混凝土桩体设计要与原型桩满足相似比尺的关系，能够体现原型桩在盾构施工过程中的变形和破坏规律。这就对模型桩的试验材料选择、材料性质、材料用量、构件制作提出了要求，模型桩整体在模拟盾构机掘进过程中表现出与原型桩同样的性质。

3.3.3.1 原型桩的设计参数

原型盾构接收井围护桩为直径1m钻孔灌注桩，间距1.5m。接收井围护结构在洞口范围内采用B型桩，其他范围为A型桩。A型桩全长范围内均使用钢筋，B型桩在洞口高度范围内使用GFRP筋的主筋和箍筋。

B型桩GFRP筋段使用强度等级C30混凝土，弹性模量为30GPa，最外侧GFRP筋的保护层为50mm，使用GFRP筋的材料性质和配筋见表3.3-6、表3.3-7。

GFRP筋力学性能　　　　　　　　　　　　表3.3-6

公称直径 d(mm)	抗拉强度标准值 f_k(MPa)	剪切强度 f_V(MPa)	极限拉应变 ε(%)	弹性模量 E_f(GPa)
$d < 16$	≥600	≥110	≥1.2	≥40
$16 \leq d < 25$	≥550			
$25 \leq d < 34$	≥500			

GFRP 筋配筋　　　　　　　　　　　　　表 3.3-7

位置	直径（mm）	数量/间距（mm）
纵向受力筋	32	28 根
箍筋	14	@100

3.3.3.2 模型 GFRP 筋混凝土桩体的设计与计算

为使模型 GFRP 筋混凝土桩体反映原型桩的变形和破坏性质，要控制以下几个方面：
（1）尺寸应与原型桩为 1∶5 关系；
（2）混凝土强度应与原型桩为 1∶5 关系；
（3）配筋率与原型桩相同。

1. 模型 GFRP 筋混凝土桩体设计

1) 尺寸设计

根据相似比尺和模型箱洞口尺寸，选择模型 GFRP 筋混凝土桩体长度为 1500mm，全长均使用 GFRP 筋。根据相似比尺，模型 GFRP 筋混凝土桩体直径为 200mm，共 5 根，桩心距为 300mm（桩间净距为 100mm），均匀布置在洞口。

2) 材料选择

原型 GFRP 筋围护桩体混凝土强度等级为 C30，弹性模量为 30GPa。目前，多数模型桩试验，均为测定模型桩的某一种力学性能，采用弹性模量相似的方法，使用铝合金管、有机玻璃、石膏或木头等材料制作模型桩，这在本试验中是无法使用的。为了还原混凝土的变形和破坏过程，实现盾构对桩体的切割，更真实地模拟桩的水平受力特性，模型 GFRP 筋混凝土桩体采用 M7.5 水泥砂浆浇筑制成；同时，选择水泥砂浆作为胶凝材料，可以近似地使用混凝土结构设计方法进行承载力设计，按照混凝土强度设计值的计算方法，M7.5 水泥砂浆的设计抗压强度近似取为 3.3MPa，弹性模量 6GPa。

3) 配筋设计

暂不考虑玻璃纤维筋强度和弹性模量的影响，采用原型桩的配筋率对模型桩进行配筋设计。

主筋：在确保相同配筋率的前提下计算出 $A'_s \approx 901 \text{mm}^2$，同时玻璃纤维筋混凝土围护桩内的纵向玻璃纤维筋不宜过细，以保证玻璃纤维筋骨架的刚度和在受力后不容易被压屈，最终给出 GFRP 桩主筋配筋 6ϕ14（总面积 923mm^2）。

箍筋：玻璃纤维筋区域内的箍筋采用圆形玻璃纤维螺旋箍筋，使用铁丝与主筋绑扎。玻璃纤维筋螺旋箍筋，根据原型桩配箍率设计，选用直径 5mm、间距 70mm 的螺旋箍筋，螺旋箍盘圆后内直径为 170mm。对于此次盾构隧道，采用 1220mm 外径盾构机型。因此，玻璃纤维筋的有效最小长度 1220mm，考虑制作误差，取中间 1300mm 范围使用玻璃纤维筋箍筋。在桩体两端 65mm 和 135mm 范围内使用光圆钢筋（HPB300）箍筋，直径 6mm、间距 30mm。该段箍筋设置为考虑模型桩上下端固定设计。为了防止纵向玻璃纤维筋在屈服阶段因相对自由长度过大而过早压屈，箍筋的间距不宜超过纵向玻璃纤维筋直径的 15 倍，即 210mm，满足要求。

保护层厚度：原型围护桩保护层厚度为 50mm，根据几何比尺，模型围护桩保护层设置为 10mm。

模型GFRP筋混凝土桩体具体设计如图3.3-3所示。

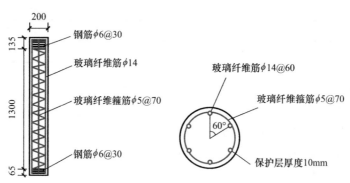

图3.3-3 模型GFRP筋混凝土桩体配筋设计图

2. 模型GFRP筋混凝土桩体承载力
1）正截面受弯承载力
砂浆强度等级M7.5：f_c＝3.3MPa；砂浆极限压应变按照混凝土取值 ε_{cu}＝0.0033（砂浆强度需制作同条件试块，试验测量强度值，保证满足设计强度要求）；

GFRP筋设计极限抗拉强度和弹性模量：f_{gu}＝500MPa，E_g＝40GPa；

桩直径 D＝190mm；最外侧GFRP筋外侧混凝土保护层 a＝10mm；

模型GFRP筋混凝土桩体与原型桩几何比尺为1：5，截面面积几何比尺为1：25。根据相似原理计算分析得出，模型GFRP筋混凝土桩体与原型桩之间的换算比例为：弯矩1：625、剪力1：125，则可得模型GFRP筋混凝土桩体极限弯矩为8.2kN·m。

2）斜截面受剪承载力
箍筋受剪部分：原型桩配箍率为6.1%，若配箍率相同，选取 ϕ5@70 箍筋，模型桩配箍率为5.9%，A_{gu1}＝19.6mm^2，f_{gu}＝110MPa。斜截面受剪承载力包括水泥砂浆和GFRP筋箍筋两部分，水泥砂浆受剪承载力为0.37kN，GFRP筋箍筋受剪承载力为8.47kN，则斜截面受剪承载力为8.84kN。

3.3.4 模拟盾构机

本次模拟盾构机的原型为土压平衡式盾构机，能够完成与真实盾构机类似的施工工艺过程，即其构造组成、各系统组合能够与真实盾构机类似实现掘进与出土，带有测量及各监控系统，能实时测量出土仓压力和盾构推力。模拟盾构机按直径为6.2m的原型盾构机以几何比尺1：5进行缩小，直径为1.21m，掘进参数由控制平台操作与控制（图3.3-4）。

3.3.4.1 主机构造与参数

结合盾构机的各个系统的功能定位及模拟盾构机的功能要求，对模拟盾构机主机进行设计及计算。模拟盾构机主机的设计主要包括刀盘、盾壳、主驱动、主推进油缸、螺旋输送机共五部分。

1）刀盘
模拟盾构机开挖直径需比管片直径略大，结合工程实际将模拟盾构机的开挖直径与管片直径之差设置为20mm，即刀盘直径为1220mm。根据模拟的地层情况，结合模型地层的材料，选择刀盘和刀头，具体如下：

图 3.3-4 模拟盾构机和控制平台

（1）刀盘选择大开口率辐条式刀盘，为三辐条式刀盘，模型刀盘的开口率与原型刀盘开口率保持一致，为 60%。

（2）刀具配置选择切刀、周边刮刀、先行刀和中心刀，一共四种。切刀是主刀具，用于开挖面大部分断面的开挖，切刀数量配备 36 把，切刀高度设为 20mm；周边刮刀，用于对外周的土体进行切削，刮刀数量配备 6 把，周边刮刀高度设为 20mm；先行刀在开挖面沿径向分层切削，预先疏松土体，先行刀数量配备 24 把，先行刀高度设为 44mm；中心刀用于切削开挖面圆心位置的土，中心刀配备 1 把，中心刀高度设为 80mm。

2）盾壳

盾壳的直径要比刀盘外径略小，同时盾壳直径比管片外径略大，介于两者之间，故盾壳外径为 1210mm；同时盾壳对主驱动起保护作用，考虑到螺旋输送机超出盾壳部分的长度不宜太大，因此盾壳长度为 2000mm。

3）主驱动

主驱动设计主要考虑其性能指标，包括转速、扭矩、电机系统。

4）主推进油缸

根据工程实际和相似比尺，选择 4 个千斤顶分布在正方形四角布置，每个千斤顶推力为 8t，可满足试验要求。

5）螺旋输送机

螺旋输送机的大小需要根据排土量来确定，即确定其排土能力，然后进行选择。根据主推进油缸的推进能力，最大推进速度为 $V=3\text{cm/min}$。

3.3.4.2 附属设备

试验附属设备包括：出渣系统、反力架、始发和接收基座、管片。

1）出渣系统

出渣系统是为了配合螺旋输送机进行出土的，主要是土斗车，土斗车置于螺旋输送机后方，在开挖掘进过程中将螺旋输送机排出的土运出。

2）反力架

反力架的材料主要选择型钢及钢板，连接方式选择螺栓连接或焊接。

3）始发和接收基座

始发和接收基座在结构设计上应具有足够的强度、刚度和稳定性。盾构及管片置于基座上，在圆周方向上两点支撑，两点间夹角为 60°，基座轴线与模拟盾构机轴线重合。

4）管片

采用钢管片，厚度为30mm，采用螺栓方式连接。

3.3.4.3 控制平台

操作与控制平台由工业电脑和PLC组成，触屏及按（旋）钮操作，电子屏显示。主要包括控制功能及显示功能。

3.3.5 量测系统与数据采集

本次模型试验模拟盾构掘进的施工过程，需要量测和数据采集的项目分为三大类：盾构掘进量测、模型量测和模型GFRP筋混凝土桩体量测。

3.3.5.1 盾构掘进量测与数据采集

盾构掘进量测包括盾构推力、土仓压力、刀盘扭矩、轴线偏差、刀具磨损、膨润土注入量、渣土出土量量测；除渣土外，数据采集通过控制平台进行。

图 3.3-5　数据采集与控制平台

1）盾构推力

盾构推力来自千斤顶，故对盾构推力的量测只需要量测千斤顶的力，可在每个千斤顶上安装测力计，所有测力计的总和即为施工过程中总的盾构推力。因为模拟盾构机中自带传感器，可通过PLC对数据进行实时显示。

2）土仓压力

在掘进过程中进行土仓压力量测，实际在模型盾构机内部放置压力盒，并引线接入计算机，在整个盾构掘进的过程中进行实时的量测并在控制平台上实时显示。

3）盾构刀盘扭矩

刀盘扭矩的量测方法与盾构推力的量测方法相同，通过操作平台上的PLC显示屏按照同盾构推力记录频率记录刀盘实时扭矩。

4）轴线偏差

正确地使用千斤顶使盾构沿设计的轴线方向准确向前推进，每环推进时应分析盾构趋势，决定纠偏方案、纠偏量，调节千斤顶的推力，不能过量纠偏。盾构姿态通过盾构机内部的倾角仪进行量测，通过PLC实时进行显示并控制。

5）渣土改良剂种类和注入量

渣土改良剂有多种，主要分为水、泡沫剂、分散剂、黏土矿物和絮凝剂等，每种有不同的功效。其中水和泡沫剂适用于各种地层；分散剂适用于黏性较大的地层；黏土矿物如膨润土等适用于缺乏细粒的颗粒土地层；絮凝剂则适用于富水粗颗粒土地层。选择膨润土作为改良剂，并记录其注入量。

6）渣土出土量

通过对土斗车进行体积标定，并将掘进每一环螺旋输送机排于土斗车的斗数进行记录，得出掘进每一环时产生的出土量。

3.3.5.2 模型量测与数据采集

模型量测主要在 4 个代表性断面进行量测（图 3.3-6），量测项目包括模型箱上部地表沉降、模型 GFRP 筋混凝土桩体等。

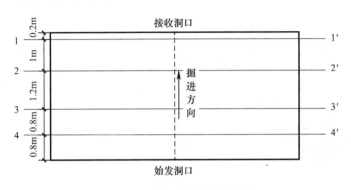

图 3.3-6 模型箱断面平面图

1. 地表沉降量测

地表沉降采用百分表进行量测（图 3.3-7），并记录盾构掘进每一环时对应地表沉降数据。

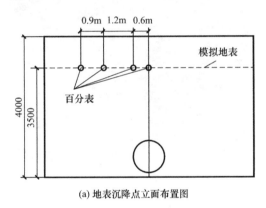

(a) 地表沉降点立面布置图　　　　(b) 地表沉降点现场布置图

图 3.3-7 地表变形量测

2. 模型 GFRP 筋混凝土桩体量测

1) 混凝土应变量测

模型 GFRP 筋混凝土桩体的应变量测使用应变片量测，在出洞口范围内的桩体外侧布置测点，中间桩竖直方向每隔 200mm 布置一个应变片，其他桩竖向间距为 300mm，只在洞口范围内布置，其编号见图 3.3-8(a)，共 11 个测点。

2) GFRP 筋应变量测

每根桩内取最内、外侧两根 GFRP 筋粘贴应变片，在布置应变片的位置做标注，竖直方向的布置位置和混凝土应变片相同，其编号见图 3.3-8(b)，共 22 个测点。

3) 模型 GFRP 筋混凝土桩体位移量测

模型 GFRP 筋混凝土桩体临空侧安装百分表进行位移量测。在露出洞口的桩体桩身中间的位置布置测点，中心桩布置间隔 200mm，两边桩间隔 300mm，共 11 个测点，与

GFRP筋应变量测相对应,测点布置参见图3.3-8(a)。

模型GFRP筋混凝土桩体布置见图3.3-9,应变量测采集仪器布置见图3.3-10。

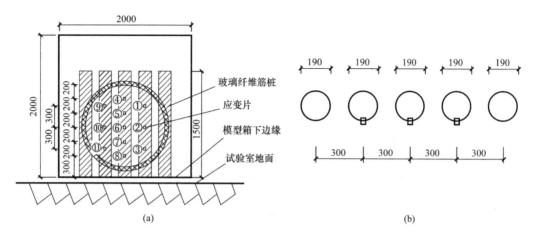

图3.3-8 模型桩应变测点布置图

图3.3-9 模型GFRP筋桩布置图

图3.3-10 应变量测采集仪布置图

3.4 模型试验总体思路

3.4.1 模型试验布置

模型试验的平面、立面图见图3.4-1,盾构机及控制平台布置见图3.4-2。

3.4.2 模拟盾构机掘进

3.4.2.1 掘进阶段划分

由于该试验是让盾构机从模型箱一侧掘进至另一侧并进行盾构接收,因此将整个盾构全程简化为试掘进阶段、半无限土体阶段和有限土体阶段。

模拟盾构机共掘进4m,全长约为3.3D(D为盾构直径)。依据三维数值模拟结果,盾构距离洞口约2D时,盾构从半无限土体进入到有限土体,据此,划分如下3个阶段:

(1)试掘进阶段,该阶段相当于调试与磨合,测试各功能是否正常。模拟盾构机组装

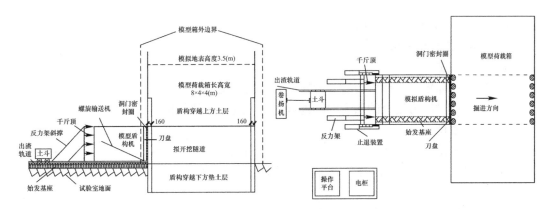

图 3.4-1 模拟盾构机及配套设备布置示意图

图 3.4-2 盾构机组装完成后调试

后应进行系统等方面的调试,之后进入试掘进阶段;该阶段处于距出洞口 2.7D～3.3D 范围,该阶段结束标准为建立土仓压力。

(2) 半无限土体阶段,此区间即在距出洞口 2D～2.7D 范围。

(3) 进入有限土体阶段,即为距出洞口 2D 范围内。按照盾构的施工工艺进行测试,在距出洞口 1D～2D 范围内的模拟开挖中,每次开挖 0.24m,并进行模拟管片的安装,等各项数据稳定后再进行下一环的开挖工作,管片用与盾构同直径的钢筒代替。在整个过程中需实时反馈盾构机的偏转和沉降状态,及时地进行盾构推力的大小和方向的调整,以确保盾构机能够破桩出洞。按照进洞口直径 1350mm、出洞口直径 1410mm、盾构机直径 1220mm,则在确保盾构机中轴线与进洞口中轴线重合的前提下,盾构机的位置变化需控制在 95mm 以内。在之后开挖中,由于接近了 GFRP 筋混凝土围护桩体,需要放缓开挖的速度,每次开挖 0.12m,然后停顿,等数据稳定后再进行下个 0.12m 的开挖,每开挖完 0.24m 之后进行一环管片的安装,以此类推进行模拟开挖。在掘进过程中确保盾构机的掘进路线在一条直线上,与原轴线偏差小于 95mm,保证最后的洞口顺利接收。

3.4.2.2 有限土体内掘进参数确定

根据数值模拟分析结果和动态相似比尺,本试验在有限土体范围内盾构土仓压力选为 0.02MPa,盾构推力选为 120kN。此外,根据实际工程经验,原型盾构机在盾构接收阶段速度约为 20～40mm/min,根据速度的相似比尺可求得模拟盾构机在有限土体范围内的掘进速度为 8.94～17.89mm/min。

3.4.2.3 掘进中关键技术

(1) 轴线控制

在盾尾焊接标靶，并在盾构后方沿隧道中轴线一定距离处架设全站仪，实时量测标靶的偏移值，通过对反力架上的四个油缸进行调整，进而达到纠偏的效果。

(2) 渣土改良

在本次盾构试验中，通过往刀盘前方注入膨润土浆液，每环注入约 60L，对盾构渣土进行改良，以达到提高该土压平衡盾构机的地层适应性，便于排土和控制土仓压力的目的。

盾构机掘进过程中进行各项参数设定，施工中根据各种参数的使用效果在适当的范围内进行调整、优化。须设定的参数主要有土仓压力、推力、刀盘扭矩、推进速度及刀盘转速、出土量、添加剂使用量等。

3.5 模型材料填筑与传感器埋设

3.5.1 模型材料夯实遍数的确定

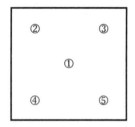

图 3.5-1 动力触探测试点

为了确定模型材料填筑过程中的填土厚度和夯实遍数，在模型材料配置场地进行了 $N_{63.5}$ 的动力触探试验。在现场挖一个深度为 1.2m，平面尺寸为 2m 的坑，分层填模型材料，坑内选取 5 个点进行试验（图 3.5-1），记录每个点每层的锤击次数取平均值，若其中一个点不满足要求则继续夯实，直至每个点的锤击数平均值均满足要求，记录此时夯实的总遍数即为模型土所需夯实遍数；锤击数要满足原型土的锤击数。通过此方法确定每次铺设厚度 25cm 并夯实 4～5 次至 20cm，可达到原型土的密实度。测试过程见图 3.5-2。

图 3.5-2 动力触探试验

3.5.2 模型材料填筑过程

每次拌和材料的时候，模型材料采用湿法分层填筑，填筑过程（图 3.5-3）中多次添加水，每层填筑 25cm 并采用夯实机进行夯实（图 3.5-4）；采取试样测试密实度，使砂土达到土工试验要求。考虑到模型填筑过程中，下层土不断地被压实，填筑完成后下层土的重度会大于上层土。填筑完成后做好洞门的密封。

(a) 通过洞门运土至模型箱

(b) 填土初期模型箱地表

(c) 人工铺平土层

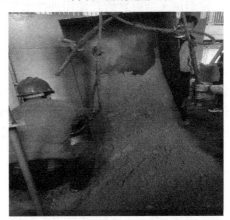
(d) 填土后期通过龙门吊倾倒模型土

图 3.5-3　模型箱土体填筑

(a)

(b)

图 3.5-4　土层夯实

具体填筑步骤如下：

(1) 第一部分-1~0m填筑：此范围为试验室地面以下的范围，这个范围为试验模型的基础部分，此范围内无传感器，填筑施工相对简单，但同时极为重要，需按照要求进行操作。具体的是分五层进行填筑，每层填筑虚方25cm并夯实至20cm。

(2) 第二部分0~1.5m填筑：此范围为模型盾构机模拟开挖要穿过的土层，在此范围内需要根据模型盾构机既有的掘进线路预先埋设土压力盒用于测量隧道自重应力。在具体填筑过程中，每层填筑虚方25cm并夯实至20cm，其中对于有土压力盒的地方，将埋设位置下的土层夯实之后再放置土压力盒，然后再填筑下一层土进行压实，这种做法的目的是让土压力盒能够在原本预设的位置上，尽量减少偏差。

(3) 第三部分1.5~3.5m填筑：此范围为模型盾构机模拟开挖要穿过的土层的上部，在此范围内需要埋设多点位移计来监测开挖过程中模型内部的土体位移。在具体填筑过程中，每层填筑虚方25cm并夯实至20cm，并根据预先设计的监测截面在相应的位置埋设多点位移计，埋设位移计时应当将埋设所处位置下部土体进行夯实之后再进行埋设，以防所埋设的位置与原设计位置偏差过大。

(4) 模型填土结束之后，使用进排水系统进行补水至土体所需水分含量，并等待土体固结。

(5) 固结过程中，连接所有内置传感器引出线和测读仪电缆，记录各种量测仪器的初始读数。并做好各种记录表格和其他准备工作。

其中，为了确保每一次填土的深度都为25cm，并且夯实至20cm，在模型箱的四周都进行高度标记（图3.5-5），每隔5cm为一个刻度。除此之外，在不断填土的过程中需要在对应设计深度土中埋设单点/多点位移计（图3.5-6）。

(a) 洞门处高度标记

(b) 模型箱正面和侧面高度标记

图3.5-5 模型箱高度标记

(6) 安装围护桩：GFRP桩体为预制桩体，在模型材料填筑之前应先将GFRP桩体安装在指定位置，桩体直径为160mm，桩间净距为80mm。桩体在埋设前需要在相应位置粘贴好应变片，埋设之后通过桩体与试验台架之间进行固定，保证在模型材料填筑的过程中桩体不会发生位置变化。将制作好的模型桩按照设计图纸进行安装，在桩上安装应变计等传感器，并在之后的材料填筑过程中按原型桩方法做好桩间土的保护。

在填筑材料时应当注意传感器的保护，将放置传感器下方的土体夯实后再放置传感器，然后继续填土夯实，确保传感器位于预先设定位置。

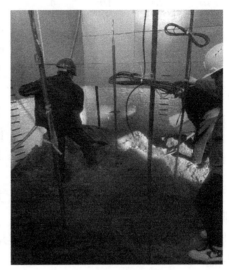

(a) 单点位移计埋设　　　　　　　　(b) 多点位移计埋设

图 3.5-6　单点/多点位移计埋设

3.6　试验数据分析

3.6.1　有限土体内地表沉降变化规律

三维地质力学模型试验中为了能够还原基坑开挖阶段产生的地表沉降，依据三维数值模拟和现场测试结果，以下数据分析按照 1∶5 相似比尺叠加了该地表沉降值。

图 3.6-1 为测试断面、测试点的位置及编号。

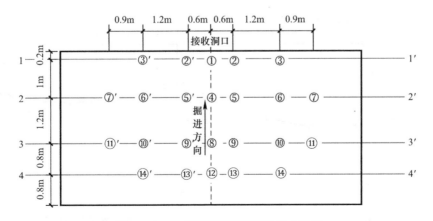

图 3.6-1　地表沉降测试断面和测点编号

3.6.1.1 盾构轴线上地表沉降

盾构轴线上在距离接收洞口2D、1D、0D处布置了地表沉降测点,图3.6-2为盾构掘进至不同位置处轴线处地表沉降变化规律。

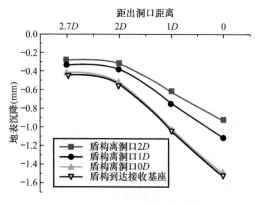

图 3.6-2 盾构至不同位置时轴线地表沉降

当盾构掘进至距洞口2D时,盾构隧道轴线上的地表沉降同地表初始变形相同,距离出洞口越近,地表沉降值越大;也进一步说明盾构掘进到此位置,地表沉降主要受接收井基坑开挖的影响。

当盾构掘进至距洞口1D时,盾构刀盘前方和后方地表均出现了沉降,1D处地表沉降值为-0.75mm,盾构刀盘前方的0D处地表沉降值为-1.11mm。

当盾构掘进至距洞口0D时,盾构刀盘前方和后方地表沉降持续加大,盾构刀盘后方地表沉降有减缓趋势。

当盾构切割完模型GFRP筋混凝土桩体并到达接收基座上后,盾构轴线上地表沉降仍然增加,但趋势变缓。

3.6.1.2 横断面地表沉降

1. 盾构距离洞口2D

当盾构掘进至距洞口2D时(图3.6-3),此时盾构正处于3-3断面,盾构轴线处12号测点的地表沉降值为-0.289mm,8号测点为-0.322mm,4号测点沉降值为-0.63mm,1号测点沉降值为-0.92mm。观察可知,在1-1断面横断面沉降几乎为一条直线,之后随着与盾构的距离越来越近,至3-3断面时沉降槽开始显现,当到达4-4断面时沉降槽最为明显。

2. 盾构距离洞口1D

当盾构掘进至距洞口1D时(图3.6-4),此时盾构正处于2-2断面,盾构轴线处12号测点的沉降值为-0.35mm;8号测点的沉降值为-0.39mm;4号测点沉降值为-0.75mm;1号测点沉降值为-1.11mm。

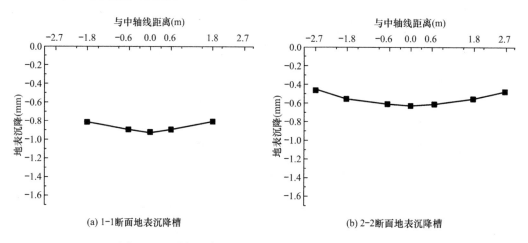

图 3.6-3 盾构距离洞口2D时不同断面地表沉降槽(一)

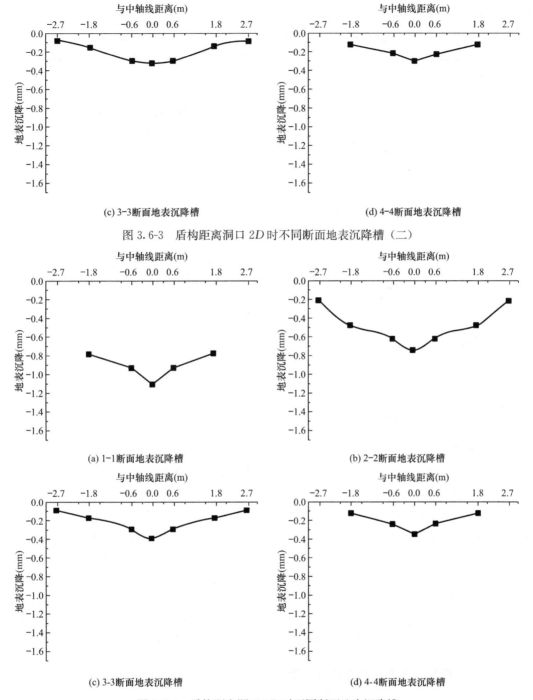

(c) 3-3断面地表沉降槽　　　　　　　　(d) 4-4断面地表沉降槽

图3.6-3　盾构距离洞口2D时不同断面地表沉降槽（二）

(a) 1-1断面地表沉降槽　　　　　　　　(b) 2-2断面地表沉降槽

(c) 3-3断面地表沉降槽　　　　　　　　(d) 4-4断面地表沉降槽

图3.6-4　盾构距离洞口1D时不同断面地表沉降槽

图3.6-4表明，随着盾构的掘进，开挖面前方和后方的地表沉降持续增加，而盾构上方地表沉降增幅不大。

3. 盾构距离洞口0D

当盾构掘进至距洞口0D时（图3.6-5），此时盾构正处于1-1断面，盾构轴线处12号测点的沉降值为-0.47mm；8号测点的沉降值为-0.53mm；4号测点沉降值为

−1.03mm；1号测点沉降值为−1.5mm。

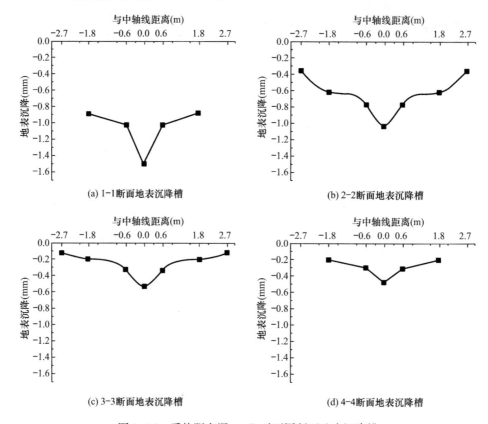

图3.6-5 盾构距离洞口0D时不同断面地表沉降槽

图3.6-5与图3.6-4类似，地表沉降反映出同样的变化规律。

4. 横断面地表沉降变化规律总结

对各断面随盾构掘进的沉降槽变化规律分析（图3.6-6），可知随盾构掘进至不同位置时，1-1断面的沉降槽深度全程逐渐增大，且最终变为1.5mm沉降深度（图3.6-6a）；2-2断面的单侧沉降宽度应当大于2.7m，对比在与中轴线距离1.8m处的沉降，发现若沉降槽沿横向方向具有相同变化速率时，则1-1断面的沉降槽宽度应大于2-2断面（图3.6-6b）；3-3断面的单边沉降槽宽度则约为2.7m（图3.6-6c）；由与中轴线距离1.8m处的沉降监测易推测，4-4断面的单边沉降槽宽度约1.8m，这均小于有限土体中的1-1、2-2、3-3断面的沉降槽宽度，这表明在有限土体中的最大沉降槽宽度大于半无限土体中沉降槽宽度。

3.6.2 有限土体内深层土体位移变化规律

有限土体内深层土体位移测点位置参见图3.3-8，实测数据曲线见图3.6-7。

1. 盾构距离洞口2D

当盾构掘进至距洞口2D时，轴线处土体深度为0.4m、1.2m、2m的沉降值分别为−0.848mm、−0.902mm、−1.1mm；距洞口1D处，土体深度为0.4m时，此时深层土体沉降测点仅布置到距中轴线1.8m处，发生沉降值−0.11mm；而当土体深度在1.2m、2m时，距离中轴线2.7m处对应的深层土体沉降分别为−0.06mm、−0.11mm。

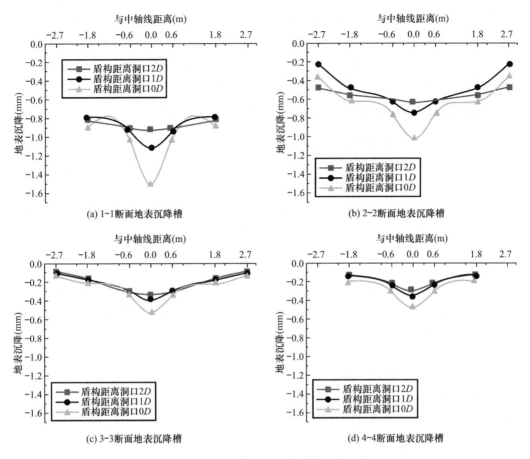

图 3.6-6 不同断面地表沉降槽动态变化

2. 盾构距离洞口 1D

当盾构掘进至距洞口 1D 时，距出洞口 1D 轴线处土体深度分别为 0.4m、1.2m、2m 的沉降值为 −1.50mm、−1.62mm、−1.74mm。对 2-2 断面（距出洞口 1D 处）的深层土体沉降进行分析，土体深度为 0.4m 时，距中轴线 1.8m 处，发生沉降值 −0.18mm；而当土体深度在 1.2m、2m 时，距离中轴线 2.7m 处对应的深层土体沉降分别为 −0.08mm、−0.13mm。

3. 盾构距离洞口 0.5D

当盾构掘进至距洞口 0.5D 时，距出洞口 1D 轴线处土体深度分别为 0.4m、1.2m、2m 的沉降值为 −1.56mm、−1.66mm、−1.77mm。对 2-2 断面（距洞口 1D 处）的深层土体沉降进行分析，土体深度为 0.4m 时，距中轴线 1.8m 处发生沉降值 −0.09mm；而当土体深度在 1.2m、2m 时，距离中轴线 2.7m 处对应的深层土体沉降分别为 −0.04mm、−0.05mm。

从整体分析（图 3.6-7），当盾构掘进至

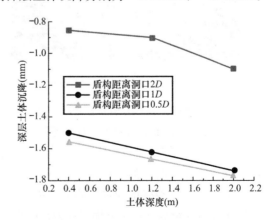

图 3.6-7 盾构至不同位置深层土体沉降

任何位置时，均有随土体深度的增加土体沉降值也随之增加的性质。同时，随着盾构离洞口的距离减小，同一位置的深层土体也会较之前沉降增加。单独分析盾构距离洞口不同位置时的深层土体变形规律，可看出盾构距离洞口 2D 时与盾构距离洞口 1D 和 0.5D 时的变化规律不同，在深度 1.2m 上下沉降量变化明显不同，在深度大于 1.2m 后沉降增量变大。

3.6.3 模型 GFRP 筋混凝土桩体变形、受力变化规律

3.6.3.1 模型 GFRP 筋混凝土桩体变形、破坏现象

1. 刀盘距离洞口 2D

刀盘距离洞口 2D 前，此时的盾构还未进入有限土体，模型 GFRP 筋混凝土桩体无明显变化，其主要受到土压力的作用；盾构进入有限土体后，模型 GFRP 筋混凝土桩体出现微小裂纹。

2. 刀盘距离洞口 1.5D

随着盾构掘进，距洞口 1.5D 时，可观察到模型 GFRP 筋混凝土桩体轻微振动，洞口中可隐约听见刀盘切削土体的声音，各桩体开始出现横向裂缝，桩间土体掉落（图 3.6-8）。此时 GFRP 筋混凝土桩体受到了土体中传递过来的盾构推力的作用，桩体所受应力开始增加，但变形值仍较小。

3. 刀盘距离洞口 1D

可观察到模型 GFRP 筋混凝土桩体明显振动，明显听见刀盘切削土体的声音；桩间卵石土体间歇性成束或成块掉落（图 3.6-9）。此时，盾构推力的影响进一步增大，GFRP 筋混凝土桩体的变形与应力增长趋势也开始增大；盾构推力对中间桩体相比两侧桩体的影响更为明显，中间桩体出现的裂缝数量更多，宽度更大，且裂缝出现分叉的现象。

图 3.6-8　刀盘距离洞口 1.5D

图 3.6-9　刀盘距离洞口 1D

4. 刀盘距离洞口 0.5D 至密贴桩体

刀盘距离洞口 0.5D 时，刀盘逐渐密贴桩体；桩间土体从下往上成块状迅速掉落，土体开始大量溢出洞门（图 3.6-10）；各桩体中上部桩间土完全掉落，各桩体中出现的裂缝持续增大。相比两侧的 GFRP 筋混凝土桩体，在中间的 GFRP 筋混凝土桩体变形趋势最为明显，同时其裂缝增加最为明显，横向裂缝开始延伸至整根 GFPR 筋桩体。一方面是由于盾构推力的影响分布主要集中在刀盘中心，向四周逐渐减小，中间桩体受到盾构推力的影响最大；另一方面是由于两侧桩体受到洞门钢板的约束更多，限制了两侧桩体的变形。

5. 切桩与桩体破坏

刀盘采用挤压、慢磨的方式切割桩体，各桩体的裂缝迅速增大，GFRP筋保护层被挤压破坏，桩体的碎块被刀盘缓慢顶出洞门（图3.6-11）。此时刀盘暴露在桩间缝隙中。各桩体发生轻微横向位移，可听见刀盘摩擦桩体的声音。在这一阶段里，由于为了及时进行盾构纠偏，保证盾构顺利出洞，减小了盾构推力与掘进速度。

 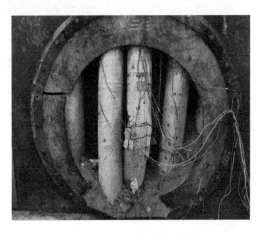

图3.6-10　刀盘接近洞口密贴桩体　　　图3.6-11　GFRP筋混凝土桩体破坏

盾构轴线桩体首先受到刀盘中心刀的挤压，变形最为明显，其所受弯矩最先大于其受弯承载力设计值，盾构轴线位置桩体首先开始发生变形破坏，随后两侧GFRP筋混凝土桩体也逐渐发生较大变形，并倒塌。

模型GFRP筋混凝土桩体最终破坏程度如图3.6-12和图3.6-13所示。

图3.6-12为两侧桩体最终破坏图。两侧模型GFRP筋混凝土桩体存在多处横向磨损痕，磨损最深处达1cm；桩体中部存在38cm长、16cm宽的大面积磨损面，磨损最深处达3cm；其中4根GFRP箍筋露出，2根GFRP纵向主筋露出。桩身整体保存较为完整，无明显宏观变形。

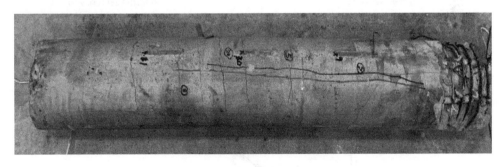

图3.6-12　两侧桩体最终破坏图

图3.6-13为盾构轴线处桩体最终破坏图。盾构轴线模型GFRP筋混凝土桩体存在多处磨损面，磨损最深处达4cm，GFRP箍筋断裂。

3.6.3.2　模型GFRP筋混凝土桩体变形规律

图3.6-14为模型GFRP筋混凝土桩体的位移变化曲线，在刀盘距离洞门0.5D后，GFRP筋混凝土桩体受盾构掘进影响，数据跳动、误差偏大，未计入统计。

图 3.6-13　盾构轴线处桩体最终破坏图

基坑开挖对各 GFRP 筋混凝土桩体的位移影响分别为 1.5mm、2mm、1.8mm。从图 3.6-14 可以看出，在盾构距离洞口 2D 前和 2D 处，盾构掘进对模型 GFRP 筋混凝土桩体影响极小，位移变化很小，增量约为 0.1~0.3mm；在盾构掘进至 1.5D 后，模型 GFRP 筋混凝土桩体的位移增加幅度较大；在刀盘距离洞门 1D 时，桩体出现最大值分别为 5.45mm、6.25mm、5.55mm；在刀盘大约距离洞口 0.5D 时，GFRP 筋混凝土桩体开始逐渐弯曲破坏后，位移量测结果出现了减小的情况。

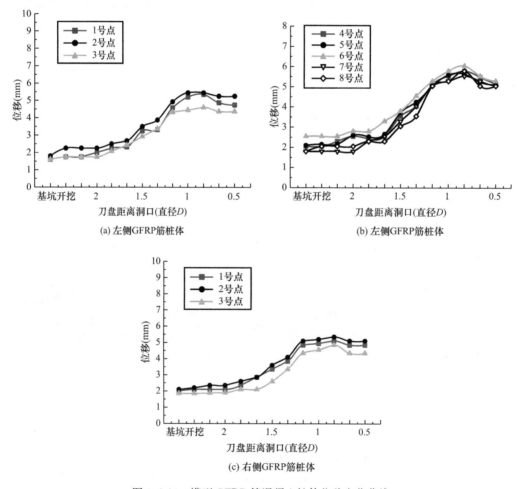

图 3.6-14　模型 GFRP 筋混凝土桩体位移变化曲线

取中间 3 号桩体（盾构轴线处）在各阶段的桩体位移监测值，与数值模拟中土仓压力取 0.1MPa、盾构推力为 20000kN 时的结果进行对比，绘制位移曲线如图 3.6-15 所示。

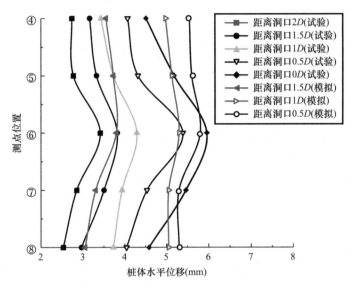

图 3.6-15 桩体位移对比曲线

对比分析可以看出，二者的变形趋势结果大致相同，随着盾构刀盘距离洞口越近，桩体位移逐渐增大；其中变形最大值位于洞口桩体的中间位置，并向桩体上下两端逐渐减小，与数值模拟总结的规律大体一致。

3.6.3.3 模型 GFRP 筋混凝土桩体受力变化规律

图 3.6-16 为盾构无障碍接收三维地质力学模型试验中模型桩 GFRP 筋应变曲线，其中内侧测点为靠近土体的一侧，外侧测点为桩体临空的一侧。

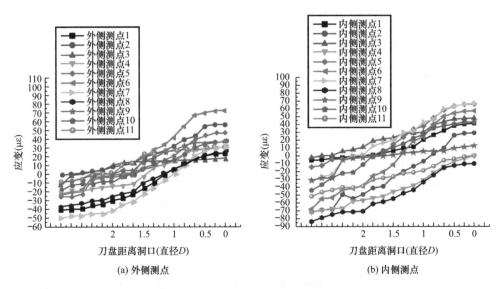

图 3.6-16 模型桩 GFRP 筋应变曲线

对比分析图 3.6-16(a) 与 (b) 可以看出，在桩体内侧测点的 GFRP 筋应变变化值大于桩体外侧测点的变化值，说明 GFRP 筋混凝土桩体在靠近土体一侧受到的影响更大，GFRP 筋混凝土桩体先在靠近土体的一侧发生变形；而二者的变化规律大致相似，均随着盾构掘进呈增长趋势。

1. 弯矩变化规律

取内外两侧对应测点 GFRP 筋应变的平均值，再根据量测结果数值换算修正，乘以系数 5，得到模型试验中的应变值，计算桩体弯矩值，弯矩变化曲线见图 3.6-17；该曲线仅给出了盾构轴线处 3 号桩体和邻近一侧 2 号桩体的弯矩曲线，另一侧 4 号桩体具有相同的变化规律。

对比 2 根模型 GFPR 桩体可以看出，2 根桩体均在洞口中心位置出现最大弯矩，中间 3 号桩体的弯矩值相对 2 号桩体更大，变化趋势更为明显。

在刀盘距离洞口 2D 前和 2D 处，桩体在盾构掘进阶段内，弯矩的变化趋势较小，此时 GFRP 筋混凝土桩体主要受到土压力的影响，受到盾构推力的影响较小；在刀盘距离洞口 1D~2D 时，即进入有限土体后，弯矩的增长趋势变大，说明随着盾构距离模型 GFRP 筋混凝土桩体的距离越近，其受到的影响也越大；在刀盘距离洞口 0D~0.5D 时，弯矩增长趋势又变为平缓，这是由于在试验过程中，为了及时进行盾构纠偏，保证盾构机顺利出洞，在临近刀盘切桩阶段时减小了盾构掘进速度与推力，同时也避免了 GFRP 筋混凝土桩体提前发生过大变形而失稳破坏。

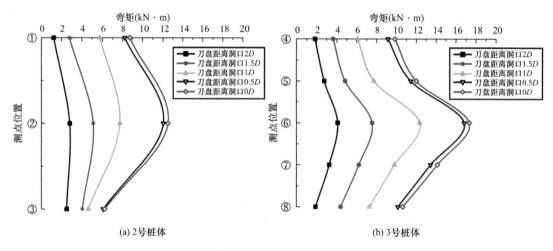

图 3.6-17　模型 2、3 号桩体弯矩曲线

2. 剪力变化规律

模型 GFRP 桩体剪力变化曲线见图 3.6-18。

在盾构掘进阶段里，模型桩剪力增长趋势较为缓慢；在刀盘距离洞口 1D~2D 阶段里，模型桩剪力增长加快，也说明盾构推力的影响在逐渐增大，模型桩混凝土逐渐达到极限应变；在刀盘距离洞口 0.5D 后，模型桩体混凝土已经开始破坏，测得的剪力值减小。

综合模型桩体的变形与破坏规律来看，本次模型试验中模型桩体的变化规律与数值模拟的结果相似，均在刀盘距离洞口 2D 时，GFRP 筋混凝土桩体开始发生初步变形，但趋势较小；在刀盘距离洞口 1D～2D 时，桩体变形趋势逐渐上升，盾构推力的影响逐渐增大；在刀盘距离洞口 0.5D 时，存在陡增的现象，此时桩体的受力最大，处于最易发生失稳破坏的阶段；在临近切桩阶段时，需要适当减小盾构推力，保证接收端洞口的稳定性，总体上模型试验中桩体的变形规律与数值模拟的结论得到相互印证。

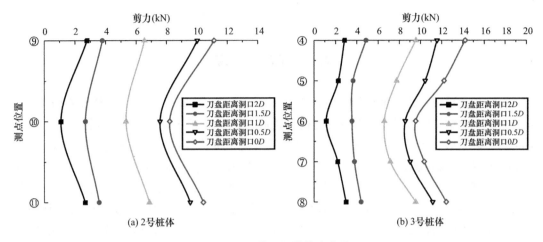

图 3.6-18 模型桩体剪力曲线

第 4 章 工 程 实 践

4.1 前 言

前面几章采用三维数值模拟、室内 1∶1 足尺试验方法构建了盾构井基坑 GFRP 筋混凝土桩体支护结构的设计-基坑开挖-盾构掘进施工的基本理论体系，采用圆形截面 GFRP 筋混凝土梁变形破坏足尺试验揭示了 GFRP 筋混凝土桩体具有剪切破坏特征，重构了该类桩体的正截面、斜截面极限承载力的计算公式；揭示了有限土体地表变形规律，深入剖析了 GFRP 筋混凝土桩体变形、破坏规律；探讨了盾构推力（土仓压力）-地表变形-GFRP 筋混凝土桩体的相互关系，揭示了 GFRP 筋混凝土桩体的"两阶段模型"盾构切割机理，进一步确定了盾构掘进参数。最后，通过三维地质力学模型试验进行了验证和补充完善盾构无障碍始发与接收的基本理论体系。

本章以上述基本理论体系为指导结合北京地铁 16 号线、12 号线某土压平衡盾构工程，阐述盾构无障碍始发与接收的实践过程，完善了盾构无障碍始发与接收的工艺过程及关键技术问题，进而夯实盾构无障碍始发与接收理论体系。

4.2 盾构无障碍始发工程实践

4.2.1 工程背景

北京地铁 16 号线某盾构工程为"双线双洞"，采用土压平衡盾构，直径 6.18m，辐条式刀盘。管片材料为预制钢筋混凝土，环宽 1.2m（6 块），错缝拼接构成（图 4.2-1）。

本工程盾构始发段隧道所处地层为粉土和粉质黏土，盾构接收段隧道所处地层为粉土、粉质黏土、粉细砂。区间所处地层共有 3 层地下水：上层滞水、潜水、层间水。工程地质、水文地质条件见图 4.2-2；地下水的控制采用了降水措施。

盾构无障碍始发与接收洞口范围内使用相同数量、相同直径的 GFRP 筋混凝土桩体替代钢筋混凝土桩体，每个洞口处直接切削的 GFRP 筋混凝土桩体有 5 根，配筋情况如图 4.2-3 所示；GFRP 筋混凝土桩体平面及剖面图见图 4.2-4。

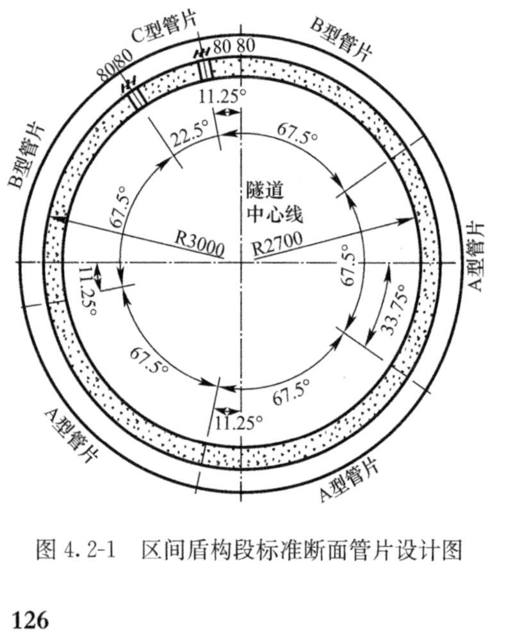

图 4.2-1 区间盾构段标准断面管片设计图

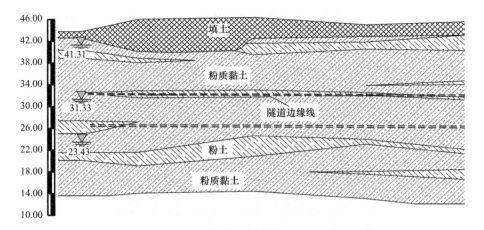

图 4.2-2　无障碍始发段地质剖面图

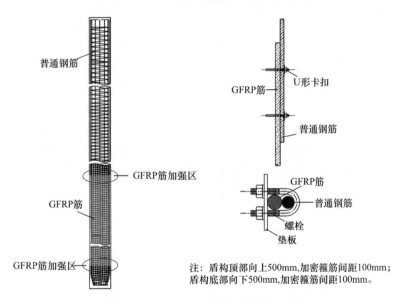

图 4.2-3　GFRP 筋混凝土桩体配筋图

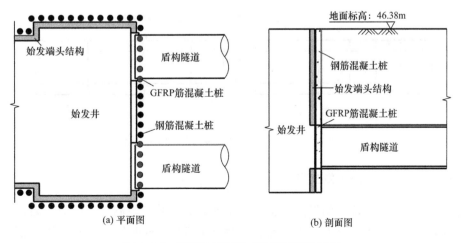

图 4.2-4　GFRP 筋混凝土桩体平面及剖面

盾构无障碍始发与接收前应预先做好支护桩体的施工，主要在于 GFRP 筋与钢筋的搭接（图 4.2-5）以及筋笼的下放。

图 4.2-5　GFRP 筋与钢筋搭接现场

钢筋笼和 GFRP 筋笼主筋之间搭接处采用钢制 U 形卡扣固定（图 4.2-6）。U 形卡扣数量不宜少于 2 个，主筋搭接长度为不小于 30 倍 GFRP 筋直径。

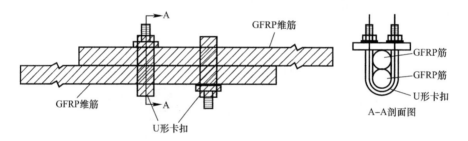

图 4.2-6　玻璃纤维筋与钢筋的搭接构造示意图

钢筋笼与 GFRP 筋笼一起，构成了整体的桁架结构（图 4.2-7），下放时应对准孔位，缓慢下放，待拆除外侧加固的型钢后，筋笼就位并立即固定。

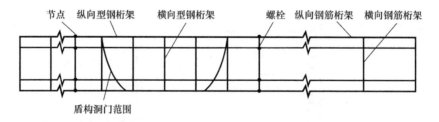

图 4.2-7　型钢桁架与钢筋桁架结构示意图

4.2.2　盾构无障碍始发工艺

前已述及，盾构无障碍始发是指盾构刀盘密贴始发井基坑洞口 GFRP 筋混凝土桩体，并对 GFRP 筋混凝土桩体进行切削，直至切穿整个桩体，同时建立土仓压力并逐渐达到土压平衡，而后盾尾脱离桩体并能进行同步注浆。盾构无障碍始发工艺流程如图 4.2-8 所示，包括施工准备、刀盘密贴并切割GFRP筋混凝土桩体、盾尾脱离GFRP筋混凝土桩体、正常掘进，其中关键技术为土仓压力的快速建立。

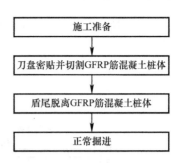

图4.2-8 盾构无障碍始发工艺流程图

4.2.2.1 施工准备

盾构无障碍始发施工准备工作与常规始发地基本一致，包括始发基座安装、洞门密封、反力架安装、盾构机吊装下井并组装调试。

1. 始发井基坑开挖

施作始发井基坑支护结构，洞口处施作GFRP筋混凝土桩体，开挖基坑至坑底，施作主体结构，预留洞口。

2. 洞口密封、反力架、始发基座安装

预留洞口与盾构有一定的间隙，此间隙采用橡胶帘布、环形板等组成的密封装置在洞口周圈布置，防止水、土进入始发井基坑内。

反力架是为盾构机始发掘进提供反力的支撑装置，反力架须具有足够的刚度和强度及稳定性，保证负载后变形量满足盾构掘进方向要求。反力架根据盾尾、管片宽度以及负环管片环数对其进行精确定位。

始发井基坑底部采用钢结构或混凝土结构作为始发基座，其位置按设计标高准确进行放样，要确保盾构掘进方向符合隧道设计轴线。

3. 盾构机吊装下井并组装调试

盾构各组成部件在始发井基坑内正确就位并组装完毕后，进行试运转及调试，当各项指标都满足要求时，才可开始盾构的始发掘进，此时刀盘离洞门1.0~1.5m。主要调试内容为：配电系统、液压系统、润滑系统、冷却系统、控制系统、注浆系统、出渣系统以及各种仪表的校正。

需要强调的是：洞口附近土体的加固意义不大；若有地下水，桩体间应采用搅拌桩之类的止水帷幕，同时应做好洞口密封（本案例采用的是气囊密封方法）。

4.2.2.2 刀盘密贴并切割GFRP筋混凝土桩体

盾构组装调试完成后应进行现场验收，满足盾构设计的主要功能和工程使用要求后方可推进盾构。采用推荐油缸将盾构在始发基座上缓缓推进，推进的过程中拼装负环管片，刀盘密贴GFRP筋混凝土桩体后进行切割（图4.2-9），切割过程中应采用适宜的推力，并开始建立土仓压力。为了能使刀盘密贴GFRP筋混凝土桩体，中心刀位置处可预先凿出一小洞（图4.2-9）。

1. 盾构推力

盾构无障碍始发时，可认为推进油缸产生的推力完全作用在GFRP筋混凝土桩体上，盾构壳体摩阻力可忽略不计。由盾构无障碍始发过程中洞周土体位移趋势和地表沉降规律可得，当盾构推力为5000kN时，地表产生沉降；当盾构推力为8000kN时，基本上能与刀盘前方土体侧压力平衡，既不发生沉降也不产生隆起；当盾构推力大于10000kN时，地表沉降减小，且地表沉降监测点有略微隆起。因此推力控制在8000~10000kN。

2. 土仓压力快速建立

盾构无障碍始发时，盾构刀盘在刚开始接近GFRP筋混凝土桩体时土仓压力为零，在切割 GFRP 筋混凝土桩体过程中逐步开始建立土仓压力，土仓压力建立过程如图 4.2-10 所示。

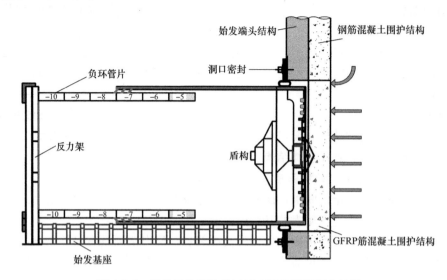

图 4.2-9　盾构刀盘密贴并切割 GFRP 筋混凝土桩体

1）土仓压力计算模型

开挖面稳定是通过切口环内土仓充满渣土而获得的，但盾构贴近 GFRP 筋混凝土桩体时土仓压力为零。从理论上讲，GFRP 筋混凝土桩体被磨碎后能与预先在土仓内添加的泥土、泡沫等能够充填整个土仓，当渣土充满土仓时，被动土压可与开挖面上的土、水压达到平衡，此时盾构进入正常掘进阶段。

由于在盾构推进过程中土仓压力是由土仓内渣土体积变化所产生的，因此土仓内总体积可表示为：

$$V = V_1 + V_2 \quad (4.2\text{-}1)$$

式中，V 为土仓内渣土总体积；V_1 为渣土体积；V_2 为添加的泥土等。

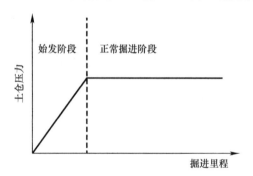

图 4.2-10　土仓压力建立过程示意图

渣土由于自重，往往聚集在土仓的底部，由于搅拌棒的作用，可假定土仓内的渣土等均匀分布在土仓内，如图 4.2-11 所示。

由此，建立如图 4.2-12 所示的土仓压力计算模型图，图中 h 为经过简化后土仓内渣土（其中包括 GFRP 筋混凝土碎屑及后期添加的泥土等）的高度。

式（4.2-1）可转化为：

$$V = \int_0^L \frac{\pi}{4} D^2 \, \mathrm{d}s + V_2 \quad (4.2\text{-}2)$$

式中，D 为刀盘直径；L 为切入桩体、土体的长度，其中 $L = \sum \Delta s$，s 为贯入度。

土仓内渣土总体积 V 又可以表示为：

第4章 工程实践

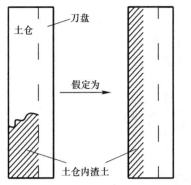

图 4.2-11 土仓内渣土等均匀分布示意图

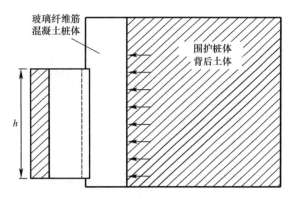

图 4.2-12 土仓压力计算模型

$$V = Fh \tag{4.2-3}$$

且：

$$P = h\gamma \tag{4.2-4}$$

则：

$$P = \frac{4\gamma}{\pi D^2}\left(\int_0^L \frac{\pi}{4}D^2 \mathrm{d}s + V_2\right) \tag{4.2-5}$$

式（4.2-5）即为土仓压力计算公式，其中 F 为盾构土仓截面积，P 为土仓内渣土产生的侧压力（即为土仓压力），γ 为土仓内渣土重度。

2）土仓压力快速建立方法

本工程案例的盾构切口环外形尺寸：$\phi6250\mathrm{mm}$（直径）$\times 1700\mathrm{mm}$（长度）$\times 60\mathrm{mm}$（板厚），土仓体积约为 $55\mathrm{m}^3$，有效空间按 70% 计为 $38.5\mathrm{m}^3$，考虑 1.2 倍切削下来的渣土松散系数，则充满土仓需要的渣土量为 $46.2\mathrm{m}^3$。

式（4.2-5）又可以表示为

$$P = P_1 + P_2 \tag{4.2-6}$$

式（4.2-6）又可以转化为

$$P = \gamma L + P_2 \tag{4.2-7}$$

式（4.2-5）、式（4.2-6）中，$P_1 = \frac{4\gamma}{\pi D^2}\int_0^L \frac{\pi}{4}D^2 \mathrm{d}s = \gamma L$，为切削下的渣土产生的土仓压力；$L$ 为贯入度 s 的总和，P 可计算每贯入度切削下的渣土产生的压力，此次计算为与现场实测数据比较 L 取环宽，即 1.2m，γ 按经验取值为 $22\mathrm{kN/m}^3$；$P_2 = \frac{4\gamma}{\pi D^2}V_2$，为事先加注的辅助材料（泥土）产生的土仓压力，若不事先加入泥土等，则 $P_2 = 0$。

因此，土仓压力 $P = \gamma L + P_2$，其为关于 L 的一次函数。该表达式中 P_2 为控制盾构始发土仓压力的一个极为重要的参数，决定着能否快速建立土仓压力，是可以控制的一个变量。

本工程盾构无障碍始发从 -10 环管片开始（此时拼装 -6 环管片），盾尾内始终有 3 环管片；随着盾构的掘进，当拼装 -5 环管片时，刀盘开始接触 GFRP 筋混凝土桩体，此时应事先凿除中心刀部分的桩体使中心刀进入桩体，开始对其进行切削；盾构持续掘进，当拼装 -4 环管片时，刀盘将 GFRP 筋混凝土桩体完全切穿（图 4.2-13）。

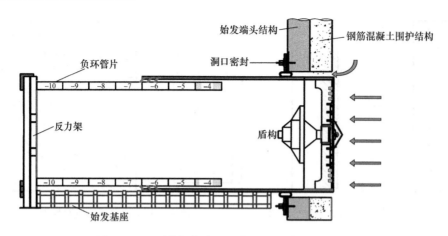

图 4.2-13 盾构切削直至切穿 GFRP 筋混凝土桩体

由图 2.2-7 可知，盾构掘进从-4 环至-1 环之间开始建立土仓压力，在拼装+1 环管片时，开始同步注浆，但可能会出现漏浆现象。根据式（4.2-7），土仓压力建立过程如图 4.2-14 所示，在刀盘接触 GFRP 筋混凝土桩体时，添加泥土量为 $12m^3$；在掘进-3 环时，土仓逐渐被渣土充满，此时开始出土，掘进至-1 环时开始正常出土。

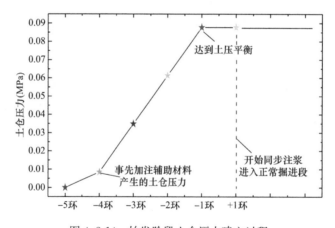

图 4.2-14 始发阶段土仓压力建立过程

土仓压力的快速建立对盾构无障碍始发中地表沉降的控制至关重要，而盾构无障碍始发掘进前外加泥土等材料的加入量极为关键，可一次性加入，也可根据切割 GFRP 筋混凝土桩体的情况分批加入；此外，被切割下来的碎屑不易过大，否则难以建立土仓压力，采用碾压、慢磨的方式可获得理想效果。

4.2.2.3 盾尾脱离 GFRP 筋混凝土桩体

盾构在千斤顶的作用下继续推进，当盾构拼装+3 环管片时，盾尾开始脱离 GFRP 筋混凝土桩体（图 4.2-15），此时完全具备了同步注浆条件且土仓压力可达 0.1MPa，因此可随盾构的掘进进行同步注浆，及时充填间隙。

表 4.2-1 为现场实测数据，自-1 环至+3 环这一阶段土压平衡是稳定的，+3 环后盾尾脱离 GFRP 筋混凝土桩体，或者说盾尾离开洞口位置便可认为完成了无障碍始发，开始进入正常掘进阶段。

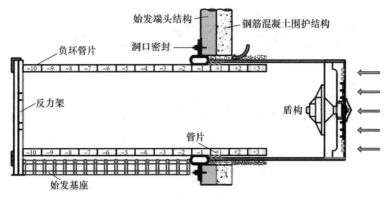

图 4.2-15 盾尾脱离 GFRP 筋混凝土桩体

盾构无障碍始发土压平衡建立　　　　　　　　　　表 4.2-1

环号	行程（mm）	土仓压力（MPa）	环号	行程（mm）	土仓土压（MPa）
−1	240	0.08	+1	240	0.09
	480	0.08		480	0.09
	720	0.09		720	0.10
	960	0.07		960	0.08
	1200	0.09		1200	0.07
+2	240	0.08	+3	240	0.06
	480	0.07		480	0.07
	720	0.07		720	0.08
	960	0.08		960	0.08
	1200	0.09		1200	0.08

盾构无障碍始发建立土压平衡后，盾构机继续向前掘进，在掘进的过程中及时记录了盾构的掘进参数，图 4.2-16～图 4.2-19 为截取了 10～90 环主要的盾构掘进参数，可知无障碍始发段与后续盾构掘进段过程衔接连续、平稳。

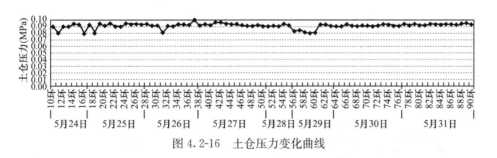

图 4.2-16 土仓压力变化曲线

图 4.2-17 总推力变化曲线

图 4.2-18 注浆压力变化曲线

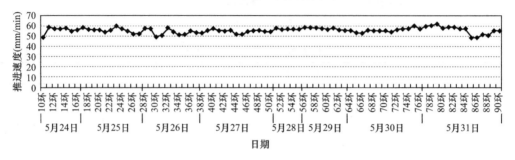

图 4.2-19 推进速度变化曲线

无障碍始发实现了土压平衡的快速建立，并能与正常掘进平稳过渡，克服了常规的盾构始发土仓压力建立困难甚至无法建立的问题。

4.2.3 现场监测

在盾构无障碍始发掘进过程中主要进行了地表沉降监测，监测点布置见图 4.2-20。

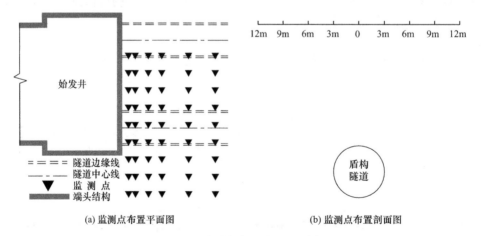

(a) 监测点布置平面图　　　　(b) 监测点布置剖面图

图 4.2-20 监测点布置平面图和剖面图

地表沉降监测断面的编号为（图 2.4-2）：距离始发井最近的监测断面为第 1 个监测断面（SF1），自左向右监测点编号分别为 SF1-1、SF1-2、SF1-3……SF1-9，第 2 个监测断面监测点编号分别为 SF2-1、SF2-2、SF2-3……SF2-9……第 6 个监测断面监测点编号分别为 SF6-1、SF6-2、SF6-3……SF6-9。

盾构隧道轴线处纵断面地表沉降数值模拟与实测值见图 4.2-21。

第 4 章 工程实践

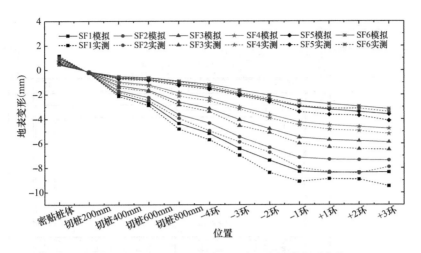

图 4.2-21 无障碍始发隧道中心线地表沉降实测曲线

由图 4.2-21 可知：在盾构无障碍始发密贴桩体时，由于盾构推力较大，在地表出现了轻微的隆起（最大值为 1.2mm）；之后，地表产生沉降，累积沉降值最大为 -9.5mm，满足设计文件及相关规范要求。

4.3 盾构无障碍接收工程实践

4.3.1 工程背景

北京地铁 12 号线区间采用盾构法施工，接收井基坑尺寸为 11.9m×11.4m×29.2m（长×宽×深），采用桩+内支撑的支护结构；盾构接收后空推通过盾构井，然后再重新始发。接收井基坑平面图、剖面图见图 4.3-1、图 4.3-2。

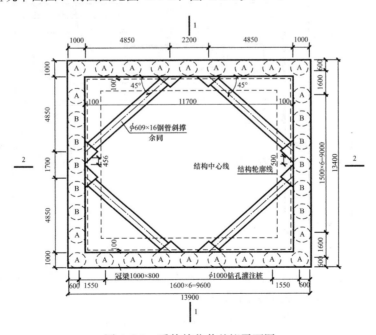

图 4.3-1 盾构接收井基坑平面图

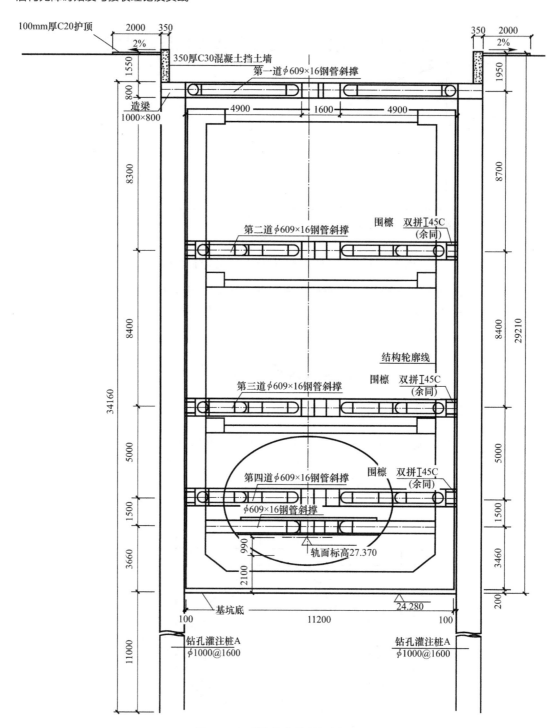

图 4.3-2 盾构接收井基坑剖面图

支护桩为钢筋混凝土钻孔灌注桩，洞口处为 GFRP 筋混凝土桩体，GFRP 筋混凝土桩体的 GFRP 筋直径 32mm，配筋见图 4.3-3。

盾构刀盘开挖直径为 6290mm，盾构区间采用标准环管片，管片外径 6.0m、内径 5.4m、厚 300mm、环宽 1.2m，采用"3+2+1"分块方式。

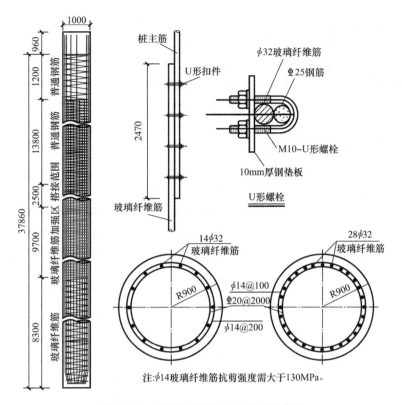

图 4.3-3　GFRP 筋混凝土支护桩配筋图

盾构接收井基坑、盾构区间主要穿越⑦层卵石圆砾、局部有⑥层粉质黏土、⑧层粉质黏土。⑦层卵石最大粒径不小于 240mm，一般粒径 30～80mm，地质纵剖面图如图 4.3-4 所示。

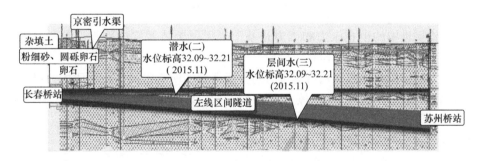

图 4.3-4　盾构区间工程地质剖面图

4.3.2　盾构无障碍接收工艺

无障碍接收是指利用已拼装管片提供反作用力，在有限土体内掘进到达接收洞口、密贴并切割 GFRP 筋混凝土桩体，切穿该桩体后，在盾构的推力作用下进入接收井基坑内的接收基座上。通常在盾构正常掘进至离接收工作井基坑 50～100m 时，开始准备接收工作，在盾构距离接收井基坑 2D 时进入无障碍接收阶段。无障碍接收工艺流程包括施工准备、有限土体内掘进、刀盘密贴并切割 GFRP 筋混凝土桩体、进入接收基座（图 4.3-5），

137

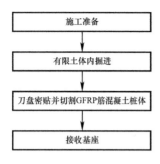

图 4.3-5 盾构无障碍接收工艺流程

其中关键技术为盾构掘进参数的控制和桩体稳定性。

4.3.2.1 施工准备

施工准备包括接收井基坑开挖、接收基座、洞口密封的安装等，与无障碍始发类似。

在盾构掘进至距离接收工作井基坑 50~100m 时，要对盾构姿态进行测量和调整，同时对接收洞口位置进行复核测量。在考虑盾构的贯通姿态时注意两点：一是盾构贯通时的中心轴线与隧道设计轴线的偏差，二是接收洞口位置的偏差。

4.3.2.2 有限土体内掘进

盾构掘进至距离接收洞口 2D 时进入有限土体（图 4.3-6），此时盾构前方土体的应力与变形场开始发生变化；盾构继续掘进则会使 GFRP 筋混凝土桩体受力与变形，盾构掘进对地表产生的影响与接收井基坑开挖所产生的影响开始叠加，因此有限土体内掘进参数的确定极为重要。

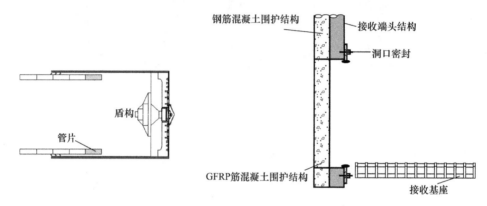

图 4.3-6 盾构掘进有限土体

目前盾构掘进中的土仓压力和推力是基于半无限土体假定的朗肯、库仑土压力理论的，故而均不适用于盾构无障碍接收阶段。

盾构推力的作用是克服盾构机掘进时前方所遇到的所有阻力，包括盾构刀盘正面阻力合力 $F_{阻}$，盾构机与土体之间的摩擦力合力 F_μ，切口环贯入阻力、后配套牵引力等的合力 F_1（图 4.3-7）。

故可得最终推力的取值为：

$$F_{排} = F_{阻} + F_\mu + F_1 \quad (4.3-1)$$

据有关文献，F_1 约占总推力数值中的 3.5%，当已知 $F_{阻}$ 和 F_μ 时，可求出最终推力。而盾壳摩擦力与盾壳的尺寸及周边土体的作用力有关，趋于一个固定值，不可调整。相较而言，因为刀盘正面阻力量值与土仓压力相等，而土仓压力与朗肯土压力求解相关，是一个范围值。故要求盾构推力，需重点求出在盾构无障碍接收阶段的土仓压力。因此易知，在有限土体中掘进时，最主要的盾构掘进参数为土仓压力和盾构推力。

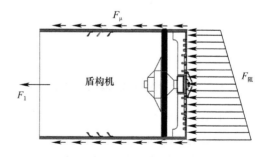

图 4.3-7 盾构掘进时荷载示意图

1. 土仓压力确定

1) 土仓压力计算模型

在盾构的正常掘进阶段,土仓压力计算多采用朗肯土压力模型。朗肯土压力具有计算方式简便,结果能与实际盾构工程土仓压力取值较为贴合,能够有效控制地面沉降的优点。但是由于朗肯土压力的使用前提条件为土体应力状态需符合半空间应力状态,而当盾构掘进到有限土体内时,刀盘前方滑裂破坏面会从隧道处延伸至基坑围护结构,使得刀盘前方土体不再符合半空间应力状态,因此需建立有限土体内的土仓压力计算模型,该计算模型如图4.3-8所示,假定:该模型假设土体为均质土,并认为滑裂破坏面1恰好与围护结构相交时标志着进入有限土体阶段;由于滑裂破坏面2亦会继续延伸至围护结构,最终形成楔形体$BCDE$,刀盘BE的作用力通过楔形体$BCDE$间接作用于围护结构CD,即盾构直径BE的大小会影响围护结构受影响的范围CD。

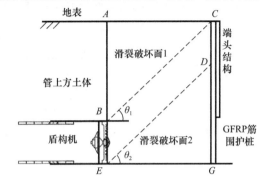

图4.3-8 有限土体内土仓压力计算模型

2) 土仓压力下限值计算

接收阶段最小土仓压力受力分析如图4.3-9、图4.3-10所示。假设刀盘后土体会形成两道破坏面,分别为刀盘上方的BC(BC面与水平面的夹角为θ_1)和刀盘下方的DE(DE面与水平面的夹角为θ_2),刀盘后方的土楔体$BCDE$沿破坏面DE有向下滑动的趋势,此时认为土楔体$BCDE$处于极限平衡状态。盾构刀盘直径为D,盾构机底端到地面的垂直距离为H,土体内摩擦角为φ。土楔体ABC的每米宽度范围的重力为W_1,梯形土体$ACDE$的每米宽度范围的重力为W_2,盾构机正上方土体所给盾构掘进方向的土体的支持力为E_1,土楔体$BCDE$作用于土楔体ABC的支持力为R_1,土楔体$BCDE$受到土楔体DEG的反力为R_2,而此时管片上方土体和盾构机共同提供的作用力为E_2。δ_1为经扰动后盾构前方土体对刀盘上方土体的摩擦角发挥值,取$\varphi/3$。γ为均质土的重度。

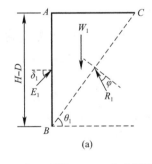 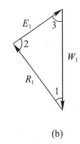 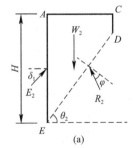 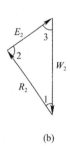

图4.3-9 上破坏面受力分析　　　图4.3-10 下破坏面受力分析

则在上破坏面有:

$$\angle 1 = \theta_1 - \varphi \tag{4.3-2}$$

$$\angle 2 = \pi/2 - \theta_1 + \varphi + \delta_1 \tag{4.3-3}$$

$$\angle 3 = \pi/2 - \delta_1 \tag{4.3-4}$$

$$W_1 = \frac{1}{2}\gamma \frac{(H-D)}{\sin\theta_1}(H-D)\cos\theta_1 \tag{4.3-5}$$

$$E_1 = W_1 \frac{\sin\angle 1}{\sin\angle 2} \tag{4.3-6}$$

因为最初的 θ_1 是任意假定的，因此，假定不同的滑动面可以得到不同的土压力 E_1 值，故易得知 E_1 是 θ_1 的函数。又因为当 θ_1 在 0 和 $\pi/2$ 之间变化时，必然将出现一个极大值 $E_{1\max}$，所以实际的滑动面应是土楔体最危险滑动面。因为 E_1 与 θ_1 之间具有数学关系，则可使 E_1 对 θ_1 求微分，即为：

$$\frac{dE_1}{d\theta_1} = \frac{\lambda\cos(\varphi-\theta_1)\cot\theta_1(D-H)^2}{2\cos(\delta_1+\varphi-\theta_1)} + \frac{\lambda\sin(\varphi-\theta_1)(D-H)^2\cot^2\theta_1 + 1}{2\cos(\delta_1+\varphi-\theta_1)} + \frac{\lambda\sin(\varphi-\theta_1)\sin(\delta_1+\varphi-\theta_1)\cot\theta_1(D-H)^2}{2\cos^2(\delta_1+\varphi-\theta_1)} = 0 \tag{4.3-7}$$

可求出 θ_1 及 AC，代入式（4.3-6），得出 E_1，同理可得：

$$W_2 = \frac{1}{2}\gamma(CD+H)AC \tag{4.3-8}$$

$$E_2 = W_2 \frac{\sin\angle 1}{\sin\angle 2} \tag{4.3-9}$$

易知 E_2、CD 也是 θ_2 的函数，同样 θ_2 的变化范围在 0 和 $\pi/2$ 之间，同样对其进行求导，此时可求出 θ_2，并利用式（4.3-9）得出 E_2，通过式（4.3-10）可得出每米宽度盾构土仓压力 E_3 和刀盘的最小正面阻力 $F_{阻\min}$ 为：

$$F_{阻\min} = E_3 = E_2 - E_1 \tag{4.3-10}$$

比较 θ_1 和 θ_2，可得在该情况下，两者数值大小几乎相同，即表明 $BE=CD$，土楔体 $BECD$ 为平行四边形，即盾构刀盘的直径等于围护桩受影响的范围。

因此土仓压力最小值的确定，即为当盾构机进入有限土体范围后，设置盾构机土仓最小的土压力，使之恰好能够与盾构刀盘前方往下滑裂的有限土体形成极限平衡，此时破坏面虽然延伸至 GFRP 筋围护桩，但是 GFRP 筋围护桩并未受到来自盾构机往前的附加应力。

3）土仓压力上限值计算

当进入有限土体后，若土仓压力不断增大至一定数值时，GFRP 筋围护桩开始受到过大土仓压力的作用而开始产生弯曲，甚至破坏，则此时土仓压力达到了最大值，即刀盘的正面阻力亦会达到最大值。

由于土仓压力的过大，盾构机的刀盘不再仅仅起承担阻止前方土体下滑的作用了，相反，由于推力的过大会将前方土体沿滑裂破坏面往前推，在这种模式下，其破裂面形式仍然与图 4.3-8 表示的一致，但受力状态复杂，计算模型如图 4.3-11 和图 4.3-12 所示。

当盾构刀盘的土仓压力过大，使前方土体受到向前挤压的力，说明现在刀盘及刀盘上方的土体受力模式发生了改变，可类比为挡土墙受力分析中由静止土压力转变为被动土压力。则利用式（4.3-6）、式（4.3-7）的方法可求得上滑裂破坏面土体的作用力 E_1 及破坏角 θ_1。而围护结构作用于有限土体的反力 P 可由式（4.3-11）求得：

$$P = \frac{1}{2}\gamma CD^2 \tan^2\left(\frac{\pi}{4} - \frac{\varphi}{2}\right) \tag{4.3-11}$$

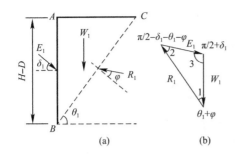
图 4.3-11 上破坏面受力分析

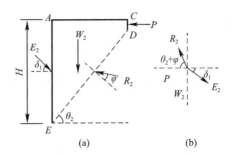
图 4.3-12 下破坏面受力分析

其中 CD 为基坑外地表至下滑裂破坏面的净距离，由式（4.3-12）可求。

$$CD = H - AC\tan\theta_2 \qquad (4.3\text{-}12)$$

此时对整个有限土体、盾构土仓压力、围护结构反力等进行受力平衡分析，有：

$$E_2\cos\delta_1 = P + R_2\cos(\theta_2+\varphi) \qquad (4.3\text{-}13)$$
$$E_2\sin\delta_1 + W_2 = R_2\sin(\theta_2+\varphi) \qquad (4.3\text{-}14)$$
$$F_{阻\max} = E_3 = E_2 - E_1 \qquad (4.3\text{-}15)$$

又因为 E_2 也是 θ_2 的函数，同样 θ_2 的变化范围在 0 和 $\pi/2$ 之间，并且存在最值，所以可将 E_2 对 θ_2 求导，联立式（4.3-13）～式（4.3-15）可求得下破裂面破坏角 θ_2 和土仓压力上限值 E_3 和刀盘最大正面阻力 $F_{阻\max}$。

在土仓压力最大值的求解中，亦得出 θ_1 约等于 θ_2 的关系，即也表明在该情况下也存在盾构的直径约等于围护桩受影响的范围。

2. 盾构推力计算

盾构推力的作用是克服盾构机掘进时所遇到的所有阻力，包括盾构刀盘正面阻力合力 $F_{阻}$、盾构与土体之间的摩擦力合力 F_μ、后配套牵引力等的合力 F_1，即：

$$F_{推} = F_{阻} + F_\mu + F_1 \qquad (4.3\text{-}16)$$

刀盘正面阻力合力 $F_{阻}$ 可通过土仓压力确定。

1) 盾壳摩擦力计算

盾壳上的摩擦力主要是由于盾壳周边的土体对盾壳产生了挤压，随着盾构的向前掘进，使盾壳与周边土体产生摩擦作用，进而产生摩擦力。其中周边土体对盾壳产生的挤压力主要来自于两方面，分别为盾壳上所受的垂直压力和周边土所造成的侧向压力。

（1）盾壳上垂直压力

传统求盾构工程上的垂直压力，都采用覆土深度与土的重度相乘的方法求得，这种方法虽然简单，但是并不准确，因为实际上在隧道工程中，土体受到了扰动产生地层损失，会让盾壳或隧道上方的土体与隧道两侧延伸的破坏面产生相对滑动，产生摩擦力，使上方土体作用在盾壳上的竖向压力减小，即形成了土拱效应，如图 4.3-13 所示。在土拱

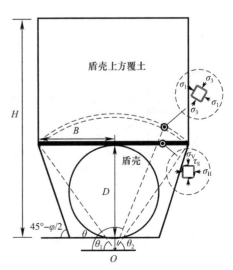
图 4.3-13 滑移面宽度范围

效应下分析埋深比对两侧滑移面的宽度范围，认为该两者之间的关系为：

$$B = \frac{D}{2}(H \leqslant 2D) \tag{4.3-17}$$

$$B = \frac{D}{2} + \frac{H-2D}{3}\tan\left(\frac{\pi}{4}-\frac{\varphi}{2}\right) \quad (2D < H \leqslant 6D) \tag{4.3-18}$$

$$B = \frac{D}{2}\left[1 + 2\tan\left(\frac{\pi}{4}-\frac{\varphi}{2}\right)\right] \quad (6D < H) \tag{4.3-19}$$

按照松散体理论对应力拱进行分析，可得在盾壳上方土体任一微元土体的应力关系有：

$$\sigma_H = \sigma_1 \sin^2\theta + \sigma_3 \cos^2\theta \tag{4.3-20}$$

$$\sigma_V = \sigma_1 \cos^2\theta + \sigma_3 \sin^2\theta \tag{4.3-21}$$

$$\tau_s = (\sigma_1 - \sigma_3)\sin\theta\cos\theta \tag{4.3-22}$$

其中，θ 是应力拱中任一微元体发生旋转后与水平面的夹角。因为该应力拱是关于盾构中心轴对称，故在该应力拱的两侧所形成的旋转角 θ_1 和 θ_2 分别为：

$$\theta_1 = \theta_2 = \frac{\pi}{2} - \frac{\varphi}{2} \tag{4.3-23}$$

φ 是破裂面土体的内摩擦角，该应力拱的半径 r 为：

$$r = \frac{2B}{\cos\theta_1 + \cos\theta_2} \tag{4.3-24}$$

此时则有隧道上方形成应力拱后的平均竖向应力为：

$$\bar{\sigma}_V = \frac{V_1}{2B} \tag{4.3-25}$$

V_1 为在形成土拱效应后作用在盾壳上方应力拱上的总竖向应力，其求解为：

$$V_1 = \int_{\theta_1}^{\pi-\theta_2} \sigma_V r\sin\theta \mathrm{d}\theta \tag{4.3-26}$$

联立式（4.3-20）、式（4.3-22）~式（4.3-25）可得：

$$\bar{\sigma}_V = \frac{(\sigma_1 - \sigma_3)[\cos^3\theta_1 - \cos^3(\pi-\theta_2)]}{3(\cos\theta_1 + \cos\theta_2)} + \frac{\sigma_3[\cos\theta_1 - \cos(\pi-\theta_2)]}{3(\cos\theta_1 + \cos\theta_2)} \tag{4.3-27}$$

由莫尔应力圆及土的极限平衡条件可得：

$$\sigma_3 = \sigma_1 \frac{1-\sin\varphi}{1+\sin\varphi} \tag{4.3-28}$$

对盾壳在垂直方向上的所受土压力分析，易得知 A_1、A_2、A_3、A_4 的土体垂直应力均呈对称分布，如图 4.3-14 所示，所以在计算盾壳所受的垂直压力时，只需计算在 $(0, \pi/2)$ 内积分即可。

故在考虑了盾壳上方的应力拱作用下，盾壳上任意一点的竖直应力为：

$$P_1 = \bar{\sigma}_V + \rho g \frac{D}{2}(1-\sin\alpha) \tag{4.3-29}$$

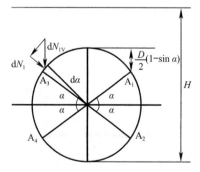

图 4.3-14 盾壳表面垂直压力计算图

在角度为 α 上的圆周上取微面 $\mathrm{d}s$，其对应的圆心角为 $\mathrm{d}\alpha$，则作用在 $\mathrm{d}s$ 上的垂直土压力为：

$$\mathrm{d}N_1 = \mathrm{d}N_{1V}\sin\alpha = P_1\sin^2\alpha\,\mathrm{d}s \tag{4.3-30}$$

则在 (0, π/2) 内所受的垂直压力 N_1 为：

$$N_1 = \int_0^{\frac{\pi}{2}} \frac{D}{2}\left[\overline{\sigma_V} + \rho g \frac{D}{2}(1-\sin\alpha)\right]\sin^2\alpha d\alpha \qquad (4.3\text{-}31)$$

（2）盾构侧向土压力

由图 4.3-14 可知，A_1、A_2、A_3、A_4 由于土体竖向压力相同，故当有相同的侧向土压力系数时，他们的侧向压力也应是相同的，其受力分析如图 4.3-15 所示。则有盾壳上任意一点的侧向应力为：

$$P_2 = K_0 \left[\overline{\sigma_V} + \rho g \frac{D}{2}(1-\sin\alpha)\right] \quad (4.3\text{-}32)$$

作用在 ds 上的侧向正压力为：

$$dN_2 = dN_{2H}\cos\alpha = P_2\cos^2\alpha ds \quad (4.3\text{-}33)$$

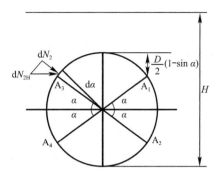

图 4.3-15　盾壳表面水平压力计算图

则 (0, π/2) 内所受的侧向压力 N_2 为：

$$N_2 = \int_0^{\frac{\pi}{2}} \frac{D}{2} K_0 \left[\overline{\sigma_V} + \rho g \frac{D}{2}(1-\sin\alpha)\right]\cos^2\alpha d\alpha \qquad (4.3\text{-}34)$$

其中，K_0 为静止侧向土压力系数，因为在盾壳的左右两侧皆为半无限土体状态，故可取为：

$$K_0 = 1 - \sin\varphi \qquad (4.3\text{-}35)$$

（3）盾壳上总压力及摩擦力

盾构壳体四周的总压力为：

$$F_N = 4(N_1 + N_2) \qquad (4.3\text{-}36)$$

因为盾壳本身具有自重，故在考虑摩擦阻力时还应考虑自重造成的土压力，所以可求得此时在盾构接收过程中作用在盾壳表面上的摩擦力为：

$$F_\mu = \mu F_N L + \mu mg \qquad (4.3\text{-}37)$$

其中，L 为盾壳长度；μ 为土体与盾壳之间的摩擦系数，其取值与土体与盾壳之间的外摩擦角 δ 有关，δ 为实测值，在资料不足时，可取 $\delta = 2\varphi/3$：

$$\mu = \tan\delta \qquad (4.3\text{-}38)$$

2）有限土体内盾构推力确定

因为由式（4.3-1）知盾构推力主要是由土仓压力和盾壳与土体的摩擦力确定，故推力的最小值应为：

$$F_{推min} = F_\mu + F_{阻min} + F_1 \qquad (4.3\text{-}39)$$

推力的最大值为：

$$F_{推max} = F_\mu + F_{阻max} + F_1 \qquad (4.3\text{-}40)$$

3）依托工程盾构掘进参数确定

通过上述理论推导的计算，得出在盾构接收时有限土体内的土仓压力的上下限为 0.09~0.11MPa、推力范围为 15000~20000kN，而该工程的实际盾构土仓压力和推力均在对应区间内变化，如图 4.3-16 和图 4.3-17 所示。

盾构无障碍接收掘进参数如表 4.3-1 所示。

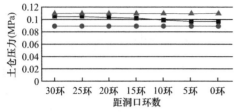 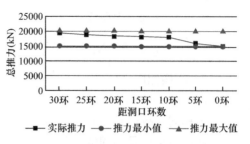

图 4.3-16 盾构无障碍接收实际土仓压力　　　图 4.3-17 盾构无障碍接收实际总推力

无障碍接收掘进参数　　　表 4.3-1

项目	数值	单位
掘进速度	≤20	mm/min
土压控制	0.09~0.10	MPa
加泥数量	5~7	m³
加泥压力	0.15~0.25	MPa
加泡沫量	0.70~1.26	m³
泡沫注入压力	0.28~0.37	MPa
同步注浆量	3.49~4.64	m³
同步注浆压力	0.20	MPa
二次注浆量	600~700	L
二次注浆压力	0.30~0.35	MPa

3. 渣土改良

盾构切削钢筋混凝土时，需在盾构的刀盘正面注入泡沫和膨润土泥浆（泡沫为主、泥浆为辅），以降低刀盘扭矩，控制在额定扭矩的60%以下，减少对桩体的振动；同时改良土仓内土体（必要时通过土仓隔板上的添加剂注入口向土仓里添加膨润土泥浆和泡沫），有助于桩体碎块从螺旋机内顺利排出，确保盾构正常出土。

4.3.2.3 刀盘密贴并切割 GFRP 筋混凝土桩体

1. 切割 GFRP 筋混凝土桩体原理

刀盘密贴、切割过程中，GFRP 筋混凝土的既有裂纹，通过其自身的扩展、聚结，也促使了新裂纹的产生。切割过程中，盾构应缓慢推进，采用碾压、慢磨的方式使 GFRP 筋、混凝土破碎；严格控制盾构推力和贯入度，贯入度不宜超过 4mm，刀盘密贴并切割 GFRP 筋混凝土桩体过程见图 4.3-18。

1) 推力控制

盾构切割 GFRP 筋混凝土桩体应遵循"两阶段模型"特点：刀盘密贴到切入一半时，推力控制在 15000kN 左右；切割后一半应不大于 8000kN。

2) 推进速度

盾构正常掘进推进速度控制在 60~70mm/min；在距截桩横通道及离桩基 1m 左右时，推进速度控制在 10~20mm/min，做好磨桩准备工作；在磨桩的过程中，推进速度控制在 5~10mm/min，注意观察刀盘扭矩及盾构推力的变化。

3) 刀盘转速、刀盘扭矩

盾构磨桩施工中，为减小对桩体的扰动应该遵循"转速大，扭矩小，推力小"的原则，为保证刀盘扭矩，因此确定刀盘转速为 0.6rpm，刀盘扭矩控制范围为：3000～4500kN·m。

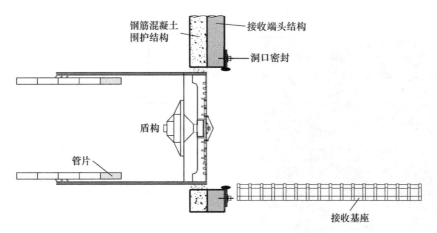

图 4.3-18　刀盘密贴并切割 GFRP 筋混凝土桩体

4) 盾构出土量控制

盾构无障碍接收掘进过程中严格控制出土量，避免出土量过大造成地层损失，在刀盘切桩前半程由于桩体碎屑大量剥落，要密切关注螺旋输送机是否出现卡壳及出土不畅等问题。

2. 盾构切割 GFRP 筋混凝土桩体过程及现象描述

盾构切桩过程如图 4.3-19 所示。

1) 当盾构刀盘接触到 GFRP 筋混凝土桩体时，在洞口处开始有水及泡沫流出；

2) 随着盾构继续切割桩体，洞口处 GFRP 筋混凝土桩体开始产生裂缝，当刀盘切削桩体 20cm 时，开始大块剥落，并有桩间土掉落坑内；

3) 随着刀盘继续切割桩体，桩体上部的混凝土和 GFRP 筋箍筋在先行刀的切割作用下开始剥落，露出 GFRP 筋的纵筋，并在刀盘的旋转作用下，被切割下来的碎块有一部分掉入土仓，一部分掉入了坑内，当刀盘切削桩体 40cm 时，陆续有 GFRP 筋开始崩断，发出清脆的断裂声；

图 4.3-19　盾构切桩过程

4) 当刀盘切割桩体 60cm 时，中间 GFRP 筋混凝土桩体相比两侧桩体混凝土剥蚀严重，上半部只剩下纵筋，主要是由于刀盘中心刀的切割作用；

5) 当刀盘切割桩体 80cm 时，不断有 GFRP 筋纵筋在洞口上下端位置被切断；

6) 当刀盘切割桩体 100cm 时，由于 GFRP 筋纵筋不断崩断，有许多断裂的纵筋被搅进刀盘，使刀盘扭矩增加，为防止发生意外，刀盘开始反转两圈，方便 GFRP 筋排出刀盘，切桩结束。

4.3.2.4 盾构进入接收基座

盾构切穿 GFRP 筋混凝土桩体、刀盘出洞后方可进行清仓（图 4.3-20），然后继续推进直到盾构安全到达接收基座上（图 4.3-21）。

图 4.3-20 清仓完毕

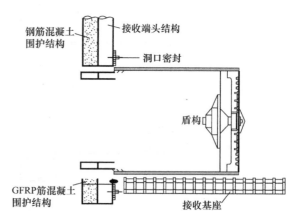

图 4.3-21 盾构进入接收基座

4.3.2.5 盾构无障碍接收关键技术

盾构掘进距离接收洞口 50~100m 时，准确测量盾构坐标位置与姿态，确认与隧道设计中心线的偏差值；继续掘进时，及时测量盾构坐标位置与姿态，提高对盾构姿态的测量频率，及时调整以保证盾构到达轴线的准确性。

盾构无障碍接收关键技术为：

（1）进入有限土体后：进行保压掘进，可采用正常掘进阶段的土仓压力，以控制地表沉降；随着接近洞口应适当减小盾构推力；适时加泥、加泡沫，并加强接收井基坑洞口处 GFRP 筋混凝土桩体水平位移和周围地表沉降监测。

（2）切割 GFRP 筋混凝土桩体：适时加泥、加泡沫以利于切割并减少对刀具的损伤；进一步降低盾构推力，在切入到桩体直径一半时，盾构推力应控制在 8000kN 内。

（3）观察洞口处 GFRP 筋混凝土桩体开裂情况，加设防护措施，防止其突然倒塌。

4.3.3 现场监测

4.3.3.1 监测项目和监测点布置

监测项目（表 4.3-2）主要为地表沉降、GFRP 筋混凝土桩体水平位移。

监测项目 表 4.3-2

序号	监测项目	监测仪器
1	地表沉降	水准仪
2	GFRP 筋混凝土桩体位移	测斜仪

监测点平面布置图见图 4.3-22，盾构轴线上地表沉降监测点布置在距离洞口 2D、1D 和 0D，在距离洞口 1D 布置一监测断面；在 3 号 GFRP 筋混凝土桩体位置布置了测斜管，用于测 GFRP 筋混凝土桩体水平位移。

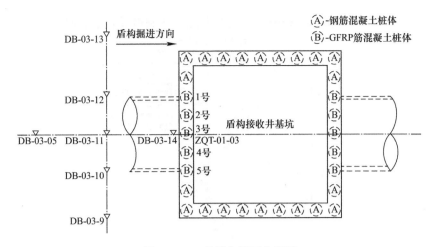

图 4.3-22 监测点平面布置图

4.3.3.2 地表沉降分析

如图 4.3-23 所示为盾构无障碍接收过程中的各监测点地表沉降变化曲线。在刀盘距离洞口 2D 时,盾构进入无障碍接收过程,此时地表沉降受接收井基坑开挖影响较大,呈现出距离洞口越近,地表沉降值越大的特点。在盾构掘进至 1D、0D 时,地表沉降持续增加;在盾构切割完成 GFRP 筋混凝土桩体并出洞后,地表沉降增加的幅度较小。

图 4.3-24 为监测断面的地表沉降变化规律,沉降槽极为明显,监测断面上的地表沉降随着盾构的掘进均表现出增加的趋势,但轴线上地表沉降值增加幅度较大。

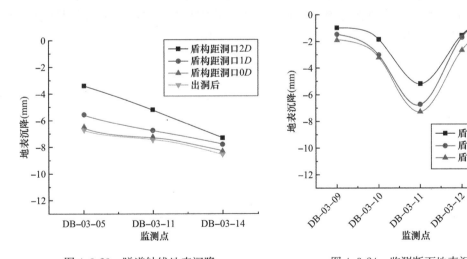

图 4.3-23 隧道轴线地表沉降　　　　图 4.3-24 监测断面地表沉降

4.3.3.3 GFRP 筋混凝土桩体位移

图 4.3-25 为 3 号 GFRP 筋混凝土桩体的水平位移曲线变化图,该曲线叠加了接收井基坑开挖完产生的水平位移。在盾构无障碍接收之前,GFRP 筋混凝土桩体的位移受接收井基坑开挖的影响;之后,GFRP 筋混凝土桩体开始受到盾构推力的影响,刀盘距离洞门约 2D 时,GFRP 筋混凝土桩体的位移开始增加,但增加幅度仅为 0.6mm 左右;随着刀盘距离洞口越近,GFRP 筋混凝土桩体水平位移增长加剧,在刀盘密贴时,达到 32.7mm。

由于该桩体位移过大,在实际工程中出于安全考虑,在洞口设置了临时支撑。

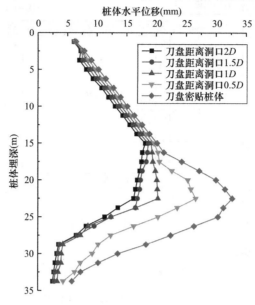

图 4.3-25　GFRP 筋混凝土桩体位移曲线图

从以上分析可知,盾构无障碍接收地表沉降、GFRP 筋混凝土桩体水平位移的监测结果与三维数值模拟分析和三维地质力学模型试验结果基本吻合。在盾构无障碍接收阶段土仓压力、盾构推力的增加能减小地表沉降,利于地表沉降的控制;盾构越接近洞口,盾构推力的影响将越为明显,因此在盾构无障碍接收阶段特别是在距离洞口 1D 时保证土仓压力平稳和控制盾构推力极为关键。

第 5 章 结　　语

GFRP 筋混凝土桩体不仅要受到基坑开挖产生的影响，还要承受盾构掘进产生的影响，GFRP 筋混凝土桩体受力极为复杂。本书结合工程实践采用室内力学性能试验、三维数值模拟、三维地质力学模型试验、室内 1∶1 足尺试验方法系统研究了基坑开挖、盾构掘进对地表沉降和 GFRP 筋混凝土桩体的影响，重构了 GFRP 筋混凝土桩体的截面承载力的计算公式，构建了 GFRP 筋混凝土桩体设计-基坑开挖-盾构掘进施工的基本理论体系，并在工程实践中得到完善、验证。

5.1　盾构无障碍始发

（1）GFRP 筋混凝土桩体的设计只需要满足基坑稳定条件。

（2）在保证地表变形（沉降和隆起）可控的前提下，可适当增大盾构推力，使 GFRP 筋混凝土桩体更易产生裂缝，便于刀盘切削桩体。

（3）GFRP 筋混凝土桩体的切割采用碾压、慢磨的切削方式，防止出现混凝土碎块，利于土仓压力的建立。

（4）盾构无障碍始发施工工艺流程包括施工准备、刀盘密贴 GFRP 筋混凝土桩体并切割、盾尾脱离 GFRP 筋混凝土桩体区、正常掘进，关键技术为土仓压力的快速建立。

（5）加强地表变形监测。

5.2　盾构无障碍接收

（1）GFRP 筋混凝土桩体的设计不仅要满足基坑稳定条件还要保证盾构无障碍接收掘进中的安全，因此应综合考虑基坑开挖阶段和盾构掘进阶段的影响进行设计，洞口处桩体中间部位、洞口边缘部位构造上应加强。

（2）盾构在有限土体内可采用正常掘进阶段的土仓压力进行保压掘进，在盾构距离洞口 $1D\sim0.5D$ 时，盾构推力应降低，避免对 GFRP 筋混凝土桩体产生不良影响。

（3）GFRP 筋混凝土桩体的切割仍然应采用碾压、慢磨的切削方式，在切割完桩体直径的一半时，应进一步降低盾构推力。

（4）无障碍接收工艺流程包括施工准备、有限土体内掘进、刀盘密贴 GFRP 筋混凝土桩体并切割、进入接收基座，其中关键技术为盾构掘进参数和 GFRP 筋混凝土桩体稳定性的控制。

（5）加强基坑开挖阶段和盾构掘进阶段的地表变形、GFRP 筋混凝土桩体水平位移监测，进行分阶段控制。

盾构无障碍始发与接收和盾构常规的始发与接收差别极为显著，盾构无障碍始发与接收施工工艺简单、经济与社会效益显著，适用于各种地质条件。本书按照6m土压盾构建立的基本理论也适用于泥水平衡盾构、双模盾构及异形盾构、大直径盾构，为深层地下空间的开发提供了一条新思路。

参 考 文 献

[1] 吴煊鹏，刘军，朱宏军，等. 中国盾构工程科技进展 [M]. 北京：人民交通出版社，2016.

[2] ACI Committee 440. Guide for the Design and Construction of Concrete Reinforced with FRP Bars. ACI 440. 1R-06) [S]. American Concrete Institute, Farmington Hills, Mich. 2006：41.

[3] ALUNNO R, OSSEIT V, GALEOTA D, et al. Local bond stress-slip relationships of glass fiber reinforced plastic bars embedded in concrete [J]. Materials and Structures, 1995 (28)：340-344.

[4] EHSANI M R.，SAADATMANESH H，TAO S. Design recommendations for bond of GFRP rebars to concrete [J] Journal of Structural Engineering, 1996, 122 (3)：247-257.

[5] MICHALUK C R, RIZKALLA S, TADROS G, BENMOKRANE B. Flexural behavior of one-way concrete slabs reinforced by fiber reinforced plastic reinforcements [J]. ACI Structures Journal, 1998, 95 (3)：353-364.

[6] JUN LIU, HONG KAI DU, et al. Experimental study on deformation and failure of circular concrete columns reinforced with gfrp bars [J]. ACI Structural Journal, 2019, 116 (4)：45-52

[7] WEBER A，JÜTTE B. GFRP-Reinforcement ComBAR in Diaphragm Walls fort the Construction of Subway and Sewer Tunnels [J]. Proceedings of 3rd Int'l Conference on Composites in Construction, 2005：881-888.

[8] 刘军，原海军，李京凡，等. 玻璃纤维筋在盾构工程中的研究与应用 [J]. 都市快轨交通，2014，27 (1)：81-85.

[9] 马烁. 盾构接收掘进中半无限土体变形规律及盾构掘进参数研究 [D]. 北京：北京建筑大学，2019.

[10] 金鑫. 盾构无障碍始发与接收施工力学行为及施工工艺 [D]. 北京：北京建筑大学，2017.

[11] 周洪. 玻璃纤维筋混凝土围护结构设计方法及其在盾构工程中的应用研究 [D]. 北京：北京建筑大学，2015.

[12] 韩旭. 盾构接收掘进地质力学模型试验数值分析及切桩原理研究 [D]. 北京：北京建筑大学，2020.

[13] 南志领. 三维地质力学模型试验中的盾构机-地层相似系统研究 [D]. 北京：北京建筑大学，2019.

[14] 李东海，刘军，王梦恕，等. 盾构直削始发基坑围护结构变形数值分析与监测研究 [J]. 土木工程学报，2015 (S1)：212-216.

[15] 逄显昱，李颖娜，赵欣，等. 玻璃纤维筋围护桩设计与施工的应用研究 [J]. 铁道标准设计，2015 (10)：108-113.

[16] 朱大宇. GFRP筋地下连续墙的施工应用研究 [D]. 上海：同济大学，2008.

[17] 翟世鸿，郑俊杰，孙慧，等. 用于盾构隧道进口的玻纤筋混凝土板的数值分析 [J]. 华中科技大学学报，2008，25 (2)：42-45.

[18] 卢致强，刘建伟，徐晓鹏. 玻璃纤维筋混凝土在地铁工程中的设计与应用 [J]. 四川建筑科学研究，2010 (5)：173-175.